W0045900

Über den Autor:

Wolf von Lojewski, 1937 in Berlin geboren, studierte Rechtswissenschaften. 1971-74 ARD-Korrespondent in Washington. 1974-82 Leiter des »Weltspiegel« in Hamburg, Moderator der »Tagesthemen«. 1982-87 Korrespondent in London, 1987-91 erneut in Washington. Von 1992 bis zum Jahresende 2002 Leiter und Moderator des »heute journal«. Der »Künstler der Nachricht« (Frankfurter Rundschau) erhielt für seine Tätigkeit zahlreiche Auszeichnungen.

WOLF VON LOJEWSKI

LIVE DABEI

Erinnerungen eines Journalisten

BASTEI
LÜBBE

BASTEI LÜBBE TASCHENBUCH
Band 61513

1. Auflage: Januar 2003

Aktualisierte Taschenbuchausgabe
der im Gustav Lübbe Verlag erschienenen Hardcoverausgabe

Bastei Lübbe Taschenbücher und Gustav Lübbe Verlag
sind Imprints der Verlagsgruppe Lübbe

© 2001 by
Verlagsgruppe Lübbe GmbH & Co. KG,
Bergisch Gladbach
Einbandgestaltung: Guido Klütsch, Köln,
unter Verwendung eines Fotos von
Frank Schemmann, Photoselection, Hamburg
Satz: Bosbach Kommunikation & Design GmbH, Köln
Druck und Einband: Elsnerdruck, Berlin
Printed in Germany
ISBN 3-404-61513-1

Sie finden uns im Internet unter:
http://www.luebbe.de

Der Preis dieses Bandes versteht sich einschließlich
der gesetzlichen Mehrwertsteuer.

Inhalt

Wie in einem alten Film

Die Kollegen der »Tagesschau« ahnen nicht, was so alles in ihren Archiven lagert. Das erste Mal, daß ich – wenn auch kurz – im Fernsehen auftrat, war im April 1957. Ich war damals neunzehn Jahre alt. Und wenn ich zurückdenke an jenen schicksalsschweren Tag, dann habe ich keine guten Erinnerungen an dieses Medium und seine Akteure.

Die Lage war die: Seit zwei Jahren – seit Anfang Mai 1955 – gab es wieder eine Bundeswehr. Das war für uns junge Leute damals eine ziemlich verblüffende Wende des politischen und militärischen Denkens. Eigentlich hatte die Menschheit sich doch vorgenommen, nach dem letzten großen Weltenbrand nie wieder Krieg zu führen, und gerade wir Deutschen hatten uns und allen Nachbarn geschworen, keine Waffe mehr in die Hand zu nehmen. Und plötzlich wurde die Wehrpflicht wieder eingeführt. Für meine Klassenkameraden und mich im letzten Jahr auf der »Kieler Gelehrtenschule« war das ein hochinteressantes Thema, leidenschaftlich diskutiert und in der Sache abgelehnt; aber doch irgendwie abstrakt – wie eben alles in der Schule.

Ein jeder von uns hatte höchst gescheite Theorien über den Waffendienst und das Sterben für das Vaterland, und im übrigen konzentrierten wir uns auf das bevorstehende Abitur mit den für die Prüfung wichtigen Fächern wie Latein und Griechisch. Diese schüchterne neue Bundeswehr, deren Uniformen eine zu ewiger Friedfertigkeit erzogene Nachkriegsgeneration spöttisch mit jener der Briefträger verglich, war einfach nichts, was wir ernsthaft zu uns selbst in Beziehung setzten.

Doch in der Realität hatte der Gesetzgeber eine grobe, nicht sehr gerechte Linie gezogen: den 30. Juni 1937. Alle jungen Männer, die früher geboren waren – das waren so etwa zwei Drittel in meiner Klasse –, wurden dem sogenannten »Weißen Jahrgang« zugeschlagen. Sie waren am letzten Krieg nicht aktiv beteiligt gewesen, und auch die neugeschaffene Bundeswehr ließ sie in Ruhe. Und so tobten sie fröhlich auf die Universitäten oder in den Beruf. Nur mit mir hat es das Schicksal weniger gut gemeint: Ich war genau vier Tage zu jung für diese unbeschwerte Freiheit.

Noch während der Schulzeit flatterte die Aufforderung ins Haus, mich in Kiel der Musterungskommission zu stellen. Dies war eine äußerst höfliche, fast feierliche Runde dunkel gekleideter Herren. Und ich machte den Fehler, sie nicht ernst zu nehmen und mich auf diesen wichtigen Auftritt nicht vorzubereiten. Etwas von oben herab trug ich der Kommission vor, mit mir könne diese Bundeswehr nicht rechnen, weil meine akademische Vorbereitung auf die Laufbahn eines Journalisten bereits mit mehreren Professoren sorgfältig geplant und ausgearbeitet sei. Irgendein Wehrdienst bringe da alles durcheinander. Die Kommission nahm meine Worte mit großer Würde zu Protokoll, zog sich zu einer kurzen Beratung zurück und lehnte eine Befreiung oder Rückstellung ab.

Da standen wir nun – etwa hundert unglückliche Gestalten – auf einem Kasernenhof des Panzerbataillons 3 in Hamburg-Rahlstedt und hatten wohl alle noch nicht so recht kapiert, wie uns geschah. Das Ganze war ein neues Erlebnis für Deutschland und den Rest der Welt. Und für uns persönlich eben auch. Das Fernsehen war da mit gewaltiger schwarzer Kamera, mit fünf sich ihrer Bedeutung wohl bewußten Mitarbeitern, mit Lampen, Kabeln und vielen silbrig glänzenden Kisten, um beispielhaft an diesen frischgebackenen Panzerschützen einen Bericht für die »Tagesschau« zu drehen.

Auch den Offizieren, die uns freundlich begrüßten, war noch nicht ganz klar, wie man denn nun mit diesen ersten Wehrpflichtigen nach dem Ende des Zweiten Weltkriegs umzugehen habe. Es war ja ein völlig neuer Typ von Soldat, der jetzt in die Kasernen einziehen sollte: ein Staatsbürger in Uniform, kritisch und selbstbewußt, gegen blinden Gehorsam immun, nur im Falle eines Angriffs auf das Bündnis demokratischer Staaten bereit, die Freiheit aller zu verteidigen. Der Rekrut und zukünftige Jurist Carl Oestmann aus Hamburgs feinem Stadtteil Blankenese hatte beispielsweise seinen Hund mit in die Kaserne gebracht und belehrte einen verlegen lächelnden Oberleutnant, es könne wohl in einer Gemeinschaft von Demokraten keine Vorschriften oder Gesetze geben, die einem freien Bürger das Halten eines Hundes verböten. Nur der Unteroffizier Wesemann, dessen Erfahrungen im Krieg sich nicht in jedem Punkt mit der modernen Linie deckten, hatte ziemlich klare Vorstellungen, wie man mit Rekruten umzuspringen habe. Und die Leute vom Fernsehen leider auch.

Wir, ein bunter Haufen von frisch aus der Lehre oder aus der Schule Entlassenen, standen in schlabbrigen natograuen Arbeitsanzügen vor einem tristen Kasernenblock und fühlten uns hundsjämmerlich. Denn der Regisseur oder Journalist – jedenfalls der, der unter den Fernsehleuten der Anführer war – lief da in schicker Lederjacke umher, redete über allerlei Gefahren beim Achssprung, bei der Ranfahrt und den Gegenschnitten, beschaute uns von allen Seiten, musterte unsere klobigen Stiefel und schief auf dem Kopf sitzenden Helme und ermunterte dann den Unteroffizier Wesemann, uns mit lauter Stimme anzubrüllen, worauf wir über den Kasernenhof rennen, uns zu Boden werfen, wieder antreten und versuchen mußten, in möglichst gerader Linie strammzustehen. Der Kameramann hatte das alles in irgendwelchen Filmen schon mal viel eindrucksvoller gesehen, und außerdem hatte er ständig irgendwelche Probleme, so daß die sadistische Prozedur immer und immer noch einmal zu wiederholen war.

Und schließlich hatte der Künstler vom Fernsehen nach längerem Grübeln noch einen besonders originellen Einfall. Er war mit seinem Kameramann noch einmal durchgegangen, ob sie denn von diesem aktuellen wie historischen Ereignis nun auch wirklich alles »im Kasten« hätten, und dabei kam ihm die Idee, daß es doch recht hübsch wäre, wenn wenigstens der eine oder andere von uns in ziviler Kleidung und mit einem Persil-Karton in der Hand durch das Kasernentor marschieren könnte. Irgendwo in der Kantine müsse doch so etwas aufzutreiben sein. Der Unteroffizier Wesemann erinnerte sich an die Symbolhaftigkeit gerade dieser Waschmittelmarke in der deutschen Militärgeschichte. So wurde der Einwand überhört oder überbrüllt, im Jahre 1957 seien Persil-Kartons völlig aus der Mode, kein einziger von uns sei je mit so etwas durch die Gegend gelaufen.

Wir alle fühlten uns nun wirklich wie in einem alten Ufa-Film, und ich bin noch heute sicher, daß dieser erste Tag in einer für uns bizarren Welt ohne das Fernsehen viel friedvoller und zivilisierter verlaufen wäre. Am Abend sahen wir gemeinsam die »Tagesschau« und waren verblüfft, wie wenig – in gesendeten Minuten, fast Sekunden – nach all der Schinderei herausgekommen war. Die Texte waren ohne Mitgefühl und dafür voller Pathos. Nachricht war es ja schon, daß an jenem Tag überall in der Bundesrepublik Deutschland und speziell beim Panzerbataillon 3 in Hamburg-Rahlstedt die ersten Wehrpflichtigen in die Kasernen eingezogen seien. Realität war diese Inszenierung sicher nur bedingt.

Vom Fernsehen hatte ich nach jener ersten qualvollen Begegnung eine ziemlich finstere Meinung. Seriös kam mir dessen Tun und Treiben jedenfalls nicht vor – eher wie ein Medium zur Bebilderung schlichter, vorgefaßter Gedanken. Und ohne es schon irgendwie konkretisieren zu können, nahm ich mir vor: »Eines Tages werde ich mich rächen!«

Es gibt gewiß schwerere Schicksale, als Fernsehmoderator zu sein. Menschen grüßen einen in Städten und Dörfern, in denen man vorher nie war. Gastwirte haben immer noch einen freien Tisch, auch wenn es sehr voll ist und man zu reservieren vergaß. Die Gäste schauen verstohlen herüber. Mal spricht einen jemand an, um etwas Freundliches zu sagen. Nur einmal, in einem Lokal in München – ich moderierte damals die »Tagesthemen« und saß mit Kollegen des Bayrischen Rundfunks beim Bier –, erhob sich einer am Nebentisch, baute sich vor mir auf und stellte fest: »Du bist ein riesengroßes Arschloch!« Sagte es und ging … Dem Manne habe ich nichts nachzutragen, zumal schnell Einigkeit herrschte in der Runde der Kollegen vom Fach: Das Schlimmste, was einem Moderator passieren könne, sei, nicht erkannt zu werden.

Immer wenn einer auf der Straße unsicher schaut, weil er nicht so recht weiß, wohin mit diesem Gesicht, grüße ich, und er oder sie ist ganz erleichtert und traut sich dann auch, freundlich und entspannt zurückzugrüßen. Um eine Idee von Woody Allen weiterzuschreiben: Die Welt könnte viel schöner und vor allem friedlicher sein, wenn alle Menschen Moderatoren wären …

Diese Einsicht vermittelte mir schon in meinen frühen Jahren beim Regionalprogramm des Norddeutschen Rundfunks mein damals weitaus bekannterer Kollege Christian Müller. Er moderierte gemeinsam mit Marie-Louise Steinbauer die beliebte und trotz der auf Norddeutschland begrenzten Ausstrahlung millionenfach eingeschaltete Sendung »Aktuelle Schaubude«. Diese »Schaubude« öffnete am Samstagabend vor der »Tagesschau«; man schaute rein und konnte hinterher noch selbst etwas unternehmen; es wurde ein bißchen geredet und viel gesungen, und

Marie-Louise hatte in jeder Sendung eine neue Frisur. Nach irgendwelchen Dreharbeiten schlenderte Christian Müller einmal in einem Pulk von Fernsehschaffenden durch ein Städtchen im Emsland, auf der Suche nach einem passenden Lokal. Irgendwo in der Fußgängerzone grüßte ihn jemand wie einen alten Bekannten, und er winkte wie ein guter Bekannter zurück. Als ihn einer von uns fragte: »Wer war denn das?«, antwortete er schlicht: »Ein Kunde.«

Ein Problem hat Christian sicher nie gehabt: Daß etwa sämtliche Müllers von dem Verdacht beschlichen waren, mit ihm verwandt zu sein. Oder daß alle, die je einen oder eine Müller kannten, mit ihm/ihr zur Schule gingen, gemeinsam in einer Straße wohnten oder beim Militär mit einem Müller auf einer Stube schliefen, den festen Eindruck hatten: Das muß ein Sohn, ein Bruder, auf jeden Fall ein naher Verwandter von unserem Müller sein. Ganz anders liegt der Fall, wenn einer Lojewski heißt.

Die Post hat schon viel daran verdient, daß zwischen den weiten Regionen Europas und Hamburg, und Washington, und London, und Mainz Briefe hin und her geflossen sind mit Stammbäumen mancherlei Lojewskis oder Erinnerungen an Lojewskis, die jemand kannte: Studienrat oder Studienrätin, Politiker oder Soldat, Zahnarzt, Geschäftsmann, gute Freunde und Arbeitskollegen aus allen Bereichen des Lebens. Sie sind oder waren alle als überaus nette, sympathische Menschen beschrieben. Das gehört sich auch so, wenn einer Lojewski heißt.

Nicht selbstverständlich ist allerdings, daß alle auch miteinander verwandt sein müßten. Der Name klingt so selten, ist es aber nicht. Doch woher kommt er? Und woher komme ich?

Der Osten wird wohl »die Wiege« aller Lojewskis sein. Doch welcher Osten? Da wird die Sache schon komplizierter. »Hörzu« hat einmal einen baltischen Gelehrten als Urahn unserer Dynastie vorgestellt. Das hat mich sehr beeindruckt. Eine Spur zu ihm gefunden habe ich nicht. In Polen, so hat mir einst ein Pole erzählt, soll es ein Volkslied geben von zwei Brüdern Lojewski. Sie waren als Landsknechte durch Europa gezogen und hatten für jeden gekämpft, der gut bezahlte. Und wie es so ist in diesen traurigen Liedern: Eines Tages zogen sie mit Lanze und Schwert gegeneinander ins Feld, Lojewski gegen Lojewski. Es soll ein gnadenloser Kampf gewesen sein. Erst sterbend erkannten die beiden, daß sie Brüder waren.

Man hat mir deutsche und auch polnische Stammbäume zugeschickt, und ich habe sie immer brav an meine Mutter weitergeleitet, die sich für die tieferen Verwurzelungen der Familie mehr interessierte als ihr in der Welt herumstrolchender Sohn. In meinen ersten Jahren als Korrespondent in den USA – das war von 1971 bis 1974 – erhielt ich irgendwann Post von einer Firma, die es sich zur Aufgabe und zum Geschäft gemacht hatte, eine noch junge Nation mit Vorfahren und Familienwappen zu versorgen. In den USA, so hieß es in dem Brief, gebe es über hundert Familien »with the distinguished name of Vonlojewski«. Und als Wappentier dieses »berühmten Namens« hatte die Firma den »Leu« oder »Loy«, also den Löwen, ausfindig gemacht, der Stärke und Tapferkeit symbolisiere. Das Wappen war von zweifelhafter Schönheit und Überzeugungskraft, und ich bin sicher, daß dieser tapfere Löwe in einem Land der Massenproduktion noch für eine Reihe anderer Namensstämme herhalten mußte. Ich widerstand also der Versuchung, mir das Löwenwappen zu kaufen. Da aber die Firma meine Adresse mit großer Wahrscheinlichkeit über das Washingtoner Telefonbuch ermittelt und vermutlich sämtliche Telefonbücher der USA nach potentieller Kundschaft durchkämmt hatte, blätterte ich in größeren amerikanischen Städten gelegentlich mal unter »L« und »V«. In Washington war ich der einzige Lojewski gewesen, im New Yorker Telefonbuch fand ich immerhin deren sechs. Das Ergebnis dieser Recherche habe ich seitdem in meinen Computern (im Dienst und daheim) gespeichert, um die Antwortbriefe an eine nie versiegende Gemeinde der Nicht-Verwandtschaft mit den Sätzen abzuschließen: »Es gibt mehr Lojewskis, als man denkt. In Masuren beispielsweise könnte der Name durchaus den Rang einnehmen, den in Berlin die Schulzes und im Raum Flensburg die Petersens haben.«

Ich gebe zu, wahrscheinlich habe ich die Sache zu leicht genommen. Nun sitze ich vor meinem Computer und stelle mir selbst die Frage nach meiner Herkunft. Mein Vater und meine Mutter sind tot, und alle Verwandten ihrer Generation leben auch nicht mehr. Vor mir liegen ein Ahnenpaß, ein Familienstammbuch, ein paar alte Dokumente und Briefe. Dazu ein »Times Atlas« aus dem Jahre 2000, der »Große IRO-Weltatlas« aus den fünfziger Jahren mit einem Sonderteil »Deutsche Ostgebiete unter fremder Verwaltung« und ein französischer Atlas aus dem Jahre 1840, der mir die Grenzen der damaligen Königreiche Preußen und Polen ausweist.

Zur Einstimmung blättere ich in einem Karton voller alter Bilder und Fotoalben. Meine Eltern, als sie jung waren; auch meine Großeltern mütterlicherseits, als sie heirateten oder ihre Kinder zur Taufe trugen; meine Mutter, mal zu Pferde, mal beim Skilaufen oder bei Festen, immer von strenger Schönheit; mein Vater, selbstbewußt, in lässigen Posen, mal im Ledermantel, mal in Uniform, viel schlanker, als ich ihn in Erinnerung habe. Dazwischen viele ernste Gesichter. So manche von ihnen werden wohl meine Vorfahren sein – oder doch angeheiratete Onkel und Tanten in einem immer breiter werdenden Wurzelwerk der Ahnen. Sie schauen mich vorwurfsvoll an, als wollten sie sagen: »Es wird aber auch Zeit, daß du dich endlich mal um uns kümmerst!«

Was könnte ich vorbringen zu meiner Entschuldigung? Daß ich abgelenkt war durch meinen Beruf und durch mein eigenes Leben? Durch einen krassen Bruch in Ort und Zeit? Als Bürger einer viel größeren Welt, als Herumtreiber zwischen den Kontinenten, der seine Freunde und seine Heimat überall gefunden hat, verliert einer den direkten Bezug zum Klan. Oder ist der Grund für das so zögernde Nach-hinten-Schauen die Verwöhnung? Das Glück, einer Generation anzugehören, die das Leid im Familiären und Nationalen nur an den Rändern erlebte? Wenn ich sehr flüchtig – nur einmal ganz kurz – nach hinten und dann wieder nach vorne schaue, habe ich den Eindruck, als sei es mir und meiner Generation bisher besser ergangen, auch leichter gemacht worden und leichter gefallen, durch die Welt zu kommen, als denen auf den vergilbten Fotos und denen, die die ganze Strecke noch vor sich haben.

In weiter Ferne – die Heimat

Vielleicht irre ich mich. Aber ich bin immer davon ausgegangen, es sei eine ganz allgemeine Erfahrung der Generationen, daß Kinder sich langweilen, wenn Erwachsene ihre Erinnerungen austauschen. Jedenfalls bei solchen Geschichten, bei denen nach langem Hin und Her herauskommt, daß die zweite Tochter vom alten Grigull doch früher geheiratet hat als die erste. Was gingen mich jene Leute an, die ich ja nicht kannte? Und was die Probleme, die sie einmal hatten?

Und dennoch: Wenn meine Eltern mit Verwandten und Bekannten gemeinsame Freunde entdeckten und deren Spuren verfolgten, war stets etwas Besonderes daran. Etwas, das fremd war und mißtrauisch machen konnte, aber auch irgendwie faszinierte. Die Orte der Handlung lagen in weiter Ferne, schienen fast unwirklich – Namen wie Königsberg, Lötzen, Gerdauen und Baranowen. Und immer wenn von ihnen gesprochen wurde und wenn ich hineinhorchte in die Geschichten von früher, hatte ich den festen Eindruck, alles müsse dort schöner gewesen sein als in der nunmehr neuen Heimat. Vor allem das Wetter! Ostpreußen ist für mich in jugendlichen Jahren das verlorene, versunkene Paradies gewesen, mehr Traum als Wirklichkeit.

Wer solche Verluste und solche Träume nicht kennt, wer aufwuchs in seinem heimatlichen Ort und dort die Schulzeit durchlief, wie selbstverständlich in vertrauter Kulisse in den Beruf einstieg oder fortzog, um die feste Bastion der Eltern und Freunde gelegentlich wieder zu besuchen, der wird diese Dimension schmerzvoller und alles verklärender Gefühle kaum nachempfinden können. Es ist eine Form der schwärmerischen Sehnsucht, wie sie die Ritter und Minnesänger im Mittelalter zu hoher

Kunstform entwickelt haben – das Schmachten nach einer Geliebten, die unerreichbar ist.

Ein paar Erinnerungen habe ich an die ersten sieben Jahre meines Lebens. Bruchstücke, Unwesentliches meist, Undeutliches … Eine Jugend auf einem Landgut fernab von Nachbarn und Spielgefährten, ein langer Weg in die erste Klasse der Schule. Der Kutscher fuhr mich dorthin, zurück ging ich im Sommer allein. Gelegentlich, so erinnere ich mich, gab es Ärger oder gar Prügel, wenn durch das Herumgebummele auf den sandigen Wegen die Heimkehr länger als eine Stunde gedauert hatte. Sonst ging es mir gut – soweit ich mich erinnern kann. Es war das Leben des kleinen Prinzen. Das Kindermädchen hatte gelegentlich seinen Kummer mit mir. Doch der Lehrer schrieb mir nur das Allerschönste ins Zeugnis: Wolf ist kameradschaftlich, ordentlich, fleißig, begabt. Anderes, weniger Freundliches, hätte auch Mut erfordert von einem Landschul-Pädagogen. Mein Großvater war der wichtigste Mann weit und breit.

Von ähnlicher Nachsicht und Geduld war mein Freund »Tell«, ein langhaariger Bernhardiner. Wir traten meist gemeinsam auf. Ich konnte ihn streicheln, ziehen und zupfen. Nur wenn ich auf ihm reiten wollte, dann ging er einfach weg. Das alles vollzog sich in ländlicher Weite und Abgeschiedenheit auf abgezirkelten Pfaden. Die Gesichter waren immer dieselben, die Rangordnungen waren klar, die Zahl der Aufregungen und Abwechslungen hielt sich in Grenzen. Ich erinnere mich an Besucher, die mir immer etwas mitgebracht haben. Ihnen – wie ich das in späteren Jahren gelegentlich tat – durch irgendwelche putzigen Auftritte Geld aus der Tasche zu locken lohnte sich nicht. Es fehlte jede Möglichkeit, es auszugeben.

An eine Kiesgrube erinnere ich mich, unter deren Überhang an einem der Ränder Tell und ich ein Gewitter bestaunten, während allerlei Menschen rufend durch den Regen liefen, uns zu suchen. Ich trieb mich in der Küche und in den Ställen herum, baute Autos aus Sand, und wenn sie endlich fertig waren, langweilten sie mich. Ja, und ich erinnere mich an die Beerdigung meines Großvaters, an riesige Weihnachtsbäume, an Ostereier im Park ... und an die Hochzeit meiner Eltern.

Mein Vater, der Journalist Erich von Lojewski, entstammte, soweit ich das nachverfolgen kann, einer kleinen Beamtenfamilie. Am 25. März 1909 wurde er in Rodental bei Widminnen im Kreis Lötzen geboren. Zu Vaters Jugendzeit war das in Ostpreußen. Der Ort hatte allerdings noch einen zweiten Namen – mit schönem masurischem Klang und starkem polnischem Einschlag: Masuchowken. Halb scherzhaft, halb ernst hat mir Vater später erklärt: Wann immer die Region mal wieder vom Polnischen ins Deutsche oder vom Deutschen ins Polnische übergewechselt sei, habe der Pastor oder der Lehrer – ermuntert durch die jeweils herrschende Obrigkeit – eine alte Urkunde gefunden, die historisch nachgewiesen habe, daß der Name dieses Ortes von Gründerzeiten an ganz eindeutig entweder Rodental oder eben rein polnisch Masuchowky gewesen sei.

Von irgendwelchen Rittern oder berühmten Gelehrten in unserer Familie habe ich nie etwas gehört. Mein Großvater war der Provinzstraßenmeister Gottlieb von Lojewski. Dessen Vorfahren wiederum sind in mindestens zwei Generationen »Königliche Forstmeister« gewesen, und zwar in Strasburg in Westpreußen. Mein »Meyers Konversationslexikon« – zwanzig wuchtige Jugendstil-Bände aus dem Jahre 1906 – führt dazu in Klammern aus, daß Strasburg auf polnisch Brodnica heiße und eine Kreisstadt im damaligen preußischen Regierungsbezirk Marienwerder am Flüßchen Drewenz sei. Die Einwohnerzahl um jene Jahrhundertwende ist mit 7217 angegeben, davon, so vermerkt der »Große Meyer«, 2702 Evangelische und 318 Juden. Wir machen sicher keinen groben historischen Fehler, wenn wir davon ausgehen, daß jene 2702 Evangelischen, darunter meine Vorfahren, Preußen waren und die in einem patriotischen Lexikon nicht besonders aufgelistete Mehrheit von über 4000 Bewohnern katholisch, also wohl in der Überzahl Polen. Wie es überhaupt historisch unbestritten ist, daß Westpreußen zum Königreich Polen gehörte. Das zeigt auch mein Atlas von 1840, und irgendwelche Karten davor und danach dokumentieren das Leid einer Nation, die immer wieder von stärkeren Nachbarn besetzt, geteilt und hin- und hergerissen wurde.

Auf diese Zerrissenheit – auch der Lojewskis – werden wir später noch einmal zurückkommen müssen. Mein Vater war beispielsweise manchmal sehr streng in seinem Urteil über die Unordnung, die ihm auf seinen vielen Reisen nach Polen und in seine versunkene Heimat das Herz schwermachte. Und er war dennoch ein glühender Bewunderer polnischer Kultur: des, wie er es seinem Sohn weiterzugeben suchte, »Feinsinns« und der »Feinnervigkeit« der Polen. Wladyslaw Reymonts Epos »Die polnischen Bauern« (in allen vier Bänden und Jahreszeiten) stand bei uns gleich mehrfach im Schrank. Vater las diese Geschichten nicht nur immer wieder, unterstrich und bekritzelte die über tausend Seiten, er hat sie in weiten Passagen abgeschrieben und immer aufs neue versucht, die Übersetzung zu verbessern und dadurch die polnische Seele noch tiefer auszuschöpfen.

Ich will es mit keinem verderben, der mit wundem Gefühl an eine verlorene Heimat denkt. Ja, ich verstehe mich meiner Herkunft nach als Ostpreuße. So haben es meine Eltern mir immer wieder eingebleut. Ein Anteil an Polnischem wird aber wohl nicht zu unterdrücken sein bei einem, der Lojewski heißt. Als Kind beherrschte ich die Sprache perfekt, doch schon als Jugendlicher hatte ich sie vergessen.

Geboren bin ich in Berlin, aufgewachsen in Polen und Ostpreußen, dann bei Cuxhaven und in Kiel. Mein Plattdeutsch war zeitweilig besser als das so manches Hafenarbeiters an der Unterelbe. Ich bin ein Hamburger und Londoner, und Washingtoner geworden, ein Bewunderer der robusten und dann wieder so verwinkelten britischen Seele, aber auch ein »halber Ami« und Freund der offenen, unbekümmerten, kraftvollen Naivität. Gelegentlich – allerdings immer seltener – träume ich in Englisch.

Seit mehreren Jahren bin ich nachts und morgens ein Hesse, dann überquere ich den Rhein und bin untertags Rheinland-Pfälzer. An Dialekten versuche ich mich nur noch, wenn ich meine Kollegen in der Sendezentrale auf dem Mainzer Lerchenberg ärgern will. Ich hoffe, es gelingt mir auf den folgenden Seiten, noch etwas Ordnung in dieses Durcheinander meines Seins zu bringen.

Doch zurück zu den Ahnen mit einem kurzen Blick auf die mütterliche Seite meiner Familie. Hier tauchen wir ein in ein Milieu, das der väterliche Name nur vermuten läßt, in den Lebensstil »ostelbischer Junker« mit all seinen Stärken und Schwächen – und abenteuerlichen Geschichten. Am schlimmsten hat es wohl unser Onkel Hans-Heinrich getrieben, der eigentlich mein Großonkel war. Meine Mutter liebäugelte immer mit dem Gedanken, über diesen Verwandten einen Roman zu schreiben, bevor die Zeit endgültig ihren Mantel über seine Welt und seine Abenteuer deckt. Nach all meinen Expeditionen kreuz und quer durch Amerika scheint mir der Vergleich zwischen dem Leben vor dem Amerikanischen Bürgerkrieg auf den Plantagen im »sündigen Süden« der USA und dem Lebensgefühl auf ostpreußischen Gütern gar nicht so abwegig. Hier wie dort ist eine Epoche »vom Winde verweht«. Hier wie dort war die Gesellschaft von krassen sozialen Unterschieden geprägt. Hier wie dort war nicht so sehr Geld der Maßstab und Antrieb des menschlichen Strebens, sondern das Land.

Hans-Heinrich Neumann, ein Bruder meiner Großmutter mütterlicherseits, war Sohn und Erbe des, wie es die Familienchronik verzeichnet, »Rittergutsbesitzers Johannes Neumann auf Posegnick im Kreis Gerdauen«. Diese Berufung zum zukünftigen Rittergutsbesitzer war ihm seit frühen Kindesjahren im Bewußtsein. Seine Leistungen in der Schule waren entsprechend schlecht; er lebte das Leben des »jungen Herrn« in vollen Zügen. Schon als Junge pflegte er den Dienstmädchen die Röcke hochzubinden und sie dann durch Haus und Garten zu jagen. Sie hatten, so wird die Geschichte überliefert, nichts darunter an.

Als jungem Mann beliebte es Hans-Heinrich eines Tages, zu Pferde in die Kirche einzureiten und sich dort recht jagd- und naturgerecht aufzuführen. Wenn auch nur die Hälfte stimmt von dem, was über diesen Vorfall in der Familie kursiert, dann hätte ein solches Betragen jeden Landarbeiter auf Jahre ins Gefängnis gebracht. Nur daß eben hier der Vater so etwas wie der Land- und Dienstherr des Pfarrers war. Eine gewisse Stiftung für überfällige Bauarbeiten an der Kirche schaffte die Sache gütlich aus der Welt. Irgenwann später oder früher verliebte sich Hans-Heinrich in die Kunstreiterin eines durchreisenden Zirkus. Spontan schenkte er ihr seine Kutsche samt Kutscher und Pferd. Und wieder hatte sein Vater eine verzwickte Angelegenheit zu regeln. Er fuhr dem Zirkus hinterher in die nächste Stadt, um wenigstens den Kutscher wieder auszulösen.

Wahrscheinlich hat man uns Kindern – aus gutem Grund – noch allerlei Abenteuer des Onkels vorenthalten. Irgendwann war jedenfalls das Leben und Treiben dieses künftigen Erben nicht mehr zu tolerieren, und man tat das, was nicht ganz selten der gesellschaftliche Ausweg war in jenen Tagen: Der Vater schrieb einen Brief an einen Freund in Südamerika, und Hans-Heinrich wurde auf einen Dampfer gesetzt. Am Pier steckte ihm der Vater noch einen Briefumschlag mit Geldscheinen zu. Vergebliche Liebesmüh: Das Schiff hatte den Ozean noch lange nicht überquert, da war das Geld schon verspielt oder an der Schiffsbar ausgegeben. Danach soll das Leben dieses sagenumwobenen Onkels sehr hart gewesen sein. Das war ja auch der Sinn der väterlichen Kur. Die eine oder andere Frau soll ihn vor dem schlimmsten Elend bewahrt haben. Auch konnte er reiten und verstand etwas vom Vieh. Zudem soll er ein guter Tänzer gewesen sein und sich damit in Klubs oder Lokalen seinen Lebensunterhalt verdient haben.

Als ich ihn persönlich zum ersten Mal traf, war dies lange nach seinen wilden Jahren. Posegnick, das ostpreußische Rittergut, lag inzwischen jenseits mehrerer scharf bewachter Grenzen, gerade fünf Kilometer nördlich jener Linie, durch die unsere damaligen Landkarten die Gebiete »unter polnischer Verwaltung« von der noch fester abgeriegelten »sowjetischen Verwaltung« trennten. Nun also saß vor mir ein freundlicher älterer Herr, der seine Zigarette stilvoll mit Mundspitze rauchte. Er lebte in Lüneburg ein beschauliches, gutbürgerliches Leben und war noch mit über siebzig Jahren als Vertreter für Lastwagen aktiv. Tante Lotte, seine zweite Frau, hatte einen guten und wohl auch strengen Einfluß auf ihn. Doch wenn Gäste kamen oder die Neumanns irgendwo zu Besuch waren, platzte ziemlich bald jemand mit der neugierigen Bitte heraus: »Onkel Hans-Heinrich, erzähl doch mal was aus deinem Leben!« Die Erwartung war jedesmal so wie an das heutige Fernsehen und seine besonders gescholtenen, moralisch zweifelhaften, aber eben deshalb besonders häufig eingeschalteten Programme. Irgendwelche artigen oder gar frommen Erlebnisse interessierten sein Publikum nun einmal nicht. Wir lockten ihn mit scheinheiligen Fragen wie zum Beispiel: »Wo war das doch damals mit dieser Zirkus-Reiterin …?« Dann lächelte der Onkel mit sanftem Stolz, enthielt sich aber aller Details und bisher nicht bekannter Enthüllung. Es war klar: Tante Lotte mißbilligte das ständige Aufwärmen dieser alten Geschichten.

Blättern wir weiter in den Annalen der Familie, so schaut mir aus einer Ecke meines Arbeitszimmers Johann Christian Wiegand Erdmann zu, ein Vorfahr meiner Mutter väterlicherseits. Auf der Rückseite des Bildes ist von alter Hand vermerkt, daß er »Großherzoglich Oldenburgischer Geheimer Hofrat« war, geboren am 2. Juli 1764 in Nordenhamm. Er trägt auf dem goldumrahmten Bild einen Samtrock mit rotem Stehkragen und weißem Rüschentuch und eine hübsche Perücke mit Zopf. Die Bilder seiner Eltern sind etwas kleiner: Johann Gottfried Lewin Erdmann und, passend daneben, seine Frau Eleonore Luise. Alle drei – seltsamerweise auch die Gemahlin – haben die große »erdmannsche« Hakennase, was den Herren etwas Vornehmes, fast schon Blasiertes gab. Auf jeden Fall stand sie den Männern besser als den Frauen.

Der Ahnenpaß umfaßt 45 vollgeschriebene und immer wieder beurkundete und bestempelte Seiten, und es dreht sich einem der Kopf, wenn man versucht, all die Einträge in klarer Reihenfolge zu arrangieren: Von Saukens sind darunter, Paulys, Rannigers, von Oldenburgs und Pavenstedts; die Spuren führen ins Emsland, nach Oldenburg und ins holsteinische Eutin, bevor die Linie, so etwa 1883, nach Osten schwenkt: ins Herrenhaus Posegnick im Kreis Gerdauen. Dort verbrachte auch meine Mutter ihre Kindheit und Jugend, als drittes von vier Kindern des Gutsverwalters Hans-Hugo Erdmann und seiner Frau Berta Henriette, geborene Neumann. Ihr Töchterchen Ruth Ursula kam am 15. Januar 1915 zur Welt.

Unterrichtet wurde man damals in den ersten Klassen daheim, von Privatlehrern – im Falle meiner Mutter zusammen mit ihrer älteren Schwester Lieselotte und dem kleineren Bruder Ernst –, und erst später zog man in eine benachbarte Stadt, um auf staatlichen Schulen die Erziehung abzurunden und mit den nötigen Stempeln zu versehen. Das war für meine Mutter die Hindenburg-Oberschule im etwa dreißig Kilometer entfernten Angerburg.

Apropos Hindenburg: Auch mit ihm soll die Familie irgendwie verwandt sein. Und mit Martin Luther ... Verbürgt ist das allerdings nicht, und glaubhaft erscheint es mir auch nicht, zumal es voraussetzen würde, daß diese beiden so unterschiedlichen Talente untereinander verwandt sein müßten.

Wie auch immer, meine Mutter war – auch nach den Maßstäben unserer heutigen Zeit – eine moderne, selbstbewußte, zupackende junge Frau. Ihre Mutter, meine Großmutter, las viel. Das hat sie mir vererbt. Aus der Landwirtschaft hingegen machte sie sich nichts. Auch das habe ich mit der Großmutter gemeinsam. Die Tochter zeigte dagegen schon früh Interesse an Buchführung und modernen Wirtschaftsmethoden. Sie ritt fast täglich mit ihrem Vater über die Felder, um dies und das zu inspizieren, und in einer Zeit, als Autos noch etwas recht Seltenes und Teures waren, machte sie mit zwanzig Jahren ihren Führerschein und brauste in einem der ersten Modelle des DKW über Kopfsteinpflasterstraßen, die eigentlich für Pferdewagen ausgelegt waren.

Und dann kam irgendwann im Herbst 1936 im kleinen ostpreußischen Gerdauen ein schlanker, schwarzhaariger und, wie sie später sagte, ziemlich arroganter Journalist vorbei. Er hatte in Königsberg volontiert, danach in Cottbus und Neuruppin als junger Redakteur gearbeitet, schon mit 22 und 23 Jahren zwei Bücher geschrieben, war als Autor im neuen und faszinierenden Medium Rundfunk aufgetreten und absolvierte jetzt gerade ein kurzes Gastspiel bei der benachbarten »Gumbinner Allgemeinen Zeitung«, bevor er als Chefredakteur nach Striegau in Schlesien, nach Herford in Westfalen und schließlich in den Schwarzwald weiterziehen sollte. Der Journalist und die Tochter aus gutem Hause haben sich nur einen Abend kennengelernt. Neun Monate später, am 4. Juli 1937, wurde ich geboren.

Zwischen diesen beiden Ereignissen lagen für beide noch stürmische Tage und Wochen. Als der Journalist – auf seiner Wanderschaft gerade in Schlesien – erfuhr, daß er Vater werden würde, hatte er bereits den Termin für die Hochzeit mit einer anderen angesetzt. Man traf sich etwas steif und förmlich, um zu klären, wie das so Ungeplante nun zu regeln wäre. Mein Vater soll durchaus ritterlich, aber wohl etwas von oben herab gesagt haben, er werde selbstverständlich zu seinen Verpflichtungen stehen und, falls die Familie dies verlange, eben die Mutter seines zukünftigen Kindes ehelichen. Dies, so erinnerten sich später beide ihrer stürmischen Jahre, sei meiner Mutter denn doch etwas wenig gewesen, nur aus Pflichtgefühl geheiratet zu werden. Und so habe sie ihn mit den Worten verabschiedet: »Dann heirate doch die andere, und ich wünsche dir alles Schlechte!«

Ihre Wünsche sind in Erfüllung gegangen. Die Ehe mit der anderen stand von Anfang an unter keinem guten Stern und war nach fünf Jahren wieder geschieden. Im März 1944 – der Donner des Krieges rollte schon von Osten heran – heirateten meine

Eltern auf dem Gut Karniewo im damaligen Kreis Mackenheim. Ein paar Tage zuvor war mir ein schlanker, sehr städtischer Fremder mit den Worten vorgestellt worden: »Dies ist dein Vater!« Für Tell hatte er ein Stück Wurst in der Tasche seines dunklen Ledermantels, mir hatte er ein ledernes Reisenecessaire mit Rasierpinsel und allerlei silbrigen Dosen mitgebracht. Wir sind dann alle drei spazierengegangen, und der Vater fragte den Sohn und der Sohn den Vater, was ein jeder so treibe und was man in einem gemeinsamen Leben als Familie voneinander erwarten könne. Ich war damals sechseinhalb Jahre alt.

Nach der Hochzeit fuhr mein Vater wieder nach Berlin, wo er im Range eines Unteroffiziers beim Oberkommando des Heeres zu dienen hatte. Ein zackiger Soldat ist er nicht gewesen. Weil er als Kind einmal Herzasthma hatte, war er lange zurückgestellt und wurde erst in den letzten drei Jahren des Krieges zur Wehrmacht eingezogen.

Für das Heldentum in der Familie sorgte sein jüngerer Bruder. Alfred war Soldat mit Leib und Seele. Er war Flieger und schon in jungen Jahren Hauptmann. In den ersten Tagen des Angriffs auf Rußland wurde er in seiner »Me 109« über dem Eismeer abgeschossen und büßte neun Jahre in sowjetischen Straflagern.

Verbotene Kontakte

Mein Großvater hatte zunächst auf einem Gut namens Chelchy, dann in Chojnowo im Auftrag der »Ostpreußischen Landgesellschaft« ganze Bezirke zu bewirtschaften und zu verwalten, die man den Polen weggenommen hatte. Diese Gebiete lagen zwischen Warschau und Ostpreußen – knapp südlich der damals deutsch-polnischen Grenze bei Mlawa.

Es war für die Polen eine entwürdigende Zeit. Die Reichsregierung erklärte sie zur »minderwertigen Rasse«. Deutschen war der Umgang mit ihnen verboten. Und das hatte zur Folge, daß ich mit polnischen Kindern nicht spielen durfte. Wenn ich erwischt wurde, verlangte das Protokoll, daß ich Prügel bezog. Die Versuchung, es trotzdem immer wieder zu tun, war aber nicht zu unterdrücken. Mit wem hätte ich sonst spielen sollen? Die nächsten Kinder, mit denen ich straffrei hätte spielen dürfen, lebten kilometerweit entfernt; außerdem lernte ich sie erst kennen, als ich in die Schule kam. Zu den verschwommenen Erinnerungen an jene Tage gehört es, daß die polnischen Eltern mich immer versteckten, wenn jemand aus dem »Herrenhaus« nach mir suchte. Ich beherrschte ihre Sprache ohne jeden fremden Akzent und wurde von meinem Großvater gern als Dolmetscher eingesetzt, wenn eine Angelegenheit irgendwie kompliziert wurde. Wie ich Polnisch gelernt hatte, ahnte auch er.

Den Polen, so erfuhr ich später von meiner Mutter, war in jenen finsteren Zeiten selbst das Tanzen und Musizieren verboten. Mein Großvater tat für sie, was unter der stets mißtrauischen Kontrolle der örtlichen Parteileitung möglich war. Als ein von ihm besonders geschätzter landwirtschaftlicher Inspektor starb, erinnerte sich meine Mutter, durfte er als Deutscher an der Beerdigung des Polen nicht teilnehmen. Erst als alles vorbei war, habe Großvater – so heimlich, wie meine verbotenen Exkursionen immer vor sich gingen – einen Kranz niedergelegt.

Es sollte viele Jahre dauern, bis mir dämmerte, wie der größere Rahmen meiner besonnten und behüteten Kindheit beschaffen war. Dem alle Gedanken an das Gestern verdrängenden Wirtschaftswunder und dem kräftezehrenden Wiederaufbau folgte jene Phase, in der eine kritische deutsche Nachkriegsgeneration ihren Eltern unangenehme Fragen stellte. Jener Ahnenpaß beispielsweise, der die Familie der Erdmanns so penibel bis ins Jahr 1698 zurückverfolgte, hatte eine zehnseitige Einleitung über die arische Abstammung und den »Rassengrundsatz«. Darin befanden sich Sätze, die uns jungen Leuten Mitte der fünfziger Jahre kriminell und – was ich damals als noch schlimmer empfand – im höchsten Maße schwachsinnig erschienen. Da stand schwarz auf weiß zu lesen: »Es ist die im nationalsozialistischen Denken verwurzelte Auffassung, daß es oberste Pflicht eines Volkes ist, seine Rasse, sein Blut von fremden Einflüssen rein zu halten und die in den Volkskörper eingedrungenen fremden Bluteinschläge wieder auszumerzen.«

Um selbst dem Teufel Fairneß entgegenzubringen, sei hinzugefügt, daß es da später noch den Halbsatz gibt, man wolle jedem anderen Volk volle Gerechtigkeit widerfahren lassen; es sei hier niemals von höher- oder minderwertigen, sondern stets nur von fremden Rasseneinschlägen die Rede. Wie dies in der Praxis ausgelegt wurde, hätte jedem Rassentheoretiker doch schon ein Kind erläutern können.

Wie also war es zu erklären, daß von mir so geachtete, geliebte Menschen wie meine Eltern brav von Behörde zu Behörde zogen, um sich im Rahmen dieses Blut- und Rassenunsinns den Arier-Nachweis zusammenzusammeln?

Es gab viele solcher Fragen, die mich in die Rolle des Anklägers versetzten und meinen Eltern den hilflosen Part aufzwangen, etwas erklären zu müssen, das sie letztlich nicht erklären konnten.

Nicht jene Zeit, nicht jenen Wahnsinn und jene Verbrechen, und nicht ihren eigenen Anteil daran. Und so wuchs meine Generation in der beklemmenden Schizophrenie heran, zu ihren Eltern als guten, liebevollen, ja vorbildlichen Menschen aufzuschauen, die alle gemeinsam zugelassen hatten, daß in ihrem Namen Unheil über Europa kam. In der Partei waren beide nicht. Die Nazis waren für sie »primitives Pack« gewesen, aber das allein war mir etwas wenig.

Natürlich haben meine Eltern in ihrer Bedrängnis immer wieder zurückgefragt, wie ich mich wohl in ihrer Lage verhalten hätte. Ob ich denn mit absoluter Gewißheit behaupten könne: »Ich – damals an eurer Stelle – wäre ein Widerstandskämpfer gewesen.« Meine Mutter wußte wohl, daß ich es als Siebenjähriger, als der böse Zauber zusammenbrach, mit einer gewissen Trauer aufgenommen hatte, nicht mehr Pimpf geworden zu sein und keinen Dolch und kein Halstuch mehr tragen zu dürfen. Denn irgendwie hatte ich mich dieser Soldatspielerei erwartungsvoll entgegengesehnt. Irgendwelche Ansätze zum Widerstand ließ diese Einstellung bestimmt nicht erkennen.

Also: Wären wir alle Helden gewesen – ich und meine kritische Generation? Als gerade erst Siebenjähriger durfte ich ja vielleicht noch die Gnade der Dummheit für mich in Anspruch nehmen. Aber jene oft nächtelangen Diskussionen mit meinen Eltern haben mich schließlich gelehrt, daß auch Glück dazu gehört, so einigermaßen mit sich selbst im reinen zu bleiben. Ja, manchmal, wenn ich als Journalist in Versuchung war, ein allzu moralischer, allzu gescheiter, vorbildhafter Mahner zu sein, kamen mir klammheimliche Zweifel, ob es nicht gerade die Beflissenen sind, die in kritischer Situation den Kurs verlieren könnten. Was schützt uns, wenn es wieder einmal das zeitgerechte Denken sein sollte, das in die Irre führt? Die Nazizeit und sicher auch die Erfahrungen im Alltag der DDR haben ja gezeigt, daß nicht nur im falschen Ehrgeiz, sondern auch im Wunsch, stets geistig im Trend zu liegen und seiner Obrigkeit zu gefallen, der

Keim des Bösen stecken kann. Und so begann ich in der Beurteilung meiner Freunde und Kollegen die etwas Ungezogenen zu schätzen und die Vorlauten, Eigenwilligen, gelegentlich zu Tadelnden den allzu Braven vorzuziehen. Denn gerade Fernsehleute und Moderatoren geraten leicht in die Gefahr, all jenen in ihrer Umgebung ein sicheres Urteil zuzuschreiben, die ihre Meinung teilen und ihre Sendungen loben.

Ich mußte mir dies mal von der Seele schreiben, weil ich von mir und meiner im Westen aufgewachsenen Generation den Eindruck habe, alles in allem vom Schicksal weniger geprüft denn bevorzugt behandelt worden zu sein. Das beispielsweise gilt selbst für jene letzte Phase des Krieges, in der ich mit meinen Vettern Winfried und Eberhard und meinen Cousinen Dore und Sabine durch einen Hagel von Gefahren aus Ostpreußen in den Norden Niedersachsens geleitet wurde. Ich habe diese Wochen im Februar und März 1945 nach all der ländlichen Einsamkeit zuvor als Abenteuer und Abwechslung in Erinnerung. Was wirklich geschah – und vor allem, was alles hätte geschehen können –, haben starke Frauen, meine Mutter und meine Tante Lieselotte, von uns Kindern ferngehalten.

Flucht, die Zäsur meiner Kindheit

Es muß irgendwann im Juli 1998 gewesen sein, als jemand von der Redaktion Zeitgeschichte des ZDF bei uns im »heute journal« anrief. Frau Hartung brachte mir die Sache so bei: »Die wollen Ihre Mutter interviewen!« Ich war zunächst verblüfft und ließ mir das Projekt erläutern. Die Historiker um Guido Knopp, so sagte mir die Stimme am Telefon, hätten den Plan gefaßt, die Generation der Trümmer- und Flüchtlingsfrauen nach ihren Erlebnissen im und nach dem Zweiten Weltkrieg zu befragen. Diese Menschen würden ja nicht jünger, und man wolle die Schicksale jener Zeit dokumentieren, solange dies noch möglich sei. Ich fand die Idee gut. Meine Mutter hat das Verfahren etwas amüsiert, erst die Erlaubnis ihres Sohnes einzuholen und dann mit ihr zu reden. Ich erklärte es ihr damit, daß das ZDF eben ein so netter Laden, sozusagen eine große Familie sei.

Das Ergebnis hat man mir später auf einer Kassette zugeschickt. Dafür bin ich den Kollegen dankbar. Ein langes Gespräch, die Kamera fest auf meine Mutter gerichtet. Und wann immer ich das Band einlege, erzählt sie mir noch einmal von den wohl gefährlichsten Momenten in unserem gemeinsamen Leben. Ich will dieses Band auch jetzt noch einmal abspielen. Nur ein paar Erinnerungen des Sohnes vorweg. Die Mutter hat – warum auch immer – eine Geschichte nicht erwähnt, die in meinem Leben eine der entscheidenden Schnittstellen war.

Das Gut Chojnowo – und damit Polen – hatten wir schon im Sommer 1944 verlassen: Mutter, Großmutter und ich. Der Großvater Erdmann war kurz zuvor nach einem Unfall gestorben und unter großer Anteilnahme der polnischen Zwangs- und Mitarbeiter beigesetzt worden. Unsere erste Station in Richtung Westen war Allenstein, wo wir so etwa ein halbes Jahr bei meiner Tante Lieselotte wohnten. Allenstein war für mich das berauschende Erlebnis einer Stadt. Auf dem Weg zur Schule gab es ein Kino, es gab Geschäfte, und es gab eine Straßenbahn. An die Badeanstalt kann ich mich erinnern, wo mich jemand vom Steg in den See stieß und ich in Sekunden schwimmen lernte.

Doch dann ging es in eisiger Kälte, im Januar oder Februar 1945, zum nahegelegenen Gut Klein-Bertung, wo im Netzwerk einer ostpreußischen Familie die Planwagen für eine lange winterliche Reise zusammengestellt wurden. Ich erinnere mich an das Geholper und Geschaukel, an lange Tage und Nächte, die wir Kinder mal über und mal unter der Decke verbrachten: Sabine, Dore, Eberhard, Winfried und ich. Wie genau die Strecke war und wie alles ablief, das kann ich selbst nur auf alten Landkarten suchen. Meine Mutter wird dafür der bessere Zeuge sein.

Zum Trauma meiner Kindheit wurde ein Vorfall, der sich etwa auf halber Strecke, in Danzig, ereignete. Wir waren mit einer Art Vorortzug auf dem Bahnhof angekommen. Es war dunkel, vielleicht Abend, vielleicht Nacht, und meine Mutter und Tante Lieselotte hatten allerlei kleineres Gepäck auf uns Kinder verteilt und uns eingebleut, einander an der Hand zu nehmen und eine Kette zu bilden, damit nur ja keiner in der fremden Stadt verlorengehe. Meine Mutter marschierte voraus und suchte den Weg nach irgendwohin. Ich war der letzte in der Kette. Danzig war annähernd zehnmal so groß wie Allenstein – ein Meer von Häusern, auch im Dunkeln noch voller Menschen –, und irgend etwas muß mich abgelenkt, interessiert, fasziniert haben. Ich ließ los, und der nächste in der Kette hat es wohl nicht gemerkt. Plötzlich stand ich allein in einer dunklen, fremden Stadt und heulte. Aber soviel ich auch schrie, keiner hörte mich. Jedenfalls keiner, den ich kannte.

Es ist eine kindliche, dumme Idee gewesen: Statt stehenzubleiben und zu warten, bis meine Mutter mich wiederfinden würde, machte ich mich selbständig auf die Suche. Ich lief zurück zum Bahnhof, denn das war ja der einzige Weg, den ich kannte. Auf dem Bahnsteig, auf dem wir angekommen waren, stand immer noch der Zug – bereit, wieder zurückzufahren. In einer Art Kurzschlußreaktion dachte ich: Fahr einfach wieder nach Hause, da muß auch deine Mutter sein!

Der Zug stand lange und war nur schwach besetzt. Menschen versuchten mich zu trösten. Und plötzlich auf dem Bahnsteig das Rufen, ja Schreien meiner Mutter. Passanten hatten ihr gesagt, da sei ein weinender kleiner Junge in Richtung Bahnhof gelaufen. Das Glück schwebte über uns beiden. Wir stürzten einander schluchzend in die Arme.

Seitdem bewegt mich die Idee: Wo wäre ich heute, was wäre aus mir geworden, wenn dieser Zug früher abgefahren wäre? Irgendwer hätte sich vielleicht eines elternlosen Jungen angenommen, mich später adoptiert oder in ein Heim gesteckt. Das war ja etwas ganz Normales in diesen Tagen, daß Eltern und Kinder voneinander getrennt wurden in den Wirren dieses Krieges. Vielleicht wäre ich verhungert oder erfroren. Vielleicht hätten Polen sich meiner angenommen, vielleicht auch Russen. Und was wäre sonst aus mir geworden? Vielleicht ein Landwirt, vielleicht ein Soldat, ein Mensch mit dem grauen Leben des Unterdrückten oder ein Unterdrücker und glühender Kommunist ... Ich habe durch diesen Zwischenfall gelernt, in anderen Schicksalen immer auch mich selbst zu sehen. Ich könnte heute alles sein, was der Zufall des Lebens in seinen Arsenalen hat, wenn die Würfel in jener Nacht in Danzig anders gefallen wären.

Nun also das Video, das Protokoll einer Flucht aus Ostpreußen. Ich habe es ein bißchen gekürzt, aber nicht verändert. Schon gar nicht habe ich versucht, die Erinnerungen meiner Mutter auf modernes Denken hinzubiegen. So manches, was sie sagt, mag heute uneinsichtig klingen; so manches, was eine junge Kollegin fragt, um sie zum Erzählen zu bringen, mag dem, der es miterlebte, etwas harmlos erscheinen. Es sind nun einmal Welten, die die Gesprächspartner trennen. Und wenn sich nur noch wenige der heutigen Generation in den Alltag, in die Verführungen und die

Angst unter einer Diktatur hineindenken können, so schützt uns dies vielleicht davor, daß sich die dunkelste Zeit in der deutschen Geschichte noch einmal wiederholt.

Ich drücke also auf den Knopf, starte das Video und schreibe vom Jahr 1939 an mit.

Interviewerin (nachstehend »ZDF«): Wie war das, als dann im September 1939 der Zweite Weltkrieg ausbrach?

Mutter: Das war natürlich ein großer Schrecken. Der Erste Weltkrieg war uns noch in Erinnerung. Meine Mutter ist damals mit zwei Kindern von Ostpreußen nach Westen geflohen, ich bin auf der Flucht geboren. Es war natürlich eine ganz harmlose Flucht, zu ihrer Schwester im Kreis Meseritz. Das hatte man noch klar vor Augen. Aber dagegen wurde nun eine künstliche Euphorie aufgebaut. Man weiß ja, daß Hitler gleich verkünden ließ, er werde alle besiegen ...

ZDF: Und als 1941 der Krieg gegen die Sowjetunion begann?

Mutter: Das war entsetzlich, da waren alle sehr bedrückt. Das hat besonders die Menschen im Osten schockiert. (...)

ZDF: Ab wann war für Sie klar, daß auch Ihr Gebiet, in dem Sie wohnten, bedroht sein würde?

Mutter: Na ja, ich hatte ja immer noch gehofft, daß Ostpreußen gehalten würde. Man fühlte sich so geborgen in der Familie ... Aber dann, 1944, als die ersten Flüchtlingstrecks kamen, da änderte sich das dramatisch. Meine Schwester zum Beispiel, die irgendwann, als sie jung war, in die Partei eingetreten war, hat vor der letzten Kriegsweihnacht in Allenstein in Gegenwart einer kleinen Nazigröße – ein Ortsgruppenleiter oder so was – gesagt: »Wenn ich könnte, dann würde ich dem Hitler den Hals umdrehen!« Solche Reden waren damals sehr gefährlich, aber er hat sie nicht angezeigt. Daraus können Sie sehen, daß die Menschen sich gewandelt hatten.

ZDF: War die Anhänglichkeit an Hitler in Ostpreußen auch so groß wie sonst im Reich?

Mutter: Doch, ja. Sehen Sie, das ganze europäische Ausland hat mit ihm Handel und Wandel getrieben. Bei der Olympiade in Deutschland 1936 waren alle Völker vertreten. Die müssen sich heute auch den Vorwurf machen, daß sie damals einiges nicht gesehen haben.

ZDF: Als nun die Flüchtlingstrecks einsetzten – können Sie ganz genau beschreiben, was Sie da gesehen haben?

Mutter: Es war deprimierend! Die Menschen kamen langsam in ihren Planwagen vorbeigezogen – gen Westen. Und wenn ich das nachträglich betrachte, hatten die sogar einen großen Vorteil. Sie konnten noch über Land durchkommen, während wir später festgefahren waren. Das war ja die Taktik von Hitler und seinen Leuten, daß man verkündete, das sei doch alles Miesmacherei mit der Flucht. Wir siegen ja noch, und immer diese feindliche Propaganda! Aber die Bevölkerung glaubte nicht mehr daran. Mein Mann war zum Beispiel beim Oberkommando des Heeres; der sagte schon 1944: Der Krieg ist verloren! Aber das durfte man natürlich damals nicht laut sagen.

ZDF: Als diese ersten Flüchtlingstrecks bei Ihnen vorbeikamen – was sagten diese Menschen?

Mutter: Nichts. Die zogen stumm durch den Ort und haben kaum mit jemandem Kontakt aufgenommen.

ZDF: Aber die müssen doch vor irgend etwas Angst gehabt haben.

Mutter: Ja, sie hatten unbeschreibliche Angst vor den Russen. Zum Beispiel, was die Russen in Nemmersdorf mit der Bevölkerung gemacht haben, das wußte man. Sie haben sie erschlagen, irgendwo angenagelt. Wie sie mit den Frauen umgingen, das war ja bekannt. Es war die Angst vor den Russen, die sie vorantrieb. Nur wenige, die alt waren, die sagten sich: Ob wir hier sterben oder auf der Flucht, das ist doch egal!

ZDF: Wann haben Sie den Entschluß gefaßt, auch wegzuziehen? Woher wußten Sie, daß die Russen kommen? Haben Sie das aus dem Radio gehört?

Mutter: Das war kein Entschluß. Wenn die deutschen Behörden es erlaubten, dann sah man zu, daß man wegkam. Und daß die Russen kommen, war nicht schwer zu erraten. Der Geschützdonner rollte immer näher. Wissen Sie: In den Nachrichten kam nicht viel darüber. Die haben die Lage immer verschönt und gemeldet: Wir siegen immer noch! Es gab Leute, die haben bis zuletzt daran geglaubt.

ZDF: Als Sie dann Ihre Sachen packten, was haben Sie mitgenommen?

Mutter: Ich habe schon wochenlang Kisten gepackt und sie ganz idiotisch überallhin geschickt. Ich konnte mir beispielsweise gar nicht vorstellen, daß auch Westpreußen, daß schließlich ganz Deutschland überrannt werden würde. Später, als wir im Westen waren, haben uns tatsächlich zwei dieser Kisten mit Porzellan, Tischtüchern und Besteck erreicht. Eine war im Schwarzwald gelandet und die andere zunächst in Pommern, und meine Cousine hat sie von dort nach Westen weitergeleitet. Das war später sehr wertvoll für uns, weil wir sonst buchstäblich nichts mehr hatten.

ZDF: Aber als Sie dann auf die Reise gingen, was haben Sie da unmittelbar mitgenommen?

Mutter: Unsere Mutter und unsere fünf Kinder: meinen Wolf und die vier Kinder meiner Schwester. Und sonst nur das Notwendigste, nicht den halben Haushalt. Wir waren alle sehr dick angezogen und nahmen etwas zu essen mit. Und vieles von dem, was wir mitgenommen haben, haben wir unterwegs wieder wegwerfen müssen, weil die Pferde es nicht zwangen. Sie können sich gar nicht vorstellen, wie schwer es war, diese völlig überladenen Wagen und die Pferde zu lenken. Die Straßen waren vereist. Einmal – 24 Stunden durch – bin ich gefahren, weil unser alter Kutscher mit seinen Kräften am Ende war. Bei 21 Grad Frost und starkem Ostwind habe ich geschwitzt, daß mir der Schweiß nur so runterlief. Und Sie müssen sich nicht vorstellen, daß wir nur gefahren wären. Wir haben viel mehr gestanden. Oft waren die vielen Wagen, die unterwegs waren, ineinander verkeilt, dann ging es nicht weiter, weil der Russe wieder irgendwo durchgebrochen war. Und dann lagen wir vor dem Frischen Haff, weil das Eis noch nicht für den Treck freigegeben war. Ein Bauer in Groß-Burgendorf nahm uns auf. Der hatte ein Schwein geschlachtet und hat uns davon mitgegeben. Und am ersten Tag, als das Haff zur Fahrt über das Eis freigegeben war, sind wir da rüber. Es waren 20 Grad Frost und ein schneidender Wind. Über uns blauer Himmel. Und aus dem stießen die feindlichen Jagdflieger herunter und beschossen unsere Trecks. Wir sind vom Wagen gesprungen und haben uns darunter aufs Eis gelegt. Und als wir dann weiterzogen, lagen links und rechts tote Menschen, tote Pferde und eingefrorene Autos. Viele der Toten waren Kriegsgefangene, die man schon vorher über das Eis getrieben hatte, als es für uns noch nicht freigegeben war. Oder es waren irgendwelche kriegswichtigen Kolonnen gewesen, die eingebrochen waren. Es war schrecklich; so etwas vergißt man sein Leben lang nicht!

Und als wir dann das andere Ufer erreichten und auf der Frischen Nehrung weiter nach Westen zogen, mußten wir über die Weichselarme übersetzen. Vor den Fähren stauten sich die Trecks und warteten tagelang. Jetzt hatte es angefangen zu tauen, und alles versank im Matsch. Und da haben wir viel der Tatkraft meiner Schwester zu verdanken. Sie hat die Leitung dieser Fähren – das war irgendeine Militärstelle – aufgesucht und gesagt: Unsere Männer sind Soldaten, wir haben fünf Babys auf dem Wagen, die können das in dieser Kälte und dem Matsch doch nicht so lange aushalten. Und da bekam sie eine Bescheinigung, daß wir vorziehen durften. Das war natürlich den anderen gegenüber nicht besonders fein, aber jeder mußte sehen, daß er da wegkam.

ZDF: War da auch noch irgendwelches Militär, das da rüberrollte?

Mutter: Ja, wenn die Front wieder irgendwo anders aufgebaut wurde, dann mußten wir das Militär vorlassen.

ZDF: Was treibt einen da voran, immer weiterzumachen?

Mutter: Der Selbsterhaltungstrieb.

ZDF: Ihr Sohn war ja damals sieben Jahre alt. Wie hat er das erlebt? Hat er auch mit angepackt?

Mutter: Nein, mein Sohn und die vier Kinder meiner Schwester waren eben noch Kinder. Die haben wir eingepackt und ihnen gesagt: Mach dies, mach das oder noch was … Und so war das halt.

ZDF: Dann haben Sie mit immer neu aufziehenden Fronten zu tun gehabt. Wie haben die Menschen sich da geholfen oder behindert?

Mutter: Die Soldaten haben uns viel geholfen. Mein Vetter Helmut Fischer leitete den Treck. Er war Major und hatte einen Urlaubsschein und sollte sich wieder bei seiner Einheit melden, wenn er uns in Danzig abgeliefert hatte. Zwischendurch gab es die sogenannten »Seelengreifkommandos«. Die sollten alle männlichen Wesen aufgreifen und zum sogenannten »Volkssturm« zusammenstellen. Einer drohte ihm mit der Waffe, da sagte er: Eine Waffe hab ich auch! Da ließen sie ihn ziehen. Es gab französische Kriegsgefangene; die waren planlos unterwegs in Richtung Frankreich, und einer hat unseren Kindern Schokolade geschenkt. Auch russische Kriegsgefangene wurden in Richtung Westen gebracht, und auch die waren nett zu den Kindern. Aber es gab Leute, die verloren die Nerven und wollten einfach vorbeiziehen, wenn die Perlenkette der Trecks, bei denen man den Anfang und das Ende nicht mehr sah, wieder einmal stand. Dann verstopften sie alles noch mehr, und dann sind andere gekommen und haben die Wagen dieser Leute einfach in den Graben geworfen, damit es wieder weitergehen konnte. Man kann sich das gar nicht vorstellen: die Russen im Kreuz, wir sind manchmal nur einen halben Kilometer von deren Panzerspitzen entfernt gewesen, und dann dieses langsame Vorwärtskommen …

ZDF: Wem geben Sie eigentlich die Schuld an dieser Flucht?

Mutter: Na ja, dieser ganzen Nazi-Organisation und eben der Angst vor den Russen.

ZDF: War das Verhalten der Russen vielleicht irgendwo auch nachvollziehbar, wenn man weiß, welche Greuel vorher der russischen Bevölkerung angetan worden waren?

Mutter: Ich will mal sagen, überall gibt es Menschen, die nicht gut sind. Aber was man unseren Soldaten nachsagt ... Die haben doch nicht aus Jux und Tollerei anderen Menschen etwas Böses angetan.

ZDF: Aber diese SS-Kommandos, die hinter der Front die russische Bevölkerung umbrachten ...

Mutter: Davon war uns nichts bekannt.

ZDF: Wie ging es dann weiter auf Ihrem Treck?

Mutter: Ja, wir sind dann vor Danzig vom Treck abgestiegen, weil es so schwer war, noch Futter für die Pferde zu finden. Auch wir haben manchmal 48 Stunden nichts zu essen gehabt, weil alle Speisen gefroren waren. Meine Schwester sagte: »Wir steigen jetzt ab und fahren mit dem Schiff weiter!« Die »Gustloff« war gerade untergegangen, und ich sagte zu meiner Schwester: »Du bist verrückt!« Aber sie sagte: »Das halten wir doch so nicht weiter durch.« Da sind wir abgestiegen und haben auf irgendeiner Werft im Stroh übernachtet. Neben mir saß ein braununiformierter Mensch, wohlgenährt, der war der einzige, der die Lage positiv sah. Und als ich ihn nach dem Grund seiner Zuversicht fragte, sagte er: »Ich komme raus! Denn ich habe die Amtskasse von irgend so einem Dorf bei mir, und da habe ich eine Bescheinigung vom Heeresstreifenkommando, daß ich einen Lazarettzug benutzen darf!« Und da hat es bei mir geklingelt. Wir haben in Danzig eine Wohnung zugewiesen bekommen von Leuten, die schon von hier geflüchtet waren. Da haben wir meine Mutter und die Kinder abgestellt, und ich bin zwei Tage durch die Stadt gezogen und hab das Heeresstreifenkommando gesucht. Ich sah aus ... Unbeschreiblich! In die Trainingshose waren mir die Hunde reingefahren, wenn ich Pferdefutter besorgen mußte. Und wenn man wochenlang unterwegs ist, dann sieht man eben auch so aus. Der Schreiber ließ mich draußen vor der Tür warten, weil er wohl Angst hatte, daß ich ihm seine Bleistifte klaue. Aber dann ließ er mich zu dem Heeresstreifenführer vor, und der hat mir auch diese Bescheinigung ausgestellt. Damit sollte ich zum Bahnhof; da sei so ein besonderes Häuschen, da müsse ich mir noch einen Stempel holen, wenn ich auf den Lazarettzug wolle. Als ich da ankam, sagte einer: »Wenn Sie in einer halben Stunde hier sein können, dann fährt ein Lazarettzug, dann bekommen Sie einen Stempel und können mitfahren.« Ich zurück in die Wohnung, alles in irgendwelche Säcke gestopft, und ab zum Bahnhof! Dort dauerte es dann noch Stunden, bis der Zug einrollte und endlich auch abfuhr. Der war vollgestopft mit Menschen. Zwischen Verwundeten und Kranken lagen und saßen Alte und Kinder. Wer schlafen wollte, lehnte sich an irgendeinen anderen an. Für eine Strecke von dreißig Kilometern brauchte der Zug Tag und Nacht. Oft, wenn wir irgendwo durchwollten, wurde dort gerade wieder geschossen. Der Zug brachte uns bis Stettin. In Pommern hatten wir eine Cousine, und ihr Mann hatte ein Gut. Sie hat uns aufgenommen, obgleich sie schon über fünfzig andere Flüchtlinge auf ihrem Hof hatte. Die Männer waren im Krieg, meine Cousine Käthe Adolphi war zur stellvertretenden Bürgermeisterin ernannt, sie hat uns rührend betreut und versorgt. Eine Tages rief ihr Mann an und sagte: Sorg dafür, daß eure Flüchtlinge wegkommen, die Front rückt näher! Käthchen selbst durfte zu dem Zeitpunkt noch nicht fliehen. Sie wäre erschossen worden, wenn sie mitgekommen wäre. Sie brachte uns zum Bahnhof. Da fuhr so eine Art Klamottenzug; das war ein Zug mit kaputten Wehrmachtsfahrzeugen. Auch der fuhr mal, und mal fuhr er nicht. Er brachte uns schließlich nach Swinemünde. Und von dort ging es weiter nach Niedersachsen. Wir Flüchtlinge sind nicht gerade mit offenen Armen empfangen worden. Man kann die Menschen ja auch verstehen. Ihr Wohnraum war inzwischen auch knapp, und dann wurden noch wir dort zwangseingewiesen. Aber da gab es auch Quartiergeber, denen ich sehr dankbar bin. Zwar haben einige von uns Flüchtlingen geklagt: Wir haben doch alles verloren, und die haben alles behalten, und nun wollen sie uns nicht einmal aufnehmen. Aber schließlich ist alles menschlich.

ZDF: Ein schönes Abschlußwort, vielen Dank, Frau von Lojewski! Das war's schon, die halbe Stunde ist um.

Mutter: Ja, ich danke auch Ihnen, daß Sie mal so etwas aufnehmen! Aus unserem Gedächtnis wird das alles nie verschwinden.

Auch ich habe schließlich den Kollegen zu danken für ihren Besuch mit der Kamera im allerletzten Augenblick. Kaum drei Monate später, am 15. November 1998, ist meine Mutter gestorben. Die Krankheit hatte schon länger in ihr gesteckt, aber Mutter hatte alles getan, es vor uns anderen zu verbergen. Als sie starb, morgens um sieben Uhr im Kieler Städtischen Krankenhaus, durfte ich neben ihr sitzen. Der Tod kam sanft, ich habe ihn nicht bemerkt.

Von-Seht-Straße, Nummer 515

Aus dem Nebel der Erinnerungen taucht ein Pferdewagen auf, wie man ihn sonst zur Kartoffel- oder Rübenernte benutzt. Er zuckelte durch die Von-Seht-Straße im Ortsteil Westerende des Städtchens Altenbruch an der Niederelbe. Es war Februar oder März 1945, an einem kühlen, aber sonnigen Tag; ich war im achten Lebensjahr. Auf der Ladefläche saßen meine Tante Lieselotte Borris und ihre vier Kinder, meine Mutter und ich sowie drei oder vier weitere Familien. Wo der Wagen hielt, gab es jedesmal ein riesiges Gezeter. Ein uniformierter Mann mit einer Liste stieg ab und machte den Bewohnern des Hauses klar, wie viele Zimmer und wieviel noch ungenutzten Wohnraum sie hätten. Die Hausbewohner bestritten dies jeweils voller Leidenschaft und machten irgendeine Gegenrechnung auf. Wir auf dem Wagen verhielten uns in diesem Streit neutral. Wenn ich später gelegentlich an diese Ankunft in meiner neuen Heimat denke, fällt mir immer der Vergleich mit einer Sklavenauktion in Amerika ein; auch dort hatten die Betroffenen in dem Gefeilsche und Geschrei ihrer Käufer und zukünftigen Besitzer keine eigene Stimme.

Für meine Mutter und mich hielt der Wagen vor einem Haus mit der Nummer 515. Die kleine, mit roten Ziegelsteinen gepflasterte Straße gab so viele Häuser ganz offensichtlich nicht her, um die hohe Hausnummer zu erklären. Wahrscheinlich hatte der ganze Ort kaum 500 spitzgieblige, eingeschossige Gebäude; vielleicht hatte der Durchzählerei auch irgendwann einmal ein anderes, pfiffiges System zugrunde gelegen, das später aber niemand mehr durchschaute. Auch woher der Name von Seht kam, blieb mir in all den Jahren, die ich nun in dieser Straße verleben sollte, unklar. Wahrscheinlich war ein von Seht der längst verstorbene

Bauer, dem einmal die Wiese gehörte, durch die sich nun schnurgerade die Straße zog. Es war Marschland hinter den Deichen der Elbe mit schweren, aber fruchtbaren Böden, wo die Bauern in normalen Zeiten immer reicher gewesen waren als die auf den Höfen der höhergelegenen, sandigen Geest.

Mit unseren Zwangs-Gastgebern hatten wir es jedenfalls nicht schlecht getroffen. Albert Rademacher arbeitete bei der Hafenverwaltung in Cuxhaven und war ein ruhiger, verschmitzter Mann. Seine Frau – ich nannte sie bald Tante Anna – war da schon energischer. Ich hatte auf Anhieb begriffen, daß es bei Streitigkeiten aller Art immer ganz günstig war, sie auf meine Seite zu ziehen. In den Fällen, in denen das nicht gelang, scheiterten die Projekte ohnehin an ihrem unerbittlichen Widerstand. Ihr Sohn Hugo sollte demnächst auf die höhere Schule gehen, was uns aus irgendeinem psychologischen Grund zu Verbündeten machte. Wann immer Tante Anna nicht so recht einsah, warum ein junger Mann herumsitzen und Bücher lesen müsse, hat meine Mutter versucht, es ihr zu erklären. Und wenn ich es ihr auf meine kindliche Art in einem ruhigen Augenblick bestätigte, stand dem Müßiggang des Lesens nichts mehr im Wege.

Es war natürlich nicht angenehm für die Familien im Altenbrucher Westerende, wildfremde Menschen in ihrem Heim aufnehmen zu müssen. Und da gab es noch eine niederdeutsche Eigenart, die die Einsicht und Harmonie erschwerte: den sogenannten »Gute-Stuben-Kult«. Es war damals in jener Gegend an der Elbe fester Brauch, das größte und schönste Zimmer zur Straßenseite hin auf das glänzendste einzurichten, regelmäßig zu feudeln und zu bohnern, aber nicht zu bewohnen. Jedenfalls nicht täglich, nur zu Weihnachten oder wenn im Hause geheiratet wurde oder sonst etwas ganz Besonderes geschah. Dieses Zimmer war so eine Art Schaufenster eines jeden Hauses. Besucher wurden gelegentlich hineingeführt, um es zu besichtigen. Dafür standen Pantoffeln vor der Tür, und wenn die nicht für jeden reichten, dann zog man die Schuhe aus und betrat die gute Stube feierlich in Socken. Als plötzlich diese vielen Flüchtlinge aus dem Osten vor der Pforte standen, zählte natürlich keiner in der Von-Seht-Straße die »gute Stube« mit. Denn wenn man schon selbst diesen heiligen Raum kaum betrat, warum sollten dann »die Leute aus der Walachei« darin hausen?

Mutter und ich landeten in einer Stube neben der Küche, die das eigentliche Wohnzimmer und der abendliche Aufenthaltsraum der Familie Rademacher gewesen war. So wurde nun die Küche selbst zum Platz der allgemeinen Versammlung, und alle Wege durch das Haus führten immer durch unser Zimmer. Das ging eine Weile gut, dann einigten wir uns, daß wir in eine Mansarde unterm Dach umziehen sollten. Sie war schräg und schmal und hatte ein kleines Fenster zur Straße hin; die Wohnfläche mag so etwa fünf oder sechs Quadratmeter betragen haben. Das war aber weiter kein Problem, denn tagsüber hielt sich dort oben ohnehin keiner auf. Und abends hatten wir wenigstens unsere Ruhe. Meine Schularbeiten machte ich in jenem zweitschönsten Zimmer neben der Küche, und im übrigen lebte ich auf der Straße. Nur im Winter war es in der Mansarde elend kalt. Der Raum war nicht zu heizen, und das Wasser für die Waschschüssel fror über Nacht in der Kanne zu Eis.

Meine Vettern und Cousinen – mit Tante Lilo also fünf Personen – lebten in einem richtigen Zimmer gleich schräg gegenüber bei der Familie Witthohn, und insbesondere Winfried, der ein halbes Jahr älter war als ich, übernahm schon als Achtjähriger eine wichtige Rolle in der Versorgung von Mutter und Geschwistern. Wann immer ein Kohlewagen durch die Gegend fuhr, hing Winfried hinten dran und warf die Briketts herunter, die wir anderen dann nur aufzusammeln und heimzuschleppen brauchten. Wann immer das Obst auf den Bäumen zu reifen begann oder die Kartoffeln auf den Feldern, brachte Winfried frisches Obst und Gemüse ins Haus.

Meine Tante Lilo wußte solche Initiative sehr zu schätzen, meine Mutter nicht. Ihr kamen ihre Englischkenntnisse zugute:

Sie bekam eine Anstellung in einer geradezu phantastischen Welt. Sie wurde Verkäuferin in einem »Naafi-Shop«, in dem nur die Soldaten und sonstigen Angehörigen der britischen Besatzungsmacht einkaufen durften. Für Deutsche war der ganze Bezirk rund um die Oase in der Nähe des Cuxhavener Bahnhofs »out of bounds«, also strikt gesperrt. Und so gab es in der hungernden Außenwelt die wildesten Gerüchte über diese paradiesischen Hallen, die kein gewöhnlicher Mensch betreten durfte. Es kursierten Sagen und Vermutungen über die mit Fleisch und Würsten, Schokolade und Weißbrot überquellenden Regale. Und natürlich über die Schätze der einzig wahren und harten Währung jener Tage: Player's Zigaretten. Gelegentlich brachte Mutter mir etwas Schokolade mit oder ein Stück Kuchen aus Blätterteig, was seiner Exotik und Seltenheit wegen jeden heutigen Vergleich mit Kaviar oder Hummer um Dimensionen übertrifft.

In unserer grauen Nachkriegswelt gab es Lebensmittelkarten und stundenlanges Schlangestehen, wenn der Bäcker Brot oder der Kaufmann eine kleine Lieferung Magermilch bekam. Oft lösten wir Kinder uns in einer Schlange ab, und trotzdem konnte es passieren, daß der letzte ohne irgend etwas nach Hause kam. Das schnell von Haus zu Haus flatternde Gerücht, es werde heute beim Kaufmann Toben Maisbrot geben oder gar irgendwelche Suppenknochen, blieb in vielen Fällen eben nur Gerücht. Der Inhalt jener zwei Kisten, die Mutter noch in Ostpreußen gepackt und verschickt hatte und die zur allgemeinen Verblüffung ihren Weg nach Altenbruch gefunden hatten, landete nach und nach bei den Bauern der Umgebung, eingetauscht gegen Speck, Eier oder Butter, wobei silberne Messer und Porzellan im Kurs zur Butter sehr niedrig standen.

Da das Westerende mit seiner Chaussee zwischen Altenbruch und Cuxhaven und seinen vier oder fünf kleinen Querstraßen eine alles in allem ländliche Gegend war, quälte sich fast jeder Haushalt mit der Zucht von Hühnern oder gar einem Schwein. Alle diese Tiere waren bei der Behörde registriert, und die Vorschriften besagten im Prinzip, daß man von den Erträgen mehr abzugeben hatte, als man behalten durfte. Und so stellte sich heraus, daß offiziell kaum je ein Huhn des Eierlegens überführt werden konnte. Nach allgemeinem Rechtsempfinden jener Tage waren die Hühner viel zu schwach, um überhaupt Eier zu legen, oder es wurde den Behörden ernsthaft vorgetragen, die Hühner müßten für ihre Eier wohl irgendwelche Verstecke haben, denn es sei sehr schwer, in ihren Nestern im Stall mehr als gelegentlich mal ein Ei oder höchstens zwei zu finden. Das hielt sich dann gerade noch in der Quote der nicht abzuliefernden Menge.

Beim Schwein war die behördliche Kontrolle schon genauer. Jeder Haushalt durfte einmal im Jahr eines schlachten. Mehr waren unter den Umständen auch schwer großzuziehen. Denn alles, was der Mensch noch irgendwie genießen konnte, nahm ja seinen kurzen, direkten Weg in die Nahrungskette, und man verfütterte es nicht an Schweine.

Hausschlachtungen wurden jedenfalls strengstens überwacht. Das Schwein wurde vor dem Schlachten gewogen, und danach errechnete sich, je nach der Anzahl der Personen eines Haushalts, die Menge des abzuliefernden Fettes und Fleisches. Mittlere Haushalte wie die Rademachers durften so etwa zwei Drittel ihres Hausschweins behalten. Aber die Tatsache, daß sie geschlachtet hatten, wurde bei den Lebensmittelkarten der Familie berücksichtigt: In der Rubrik »Fleisch und Fett« schnitt die Behörde die entsprechende Menge an Marken heraus.

Ich weiß noch, wie Onkel Albert eines Tages sein Schwein zum Schlachter Heinbockel trieb, um es erst wiegen und dann fachgerecht töten zu lassen. Die ganze Straße stand Spalier. Und als das brave Tier auf den letzten Metern vor der Waage des Schlachters – sein Schicksal ahnend oder aus Angst vor den vielen Menschen – noch etwas fallen ließ, war der Jubel unbeschreiblich. Denn hätte dieses Schwein seinen Darm bis zum Schluß unter Kontrolle gehalten, wäre sein Gewicht um die Menge seiner letzten Notdurft größer gewesen, und die Familie Rademacher hätte entsprechend mehr bei der Behörde abliefern müssen. Das Zerlegen, Einkochen und Wurstmachen geschah dann wieder daheim und war jedesmal ein Fest. Ich hielt mich an solchen Tagen vorzugsweise in der Küche auf, was sich in jeder Beziehung lohnte.

Natürlich sind meine Erinnerungen an jene Jahre von 1945 bis zum Frühjahr 1952 etwas ungeordnet. Was wann genau geschah, was früher und was später, erfordert heute ein mühseliges Stochern im Gedächtnis. Doch ein Erlebnis aus jenen Tagen wird mir für immer in der Seele bleiben. War es noch zu der Zeit, als jedes geklaute Stück Kohle und jedes von meiner Mutter auf dem schwarzen Markt erstandene Ei eine Sache des Überlebens war? Oder war es schon zu der Zeit, als dieses »Besorgen« bei uns Kindern allmählich zu einem stillschweigend verklärten Brauchtum und zur Gewohnheit geworden war? Jedenfalls stellte unser Nachbar Horeis eines Tages fest, daß sein Kirschbaum auf der Seite zum Grundstück der Rademachers hin überhaupt keine Kirschen mehr trug. Wer denn nun wohl diese Kirschen abgeräumt haben könnte, darüber gab es einen Verdacht, aber keine eindeutigen Beweise. Kein Täter meldete sich, und Tante Anna war so weit auf meiner Seite, dem Nachbarn Horeis treuherzig über den Zaun zu versichern, ich sei es diesmal ganz bestimmt nicht gewesen. Sie hätte es ja sonst merken müssen, denn aus dem nahen Küchenfenster sehe sie doch eigentlich alles.

Damit hätte die Sache ihr Bewenden haben können, hätte ich mich abends, als meine Mutter müde von der Arbeit nach Hause kam und diese Kirschen zum Gesprächsthema in der Von-Seht-Straße geworden waren, nicht zu dem Leichtsinn hinreißen lassen, ihr vor dem Zubettgehen in der Mansarde vertraulich und nicht ohne Stolz zu beichten: Na klar, ich sei's gewesen! Natürlich nicht allein. Winfried auch, wahrscheinlich auch noch Eberhard … Diese Angeberei war ein schwerer Fehler. Meine Mutter wurde sehr ernst und baute sich vor mir auf wie der Engel der Rache und verkündete folgendes Urteil: »Morgen gehst du zu der Familie Horeis und entschuldigst dich!« Bei aller Liebe zu meiner Mutter – für so etwas Ausgefallenes war mit meiner Einsicht nicht zu rechnen. So bekam ich zu später Stunde erst einmal eine Tracht Prügel, bis Tante Anna besorgt zur Tür hereinschaute, und dann stellte mir meine Mutter noch allerlei weitere Strafen in Aussicht, falls ich mich nicht am nächsten Tag bei diesen Nachbarn entschuldigen sollte. Immer wieder trug ich meine Bedenken vor: Die anderen hätten doch auch von diesem Kirschbaum gegessen; das sei so üblich in dieser Gegend und in diesen Zeiten, mal Äpfel, mal Birnen, mal Kirschen von Nachbars Baum zu pflücken. Es hat nichts genützt. Noch heute sind mir ihre Worte im Ohr: »Es ist egal, was die anderen tun. Du tust immer das, was richtig ist!«

Ich bin nicht sicher, ob ich diesem kategorischen Imperativ im späteren Leben immer folgen konnte. Aber ich habe in kritischen Situationen wenigstens versucht, mit meinen Sünden, Schwächen und Verfehlungen mit mir selbst ins reine zu kommen und mich nicht hinter dem Rücken der jeweils anderen zu verstecken. Am nächsten Tag war natürlich wieder einmal die ganze Straße versammelt, weil entweder Winfried oder Tante Anna einem breiten Publikum das zu erwartende, äußerst ungewöhnliche Schauspiel angekündigt hatte: Der Wolf geht zu Horeis und entschuldigt sich fürs Kirschenklauen!

Am Ende ist diese Strafexpedition kein Triumph der Moral und keine Werbung für das Gute geworden. Ich – artig gekämmt, sonntäglich gekleidet und blaß – gehe zu Nachbars Pforte und klingele bei Horeis. Wie gesagt: Groß und klein haben sich vor dem Haus versammelt. Erwartungsvolle Stille. Es öffnet sich die Tür nur einen Spalt, der Nachbar sieht vor seinem Haus die Menschenmenge. Ich fange an zu stammeln: »Es tut mir sehr leid, ich habe bei Ihnen Kirschen geklaut.« Lautes Gejohle aus dem Publikum, als habe ein berühmter Komiker einen seiner besten Scherze vorgetragen. Ohne jedes Wort wirft Nachbar Horeis die Haustür wieder zu. Der Arme muß ganz einfach angenommen haben, ich wolle ihn veräppeln.

Das gewonnene Jahr

Um wieder etwas in der zeitlichen Reihenfolge hin und her zu springen … Ich erinnere mich gut an die Tage der Kapitulation, als an der Unterelbe die britischen Truppen einmarschierten. Stundenlang rollten Lastwagen und Panzer von Süden her in Richtung Cuxhaven. Die deutsche Wehrmacht hatte ihre Waffen inzwischen einfach irgendwo stehen- und liegenlassen. Bei uns lagerte ein gewaltiges Arsenal an Geschützen und Munition vor den Elbdeichen in Altenbruch und im benachbarten Groden. Natürlich durften wir Kinder mit diesen Waffen nicht spielen. Aber wir sind auf einen abgestellten Flak-Zug geklettert, haben die Rohre hinauf- und heruntergekurbelt und »da, da, da, da …« gerufen, um dann zu behaupten, wir hätten mehr feindliche Flugzeuge abgeschossen als die Kinder an den Nachbargeschützen. Die Gurte mit scharfen Patronen lagen in den Gräben nebenan, aber die Geschütze zu laden und diese Gurte leerzuschießen, trauten wir uns dann doch nicht. Möglich wäre es gewesen. In den Nachbarorten haben Kinder so etwas versucht, und es hat schreckliche Verletzungen gegeben. Die Größeren von uns haben noch Granaten aufgeschraubt und das Stangenpulver herausgezogen. Wenn man diese Stangen anzündete, zischten sie puffend durch die Gegend und erschreckten die Leute – wie kleinere Feuerwerksschlangen zu Silvester.

Die Soldaten der Wehrmacht waren derweil da und dort zusammengetrieben worden. Zu Tausenden kampierten sie rund um die Schule am Ende der Von-Seht-Straße und auf dem Hof der etwa drei Kilometer entfernten Volksschule in Groden, die schon zur Stadt Cuxhaven gehörte. Für uns Kinder war das eine unterhaltsame Zeit. Keine Schule, dafür Abenteuerspielplätze rundherum und viele Erwachsene auf den Schulhöfen, die nichts zu tun hatten und mit uns spielten ... Eines Tages – etwa ein halbes Jahr nach Ende des Krieges – hatte ich mich ins benachbarte Groden verirrt und stellte fest, daß alle Soldaten verschwunden waren. Dafür stand dort eine lange Schlange von Eltern mit ihren brav gekämmten Kindern an der Hand. Ich reihte mich in diese Schlange ein, so wie man sich in jenen Tagen eben automatisch in jede Menschenschlange reihte. Es konnte ja plötzlich irgend etwas geben – vielleicht sogar ohne Bezugsschein oder Lebensmittelmarken –, das danach so schnell nicht wieder zu haben war. Aber hier war davon die Rede, daß diese Schule demnächst wieder eröffnet werden solle. Spätestens da hätte ich weglaufen sollen, zurück in die Freiheit. Denn unsere Schule war ja noch vom Militär umlagert, und es gab keine Anzeichen, daß in meiner Straße die schöne Zeit auch schon so bald zu Ende gehen könnte.

Als ich zu jenem Tisch vorgerückt war, an dem würdevolle Leute saßen, gab es allerlei Verwirrung. So fragte mich deren Sprecher amüsiert, wo denn erstens meine Eltern seien; zweitens, was ich hier wolle, ich wohne doch in Altenbruch, und dies sei der Schulbezirk Cuxhaven ... Wahrscheinlich war es purer Trotz, daß ich mich einfach weigerte, irgend etwas einzusehen und wieder abzuziehen. Plötzlich muß ich wohl ganz wild darauf gewesen sein, wieder zur Schule zu gehen. Die Lehrer nahmen es mit Humor. Man schrieb meinen Namen auf, Anschrift, wahrscheinlich drittes Schuljahr, und wenn ich am nächsten Tag meine Mutter mitbrächte und die mit allem einverstanden sei, dann könne man ja mal sehen, was hier zu machen sei, um ausnahmsweise auch einen Steppke aus einem anderen Schulbezirk vorübergehend in Groden einzuschulen.

Natürlich war meine Mutter einverstanden, das hätte ich mir denken können. Und ein bißchen habe ich meine Launen später auch bereut, als ich wieder artig und stumm in der Schulbank sitzen mußte und Winfried gelegentlich vorbeischaute, um am Fenster des überfüllten Klassenzimmers seine Faxen zu machen. Er war weiterhin frei, zu tun und zu lassen, was er wollte; ich hingegen war eingezwängt in ein Korsett von Pünktlichkeiten und Pflichten. Die Schule im Westerende öffnete erst ein halbes Jahr später, alle Nachbarskinder verloren durch die Kriegs- und Nachkriegswirren mindestens ein Schuljahr. Ich wechselte in meine Straße zurück und war, ohne daß mir dies damals besonders wichtig gewesen wäre, eine Klasse weiter.

Zwei Jahre später – zum Ende der vierten Klasse hin – hatte meine Mutter sich in den Kopf gesetzt, ich solle auf die Oberschule nach Cuxhaven. Ich bekam ein Fahrrad, das aus einem schweren Eisenrahmen und verschiedenen, recht teuren anderen Teilen zusammengebastelt war: aus mehrfach hinterlegten Reifen mit vielfach geflickten Schläuchen, einem verwegenen Lenker und – das war mein besonderer Stolz – einer Ziehklingel, die man an das laufende Rad klappen konnte und die dann einen beachtlichen Radau machte. Je schneller man fuhr, desto lauter.

Inzwischen – am 20. Juni 1948 – hatte es die Währungsreform gegeben, und über Nacht war plötzlich alles in den Läden, wovon man vorher nur träumen konnte: »echte« Butter, Brot in jeder Menge und in verschiedenen Sorten, nicht nur Wurst, sondern auch Schinken, Fahrräder und jedes glitzernde Ersatzteil, von dem die gewöhnliche Menschheit noch am Tag zuvor bezweifelt hätte, daß so etwas in für Deutsche zugänglichen Geschäften je wieder zu haben sein würde. Ein Weizenbrötchen kostete fünf neue Pfennig. Noch 24 Stunden vorher hätte man darüber rätseln und streiten können, ob es Weizenbrot denn überhaupt noch gibt.

So war das Ende der alten Reichsmark und die Geburt der neuen D-Mark mit einem Wunder verbunden, das sich der Durchschnittsbürger an der Unterelbe auch bei größter Anstrengung seiner Phantasie und unter Nutzung aller bisherigen Lebenserfahrung nicht erklären konnte. Es hatte schon etwas Übernatürliches an sich. Und es war eben dieses Wunder, das die Menschen mit einem Schlag emotional mit ihrem Geld verband. Die

D-Mark war eine Art Zauber, der über Nacht den Krieg wegwischte und alle Sünden von früher verblassen ließ.

Pro Kopf eines jeden Familienmitglieds gab es sechzig Mark (vierzig Mark sofort, zwanzig ein wenig später), die dem einen schnell wieder aus der Tasche flossen – vielleicht auch aus Angst, der Vorrat an Wundern könne nicht reichen und der Mensch müsse plötzlich doch wieder zurück in die Schlange vor den Geschäften. Es gab aber auch Leute, die weiter schauten, die aus Ererbtem oder möglicherweise aus Schwarzmarktgeschäften bis zu jenem Stichtag im Juni Schätze und Chancen gehortet hatten und sich nun daranmachten, möglichst viel von den sechzig Mark der anderen an sich zu ziehen. Die Karten des Lebens wurden jedenfalls noch einmal neu gemischt.

Der Geist jener Zeit wurde uns später in Kurt Hoffmanns filmischem Meisterwerk »Wir Wunderkinder« in trefflicher Übertreibung vor Augen geführt. Hansjörg Felmy spielte den edlen Deutschen und Robert Graf den in allen Systemen oben schwimmenden Mitläufer und Kriegs- und Krisengewinnler – den charakterlosen NS-Funktionär, aus dem ohne persönliche Skrupel und politische Bedenken seiner nunmehr demokratischen Außenwelt eine Leuchte der freien Wirtschaft wurde. Die meisten in der Von-Seht-Straße hinter den Deichen der Elbe nutzten jene sechzig Wunder-Mark, um sich nach so langer trostloser Zeit den ersten Luxus zu leisten: ein Stück Wurst, einen neuen Fahrradschlauch, endlich einmal wieder ein richtiges Kleid oder eine ungeflickte Hose.

Für politische oder auch wirtschaftliche Grübeleien war ich damals noch zu jung. Aber soweit ich mich erinnere, dachten auch die Erwachsenen möglichst wenig nach. Sie waren aus den Ruinen ihrer Vergangenheit geklettert und hatten sich einfach vorgenommen, nicht mehr zurückzuschauen. Etwa zwanzig Jahre gingen ins Land, bevor Kinder anfingen, mit größerer Beharrlichkeit nachzufragen, warum ihre Elterngeneration einem Schreihals wie Adolf Hitler willig oder widerstandslos hinterhergelaufen sei und somit das ganze Unheil nicht verhindert habe. Und die meisten der ja inzwischen doch Beschämten gaben zur Antwort: Das könne eben keiner verstehen, der die Zeit nicht bewußt miterlebt habe. Kinder sollten lieber dankbar sein, daß sie in schöneren Zeiten leben dürften.

Schon bald sah man auch wieder Autos auf der Chaussee, die nach Cuxhaven führte. Zunächst noch alte Wanderer, Horch oder DKW-Modelle, dann rollten die ersten nagelneuen Autos aus den Fabriken: Marken wie Borgward, Tempo und später VW. Die wirtschaftlichen Zusammenhänge haben gewiß die wenigsten verstanden. Nur soviel war klar, daß durch die D-Mark nun plötzlich wieder alles möglich war. Bei der Geburt des Euro und dem Ende der Mark etwa fünfzig Jahre später gibt es kein Wirtschaftswunder, das der neuen Währung helfen könnte, die Herzen im Sturm zu erobern. Der Euro ist eben im Vergleich zur Nachkriegs-Mark nur eine Kopfgeburt des Verstandes und der Politik, die im Gemüt der Deutschen eher Wehmut auslöste und zwischenzeitliche Ängste heraufbeschwor, als irgendwelche ungeahnten Kräfte zu mobilisieren.

Der Vater meines Freundes Fritz Hahnl hatte die Generalvertretung für neue Autos aller Art. Er war – in aller Bescheidenheit – der reichste Mann weit und breit. Ich kannte keinen außer ihm, der in diesen Tagen ein Auto besessen hätte. Bauern fuhren mit Pferd und Wagen, und das Fahrrad war das Fortbewegungsmittel der Massen. Denn das Problem war: Zu mehr reichte das Geld nicht. Es gab zwar wieder alles zu kaufen, aber die meisten konnten es nicht. Nur wenige deutsche Unternehmer hatten den Mut, Menschen einzustellen und ihnen in der Hoffnung auf baldigen Gewinn Lohn in Aussicht zu stellen. Selbst meine Mutter hatte inzwischen ihre schöne Stelle bei der britischen Besatzungsmacht verloren. Sie war ein paar Wochen arbeitslos, brachte sich im Selbstunterricht Stenographie bei und bekam schließlich eine Anstellung bei der Holzfirma Mollenhauer in Cuxhaven. Das trug zwar nicht viel ein, aber wir lebten.

Wie und warum Fritz Hahnl junior ausgerechnet mich zum Freund erkoren hatte – oder ich ihn –, das weiß ich nicht mehr. In der Werkstatt seines Vaters war jedenfalls immer etwas los. Irgendwem müssen schließlich auch die Autos gehört haben, die dort gekauft oder repariert wurden. Aber letztlich machte ich mir darüber keine Gedanken. Einmal nahm uns sein Vater mit nach Bremen ins Borgward-Werk. Ich erinnere mich noch gut daran, wie aufregend es dort nach frischer Farbe roch. Als die Firma später ihre Produktion einstellte, habe ich das sehr bedauert. Es war einer meiner jugendlichen Träume, einmal im eigenen Borgward durch Altenbruch und Cuxhaven zu fahren.

Denn Auto fahren – wenn man den Maßstab nicht zu streng anlegte – konnten wir schon im unschuldigen Alter von zwölf oder dreizehn Jahren. Fritz war etwas älter als ich, und seine Fahrkünste waren auch eindeutig besser als meine. Eines Sonntags waren wir allein auf dem Hof und in der Werkstatt. Fritz setzte sich in den Abschleppwagen der Firma, das war ein umgebauter Buick, und ich nahm mir einen kleinen Laster der Marke Tempo. Dieser Tempo hatte drei Räder – zwei hinten, eines vorn –, und die Gänge wurden mit einer sogenannten Stockschaltung eingelegt. Das war ein krummer Hebel, der aus dem Armaturenbrett ragte; an dem – Kupplung treten! – zog man und – Zwischengas geben! – drückte ihn dann links oder rechts zur Seite in den nächsten Gang, bevor man den Fuß langsam vom Kupplungspedal löste. Wir kurvten also fröhlich hin und her. Irgendwann muß Fritz rückwärts gefahren sein, als ich gerade vorwärts fuhr. Es gab einen Knall. Der Buick war nur hinten leicht beschädigt, aber die Nasenhaube des Tempo hatte einen sehr häßlichen Knick. Es gab gewaltigen Ärger, denn damals kostete jedes Ersatzteil noch ein Vermögen, und es dauerte eine Weile, bis für uns beide die Luft wieder rein war.

Was Fritz mir im Autofahren voraus hatte, das machte ich in der Schule wett. Der Unterricht dort erforderte – in jener Altersstufe jedenfalls – kein großes Nachdenken oder Bemühen. In der

Von-Seht-Straße saßen alle Altersgruppen in einem Raum, und der Lehrer Zahlmann wandte sich mal diesem Grüppchen und mal jenem zu: rechts – vom Podium aus betrachtet – den Klassen eins bis vier und links den Klassen fünf bis neun. Theoretisch ging man davon aus, daß immer die eine Hälfte still mit sich selbst und irgendwelchen Aufgaben beschäftigt war, während die andere Hälfte etwas erklärt bekam. In der Praxis aber mischten sich Bildung, Radau und allgemeine Unaufmerksamkeit quer durch alle Altersstufen. Wenn Zahlmann mich etwas fragte, bekam er eine Antwort, und damit war er meist zufrieden.

Eines war allerdings in jenen Tagen grausame Praxis im Schulalltag. Wenn man laut war, beim Schreiben allzusehr schmierte, während des Unterrichts boxte, ein Mädchen am Zopf zog oder ähnliches angestellt hatte, das die gute Ordnung störte, dann gab es Prügel. Die Schüler in den ersten Bänken hatten die traurige Pflicht, den bäuchlings über ihre Bank gelegten Delinquenten festzuhalten, während der Lehrer mit dem Stock das brutale Ritual vollzog.

Ein Pfund Goethe

Die Prüfung zur Oberschule eines anderen Verwaltungsbezirks stellte keine besondere Hürde dar. Die meisten von Zahlmanns Schäfchen, die daran teilgenommen hatten, bestanden sie ohne größere Mühe. Erst zwei Jahre später wurde auch für mich das Lernen in diesem und jenem Fach ein wenig qualvoll. Man mußte nun Vokabeln pauken und im Unterricht wenigstens an den entscheidenden Stellen aufpassen. Man durfte auch nicht mehr träumen, um den Lehrern notfalls noch eine Antwort geben zu können; und es war keinesfalls mehr gewährleistet, daß sie diese mit Lob quittierten.

In Französisch, das ich an einem Kreuzweg in der Quarta oder siebenten Klasse dem Latein vorgezogen hatte, klappte das zum Beispiel nicht. Irgendwie hatte ich mich schon bald mit dem Französischlehrer überworfen und wechselte dann mitten im Schuljahr – ein halbes Jahr verspätet – zum lateinischen Zweig. Da hatte ich dann einiges an Vokabeln und Grammatik nachzuholen, doch gelang mir dies ohne zuviel Kraftaufwand. Diese Entscheidung für Latein sollte für meinen weiteren Schulweg noch einige Überraschungen bringen, aber das wußte ich zu jener Zeit noch nicht.

Zu einem Abenteuer wuchs sich die Leidenschaft des Lesens aus. Bücher hatten wir selbstverständlich nicht mit auf die Flucht genommen. Aber im Zimmer neben unserer Mansarde war ein Regal, auf dem sich über die Jahre allerlei Wohlgeordnetes und Interessantes aus dem Hause Von-Seht-Straße 515 zusammengefunden hatte. Zunächst wurde meine Neugier für diese Bücher mit etwas Zurückhaltung aufgenommen, weil nicht ganz klar war, was davon einem Acht- oder Neunjährigen ohne moralische oder politische Bedenken in die Hand gegeben werden durfte. Da hatte sich so einiges angehäuft in deutschen Stuben, das nach der Gezeitenwende für die Besitzer gefährlich werden konnte.

Die Werkausgaben von Goethe oder Schiller haben mein Interesse damals jedenfalls nicht gefunden. Ohnehin glänzten diese Bände so aseptisch, daß man schon von weitem merkte, wie wenig in diesen Prunk-Exemplaren herumgeblättert worden war. Und dann gab es da Bücher, die garantiert auch nie jemand richtig gelesen hatte, die aber, sobald ich sie in die Hand nahm, plötzlich verschwanden. Das waren Werke aus den Jahren 1933 bis 1945, von denen man vermutete, sie könnten Ärger bringen, wenn Unberufene sie zu Gesicht bekämen, Leute von den Behörden oder von der britischen Besatzungsmacht. An Titel kann ich mich nicht mehr erinnern, es dürfte sich aber um nationalsozialistischen Schwulst gehandelt haben, den man nun hastig wieder entrümpeln mußte. Natürlich ist am Ende kein alliierter Zensor je prüfend und kontrollierend durch die Von-Seht-Straße gezogen, sie war einfach kein Gefahrenherd der Literatur. Aber ich hätte ja Freunden davon erzählen und sie damit verraten können.

Jedenfalls weiß ich noch, daß unsere Gastgeber ziemlich ratlos vor ihren Büchern standen. Keiner erinnerte sich, allzuviel von dem gelesen zu haben, was man einfach nur besaß. Meine Mutter war schließlich die einzige, die sich zutraute, nach dem Autor oder nach dem Klang der Titel zu beurteilen, welches Buch aus den wohlgeordneten, immer staubgewischten Reihen herauszunehmen und so schnell wie möglich zu verheizen sei.

Andere, politisch ganz klar unbedenkliche Literatur erlitt ein ähnlich trauriges Schicksal. Es gab nämlich irgendwann schon vor der Währungsreform beim Kaufmann wieder die ersten Schulhefte aus rauhgefasertem Papier – allerdings nur, wenn der Kaufinteressierte eine größere Menge von Altpapier einliefern konnte. Wenn ich mich recht erinnere, waren es drei Pfund Goethe oder Schiller für jedes leere Heft. So manches Ledergebundene, so mancher rot-goldene Leinenband, der über Generationen

Schmuckstück eines niederdeutschen Heimes gewesen war, wurde abrupt zu Altpapier.

Und schließlich gab es in jener Zeit der Not noch eine weitere barbarische Verwendung für Literatur. Ich erinnere mich, daß ich eines Tages im Zimmer meiner Tante Lieselotte ein Buch entdeckte, das ich unbedingt lesen wollte. Später – beim Durchgehen alter Geschichten – hat meine Mutter meinem Gedächtnis ausgeholfen, es sei »Der kleine Knipperdolling« gewesen. Also, Tante Lilo blieb diesmal hart, das Buch werde dringend gebraucht; ich könne es weder haben noch lesen. Am Tag darauf fand ich den »Kleinen Knipperdolling« neben dem Deckel auf dem Klo im Garten. Die ersten Seiten waren schon zu unpoetischer Verwendung herausgerissen worden. Dies muß mich derart erschüttert oder verärgert haben, daß ich den Rest des Tages eingeschlossen auf diesem Klo verbrachte, um schließlich doch in Ruhe zu lesen, was mich so brennend interessierte. Draußen klopften und drohten meine Vettern und Cousinen, auch andere Bewohner des Hauses wollten, ja mußten dringend in dieses Häuschen mit dem kleinen Herzen. Aber ich habe den Riegel erst wieder aufgeschoben, als ich den »Kleinen Knipperdolling« ausgelesen hatte.

Die Vorliebe für Bücher bin ich jedenfalls nie mehr losgeworden. Sie trieb zuweilen bunte Blüten. Eine exotische Richtung schlug sie aber erst Jahrzehnte später ein.

Das geschah Mitte der siebziger Jahre in einer Seitenstraße der Washingtoner Wisconsin Avenue. Der erste Kontakt war nicht intellektuell, eher sinnlich. Und wie alle Leidenschaften, so befiel mich auch diese urplötzlich, und jeder Versuch, sie nachträglich zu erklären, muß immer etwas hilflos bleiben. Also, in Washington – gegen Ende meines ersten Aufenthalts als Amerika-Korrespondent der ARD – stieß ich auf ein altes Buch.

Die Thematik war eher seltsam: Heinrich Bünting, »Itinerarium Totius Sacrae Scripturae« (Wege und Reisen der Heiligen Schrift), London 1623 – eine Übersetzung aus dem Deutschen ins Englische. Ich habe dieses Buch für nur hundert Dollar gekauft, ganz gelesen habe ich es nie. Denn es bedarf schon der besonderen Inbrunst und Frömmigkeit, sich in das Werk dieses Autors hineinzuversenken. Da hatte jemand mit einer Gründlichkeit, wie sie heutzutage nur noch in den Reisekostenstellen größerer Dienststellen und Behörden vorzufinden ist, das Heilige Land vermessen. Das Buch ist so etwas wie eine kurze Zusammenfassung der Bibel – aber ergänzt um die penible Berechnung der Strecke, die die biblischen Väter, die Propheten und Jünger auf ihren Reisen und Wegen durch das Heilige Land zurückgelegt haben.

Um nur einen kurzen Eindruck vom Stil und der Dramaturgie zu geben, hier eine Leseprobe am Beispiel des jungen David: »Als Saul mit seiner Armee wider die Philister zog, kehrte David heim nach Bethlehem. Das waren etwa acht Meilen. Dort fütterte er seines Vaters Schafe. Darauf zog er nach Socho und Asecha und tötete Goliath: ungefähr vier Meilen. Das Haupt des Goliath trug er nach Jerusalem: noch einmal acht Meilen.« Und so geht das weiter: von Schlacht zu Schlacht, von Gleichnis zu Begebenheit, von Versuchung zu Wunder und Erlösung. Wie gesagt, mir schien es, als sei in der himmlischen Verwaltung vergessen worden, die Reisekosten all der biblischen Geschichten zu addieren, und dem Autor dieses Buches sei es nun zugefallen, den Akteuren nachträglich ein Meilen- oder Kilometergeld zu errechnen.

Warum also? Wieso fesselte ein solches Buch einen Journalisten, der sich tagtäglich in einem Zentrum der Weltpolitik herumtrieb und für die »Tagesschau« oder den »Weltspiegel« über den Vietnam-Krieg und den Watergate-Skandal berichtete? Angetan hatte es mir das Erscheinungsbild des Buches: der Einband, die Sorgfalt des Druckes und die Brüchigkeit der Seiten. Es war so etwas wie die Erleuchtung, daß sich mir hier eine Chance bot, meine Bücherregale nicht nur mit aktuellen Bestsellern anzufüllen, sondern auch mit einem Unikat, das mehr als 300 Jahre überdauert hatte und von Generation zu Generation durch viele Hände gegangen war. Die Namen früherer Besitzer auf den Innendeckeln und Vorsatzblättern konnten nur eine kleine Auswahl gewesen sein. Der Einband des Folianten war abgeschabt, der Buchrücken gebrochen, aber so meisterhaft restauriert, daß mir jeder moderne Einband plötzlich langweilig erschien. Mit der Hand über diesen Rücken zu streichen hatte einfach etwas Erregendes.

Vielleicht war es aber auch nur die Schwüle eines Washingtoner Sommertages, die mir das Sammeln alter Bücher bei all seinen tiefen und noblen Aspekten auch als etwas Erotisches erscheinen ließ. In dieser Form hat sich das Erlebnis jedenfalls nie wiederholt. Aber in meinen Bücherregalen begann sich ein Wandel zu vollziehen. Im Arbeitszimmer wächst immer noch das Politische und Aktuelle die Wände hoch, im Wohnzimmer hingegen mehren sich von Jahr zu Jahr die alten Bücher. Da treffen Bibeln und Werke des heiligen Cyprian auf Goethe und Schiller, und Lessing, und Heine. Und es ist – soweit es die deutschen Titel betrifft – so etwas wie eine Wiedervereinigung in Jahrhunderten auseinandergerissener, über die ganze Welt verstreuter Literatur. Denn die zweite Ebene dieser Sammlerleidenschaft ist immer eng mit meinem Beruf und den vielen Reisen verbunden geblieben. Ob in London, New York, Nordirland oder Angola, selbst in Bombay, Tokio und Moskau, wo die Menschen in anderen Schriften schreiben, habe ich es stets geschafft, nach intensiver Begleitung von Gipfeltreffen und Bürgerkriegen mir ein paar Stunden freizuhalten und meine Kollegen vor Ort mit der Frage zu überraschen, ob es denn hier nicht irgendwo Antiquariate gebe. Es gibt sie überall. Und mit der instinktiven Sicherheit, mit der der Seemann in fremden Häfen seine Lokale findet, habe auch ich immer die Höhlen der alten Bücher gefunden.

Die Ausbeute war natürlich mal so und mal so. Der eigentliche Spaß ist das Suchen. In Moskau hat mir Natascha vom Studio der ARD noch zu sowjetischer Zeit den Weg in jenen Laden gezeigt, der nicht nur russische Bücher im Angebot hatte, sondern eben auch deutsche. Wer mag wohl die bebilderten »Lektionen für den höflichen Schüler« aus dem Jahre 1835 einst nach Rußland verschleppt haben? Wie kamen Erstausgaben von Adalbert von Chamisso nach Vancouver in Kanada? Der Stapel von handsignierten Werken Thomas Manns, über den ich einen Vormittag lang mit einem Antiquar im kalifornischen Santa Monica verhandelt habe, ist in dieser Beziehung schon weniger rätselhaft. Thomas Mann hatte ja in der NS-Zeit im Exil hier »um die Ecke« gewohnt: in »Pacific Palisades«, wo ihn ein beigelegtes Foto in eleganter Pose an seinem Schreibtisch zeigt. Einer seiner Mit-Exilanten und Verehrer namens Karl Hofner, dem er die Exemplare »zum freundlichen Gedenken« gewidmet hatte, wird wohl inzwischen gestorben sein. Es war einfach an der Zeit für ein paar besondere Bücher, wieder die Reise nach Deutschland anzutreten.

In kleinen, verstaubten Läden im amerikanischen Milwaukee oder im herben nordenglischen Kohlerevier von Barnsley, bei Buchmessen oder Auktionen zwischen Königstein, London und New York habe ich meine Chance genutzt, Bücher mit dem Geruch ihrer Zeit und der Rechtschreibung jener Tage, als sie in Erstausgabe erschienen, preiswert zu erhandeln. Darunter jenes Bändchen auf billigem, fleckigem Papier, dessen Autor im Jahre 1773 zu schamhaft war, seinen Namen unter sein erstes Drama zu setzen: »Götz von Berlichingen mit der eisernen Hand. Ein Schauspiel«.

Eine Reise zurück in die Tiefe der Zeit verbindet sich mit solch einem Bändchen, das manche ordentliche Hausfrau wohl eher verstecken würde, weil es einen so ärmlichen Eindruck macht vor den Gästen. Einem Verleger mochte sich der junge Goethe damals nicht anvertrauen. Und so beschloß er, die Hymne auf das edle Raubrittertum gemeinsam mit seinem Freund Merck im Selbstverlag herauszugeben. Die Auflage kann nicht höher als 500 Exemplare gewesen sein, denn der angehende Dichter zahlte für das Papier und Johann Heinrich Merck für das Drucken, und beide hatten keine große Erfahrung, wie man größere Stapel von Büchern unter die Menschheit bringt. Nach der ersten Freude, sich gedruckt zu sehen, empfand Goethe die vielen Bände wohl auch als Last. Sie lagen in des Dichters Stube herum, und er schrieb und bettelte seine Freunde an, ihm doch wenigstens ein paar Exemplare abzunehmen und sie dann irgendwie weiterzuverkaufen. Der Preis war dem Autor nicht so wichtig.

Es ist sicher nicht leicht, anderen zu vermitteln, was einem Büchernarren im Zeichen des Hochglanzdrucks und des Internet gerade dieses angeschabte Pappbändchen bedeutet. In der Kette seiner stolzen Vorbesitzer hat einer der ebenfalls von diesem Virus Befallenen sein Exlibris hinterlassen: Josef Kainz, 1910 gestorben, Burgschauspieler und berühmter Mime seiner Zeit, der mit Ludwig II., Schiller-Verse deklamierend, nachts durch die bayrischen Wälder zog.

Zwei Werke der Literatur, die ich beim Stöbern in einem Antiquariat in San Francisco fand, nur vier Dollar das Stück, führten mich – und damit schließt sich der Kreis – schlagartig zur Leidenschaft meiner Kindheit zurück. Es handelte sich um »Tom Prox, Nummer 53, Das Asyl der Wölfe« und »Billy Jenkins, Nummer 83, Der Alte vom Felsenberge«, beide erschienen im Uta-Verlag in Sinzig am Rhein im Jahre 1952. Die Autoren – wer immer die Autoren dieser etwa dreißig Seiten starken Serienhefte waren – gehörten zu den Architekten meiner jugendlichen Sehnsüchte und Bildung. Doch wenn immer meine Mutter eines dieser Hefte bei mir fand, hat sie es verbrannt oder zerrissen.

Das war so etwa vier Jahre nach Kriegsende. Damals zogen Mutter und ich aus der Von-Seht-Straße aus, weil wir beim Fischhändler Bradke an der Cuxhavener Chaussee ein großes Zimmer im ersten Stock zugewiesen bekamen.

Die Bradkes waren eine rundum gemütvolle Familie. Abends, wenn Fischhändler Bradke nach der täglichen Tour durch Groden und Altenbruch mit seinem kleinen Wagen wieder auf den Hof fuhr, brachte er uns die besten Stücke der unverkauften Ware kostenlos ins Obergeschoß. Es bestand definitiv keine Gefahr mehr zu verhungern. Natürlich konnte eine solche Großzügigkeit für mein weiteres Leben nicht ohne Folgen bleiben. In den langsam wieder normal werdenden Zeiten – so etwa bis zum 25. Lebensjahr – konnte mich keiner mehr zum Fischessen überreden.

In dieser Zeit beim Fischhändler Bradke also wuchs mein literarisches Interesse an »Billy Jenkins« und »Tom Prox«. Der Verlag muß wohl geahnt haben, daß Eltern und Erzieher aller Art gewisse Vorurteile gegen ihre Produkte haben könnten. Denn in dem von mir nach langen Jahren in jenem Antiquariat in San Francisco wiedererstandenen Heft Nummer 83 der Taten und Abenteuer des Helden aus dem Wilden Westen ist auf Seite 32 ein Wort an den Leser angefügt: »Achtung, Miesmucker am Werk!« Es sei in Zeitungen eine wilde Hetze gegen diese Hefte gestartet worden – unter dem Vorwand, daß das Lesen von »Billy Jenkins«- Geschichten für die deutsche Jugend schädlich sei.

Meine Mutter ist so ein Miesmucker gewesen. Sie hielt diese Vierzig-Pfennig-Hefte für Schund. »Lederstrumpf« ja, Karl May in Gottes Namen auch … Aber derartiges wie »Billy Jenkins« sei in unserer Familie nie gelesen worden. Vor allem versuchte Mutter mir klarzumachen, daß der primitive Stil, das schlechte Deutsch unausweichlich böse Folgen für meine schulischen Leistungen haben müsse. Das Arsenal meiner Einwände war längst verbraucht, ich konnte sagen, was ich wollte: Wir kamen einfach nicht auf einen Nenner. Es gab auch keinen Ansatz für einen Kompromiß.

Wahrscheinlich zeigten sich bei mir auch schon die ersten Symptome einer Sucht und Sammlerleidenschaft. Ich besaß nämlich sämtliche »Billy Jenkins«-Hefte, die je erschienen waren. Wenn mir eine Nummer in der Serie fehlte und wenn das Heft vergriffen war, nahm ich alle Energie zusammen, bis ich es endlich hatte. Jede Woche – oder war es alle vierzehn Tage? –, wenn ein neues Heft am Kiosk hing, war ich einer der ersten Käufer.

Wie schon gesagt, den ersten Stapel solcher Hefte hat meine Mutter zerrissen oder verbrannt. Danach fand sie keine mehr. Ich hatte auf dem Dachboden so etwas wie eine geheime Bibliothek verbotener Bücher. Die Gefahr, die von der Groschen-Literatur ausging, hat Mutter auch alles in allem überschätzt. Es gab wohl Zeiten, da schwankten meine Leistungen in der Schule, aber nie in Deutsch.

Was »Tom Prox« und »Billy Jenkins« in meine Seele pflanzten, war eine frühe Sehnsucht nach Amerika. Die USA waren in den Phantasien meiner Jugend das Land der grenzenlosen Horizonte – nicht so flach wie die Marsch um mich herum, nicht so klein wie die Straßen an der Niederelbe. Natürlich gab es in Texas oder Arizona – in der wilden Heimat meiner Helden – auch die Schurken und Banditen. Aber die waren ja vor allem dazu da, am Ende besiegt zu werden und von bizarren Felsen in reißende Flüsse zu stürzen. Vielleicht läßt sich diese Sehnsucht alles in allem auch so zusammenfassen, daß Deutschland in jenen frühen wie auch in den späteren Nachkriegsjahren immer ein etwas beengtes und kompliziertes Abenteuer war. Und im Vergleich dazu erschien mir Amerika als Chance eines wilden, frischen, rundum neuen Lebens.

Erichs Sohn

Als er plötzlich wieder vor mir stand, war er noch schmaler, als ich ihn in Erinnerung hatte. An einem sonnigen Tag – es muß 1949 gewesen sein – sah ich meinen Vater wieder. Fast hatte ich mich schon damit abgefunden, daß zu dem, was Flüchtlinge nun einmal nicht mehr hatten, eben auch Väter gehörten. Auch Winfried, Eberhard, Sabine und Dore hatten keinen mehr. Jedenfalls nicht damals. Väter waren irgendwo beim Militär. Und wenn sie nicht gefallen waren, dann waren sie in Gefangenschaft. Und wenn sie schließlich entlassen wurden – im günstigsten Fall von Schulhöfen wie bei uns in Cuxhaven-Groden oder im Westerende von Altenbruch –, dann wußten ehemalige Soldaten aus dem Osten nicht, wohin. Die Heimat war abgeriegelt, und selbst wenn es dem einzelnen gelungen wäre, sich über die neuen Grenzen nach Hause durchzuschlagen: die Chancen waren gering, dort ihre Familien wiederzufinden. Man hörte aus dem Osten nichts Gutes.

Wo seid ihr? Wo bist du? Millionen von Menschen irrten aneinander vorbei durch ein zerstörtes Land. Die Glücklichen führte das Schicksal wieder zusammen, andere setzten die Suche über Jahrzehnte fort, bis sie sich irgendwann damit abfinden mußten, einander nie wiederzusehen. Viele forschten noch Jahrzehnte nach den Gräbern weit entfernter Schlachten, die letzten geben heute noch nicht auf.

Ich erinnere mich noch an eine der meistgehörten Radiosendungen jener Tage: »Gesucht wird …« Es war ein langes, monotones Verlesen von Namen und Daten, Dienstgraden und Frontabschnitten: zuletzt wohnhaft in …, letzte Einheit, letzte Nachricht … Bitte melden beim Suchdienst des Deutschen Roten Kreuzes in Hamburg unter der Suchnummer … Namen, Namen, Namen! Man mußte sehr konzentriert sein vor dem Apparat, weil das meiste ja am Ohr vorüberrauschte, während man nur immer auf einen ganz bestimmten Namen wartete, der von Sendung zu Sendung nicht fiel.

Mein Vater war mit dem Stab des Oberkommandos des Heeres bei Heide in Dithmarschen in Schleswig-Holstein gelandet. Der Krieg und die Heere der Sieger waren ja im Prinzip von West nach Ost und von Ost nach West durch Deutschland gezogen, und jener nördliche Zipfel Schleswig-Holsteins – so etwa in der Mitte zwischen Ost und West – wurde zu einem der letzten Rückzugsgebiete der Wehrmacht. Es kursierte damals der Vergleich mit einem Sack, auf den in der Mitte gewaltige Kräfte drücken, was den Inhalt zur Öffnung nach oben quetscht.

Seit der Kapitulation arbeitete Vater als Knecht auf einem Bauernhof in Wesselburen. Schwer zu sagen, welche Hilfe er dort war. In allem Handwerklichen war er nicht sehr begabt.

Es war grotesk: Die ganzen kritischen Jahre hindurch sind wir gar nicht so weit voneinander entfernt gewesen, nur wußten wir es nicht. Mein Vater und meine Mutter hatten ihre Suchkarten an dieselbe Stelle des Roten Kreuzes in Hamburg geschickt, und es dauerte nun einmal seine Zeit, bis einer der vielen Sachbearbeiter oder freiwilligen Helfer aus den Bergen von Karten zwei nebeneinanderlegen und den glücklichen Absendern nach Cuxhaven und nach Wesselburen schreiben konnte, daß sich ihre Anfragen decken.

Erst kam ein Brief, dann war er da. Wir hatten an der Bushaltestelle auf ihn gewartet, weil das System mit den Straßen- und Hausnummern in jener Gegend für den Ortsunkundigen eine zusätzliche Gefahr bedeuten konnte, sich nach den Wirren des Krieges nochmals zu verfehlen. Es muß ein Sonntag gewesen sein, denn die Straße war leer. Da stand also eine Familie, die sich vor fünf Jahren zum letzten Mal gesehen hatte, und fiel sich in die Arme.

Vater hatte mir auch etwas mitgebracht, das er – wie immer – gut gemeint haben mochte. Nur über die Verwendungsmöglichkeiten im rauhen Alltag hatte er selten bis zur letzten Konsequenz nachgedacht. Er war eben seiner ganzen Art nach ein Idealist. Bei jenem ersten Mal in Polen, als wir uns vorgestellt wurden, war es ein kostbares Reisenecessaire mit Rasierapparat für einen Sechsjährigen gewesen, und nun drückte er dem Zwölfjährigen eine kostbare lederne Reitpeitsche in die Hand.

Es war im Prinzip ein Symbol für herrschaftliche Eleganz; so etwas hatte keiner bei uns in der Straße. Und trotzdem hat mich keiner meiner Freunde darum beneidet. Die Peitsche war kunstvoll geflochten und hätte für den, der ein Reitpferd besaß, auch in nagelneuen D-Mark ihren stolzen Preis gehabt. Die Idee, diese Peitsche zu verkaufen oder gegen irgend etwas einzutauschen, kam mir ziemlich bald und scheiterte nur am energischen Einspruch meiner Mutter. Ich muß wohl nicht besonders betonen, daß ich schon in früher Jugend ein entschiedener Gegner der Prügelstrafe war, aber die Zeit war nun einmal noch nicht reif dafür. Mit dieser Reitpeitsche wurde jedenfalls in den kommenden zwei Jahren nie einem Pferd Gewalt angetan, nur ich habe sie in schmerzvoller Erinnerung. Es unterstreicht das reine Gemüt meines Vaters, daß nie er es war, der aus pädagogischem Anlaß zu dieser Reitpeitsche griff. Nicht damals und nicht später.

Zwei Jahre lang blieben wir noch getrennt. Ich pendelte in allen auch nur etwas längeren Ferien mit dem Bus, mit der Elbfähre und vor allem mit dem Fahrrad zunächst zwischen Cuxhaven und Wesselburen und dann zwischen Cuxhaven und Schleswig-Holsteins Hauptstadt Kiel hin und her. Das Reisen war damals noch ein Abenteuer. Bahn-, Bus- oder Fährverbindungen waren auf kurze Strecken ausgelegt. Kaum jemand überquerte die Grenzen der alliierten Besatzungszonen. Das Leben in Deutschland pulsierte noch bis zur Mitte der fünfziger Jahre langsam und in engen heimatlichen Kreisen. Ich jedenfalls kannte schon bald jeden Baum und jeden Bauernhof beiderseits der Unterelbe. Mal setzte ich bei Brunsbüttelkoog, mal bei Glückstadt über den Strom, dann ging es mit dem Fahrrad weiter.

Für jede Strecke brauchte ich einen Tag vom Sonnenaufgang bis zum Sonnenuntergang, und jeder dieser Tage gab mir ein Gefühl der weiten Reise, wie es später das Fliegen über ganze Kontinente nicht mehr vermochte. Jeder Abschnitt des Weges mußte erobert werden, war ein genau vermessenes Abenteuer und Gestrampel, jeder Ort hatte seine interessanten Ecken zum Rasten, jeder Wald seine eigene Stimmung. Die flache Landschaft der Nordseeküste ging langsam in die Hügel an der Ostsee über, jeder kleine Fluß hatte seine kleinen Fähren. Die Löcher in den meist ziegelgepflasterten Straßen waren mal tiefer und mal flacher. Gelegentlich begegneten dem einsamen Radler auch Autos, aber viele waren es nicht. Ich hatte das Gefühl, die Straße gehöre mir. Von Reise zu Reise lernte ich Menschen kennen, die ich beim nächsten Mal an genau derselben Stelle wiedertraf und im Vorbeiradeln grüßte. Sie wurden zu festen Markierungen meiner größer werdenden Welt, und ich war das Rad in Bewegung.

Mein Vater auf jenem Bauernhof in Wesselburen wartete derweil auf die Chance, wieder das zu tun, was er beherrschte und was seine Leidenschaft war. Es gab zunächst nur zwei konzessionierte Zeitungen im Land: die »Kieler Neuesten Nachrichten« und eine, die sich »Schleswig-Holsteinische Volkszeitung« nannte. Aus irgendeinem Grunde las er letztere und nicht erstere mit kritischer Begeisterung und großer Regelmäßigkeit. Der Name »Volkszeitung« war Teil einer wieder auflebenden Tradition. Er symbolisierte den politischen Kampf einer geistigen Elite für die Interessen der Arbeiterschaft. Etwa Mitte der zwanziger Jahre war die Zeitung von der Sozialdemokratischen Partei ins Leben gerufen worden; die Auflage kann damals nicht allzu hoch gewesen sein. Die Botschaft wandte sich an eine Leserschaft mit fester Weltsicht. Die Nazis hatten die »Volkszeitung« gleich 1933 verboten und enteignet, die britische Militärregierung erteilte ihr als einer der ersten nach dem Kriege wieder eine Konzession.

Zeitungen kosteten damals nur zwanzig Reichspfennig, was eher ein symbolischer Preis war in einer Währung ohne Wert. Selbst wir Kinder hatten damals größere Mengen Reichsmark in unseren Taschen. Das Problem war eben nur: Man bekam nichts dafür. Die Auflage der »Schleswig-Holsteinischen Volkszeitung« von zunächst 50 000 und später 100 000 Exemplaren richtete sich nicht nach irgendwelchen Gesetzen des Marktes, sondern nach der Papierzuteilung durch die Sieger und den eingeschränkten, hier günstigen, dort schwierigen Möglichkeiten des Vertriebs.

Der spätere Chefredakteur Karl Rickers beschreibt in seinen Erinnerungen, wie der entlassene Soldat Erich von Lojewski zu dieser Zeitung kam.[*] In Kiel trafen immer wieder Leserbriefe aus Dithmarschen ein, die das Handwerkliche in Umbruch und Aufmachung der Seiten oder den Stil dieses oder jenes Berichts kritisierten. Schließlich nahm man Kontakt mit dem Schreiber auf, und es stellte sich heraus: Er war Journalist. Rickers heuerte ihn zunächst als Schreiber »vor Ort« an und holte ihn dann in die Zentrale nach Kiel.

Mein Vater, der nie zuvor Mitglied einer Partei gewesen war, schon gar nicht der NSDAP, wurde Sozialdemokrat. Bis auch aus mir einer wurde, sollte es noch zwanzig Jahre dauern, und es hatte nichts mit irgendwelcher politischen Infiltration durch meinen Vater zu tun. Es traf sich nun aber, daß viele Sozialdemokraten bei uns und mit uns verkehrten. Und im Kreis dieser Freunde und Kollegen war ich »Erichs Sohn«.

Zeitungen waren für die alliierten Sieger das Wichtigste und Heikelste beim Aufbau der Demokratie. Die Nationalsozialisten hatten Radio und Presse »gleichgeschaltet« und zu Abteilungen ihres Propagandaapparates erniedrigt. So standen britische oder amerikanische Offiziere nach 1945 vor der schwierigen Frage, welche der kleineren, sogenannten Heimatzeitungen sie wieder

[*] Rickers, Karl: »Erinnerungen eines Kieler Journalisten«, Karl-Wachholtz-Verlag, Neumünster 1992

lizensieren sollten. Offiziere und Zensoren – von weit her, mit anderer und stolzerer politischer Erfahrung – prüften von Fall zu Fall, von Stadt zu Stadt, ob Verleger und Redaktionen ihnen völlig fremder Blätter in jenen dunklen Tagen begeisterte Nazis oder gehorsame Mitläufer gewesen waren oder ob sie – wenn auch mit schwacher Kraft und begrenzten Möglichkeiten – in den Jahren der Diktatur noch irgend etwas hatten erkennen lassen, das man mit Anstand als Journalismus bezeichnen konnte. Sie waren dabei auf einheimischen Rat und allerlei Gerüchte angewiesen.

Viele Zeitungsverleger verloren damals ihre Lizenzen. Andere, von denen man vermutete, sie könnten die Statur dazu haben, bekamen sie angetragen. Gelegentlich traf solch ein Angebot auch auf Verblüffung. Später, in meinen jungen Jahren als Volontär, lernte ich einen Kollegen namens Heinz Boldt kennen. Er war ein älterer, stets vergnügter Sportjournalist, der wochentags im »Siechenbräu« sein Bier trank und an den Wochenenden mit kurzen Berichten über die Spiele der schleswig-holsteinischen Landesliga oder Fußball-Kreisklassen sein Geld verdiente. Er war nett zu jedem, und jeder war respektvoll zu ihm. Er hätte in Schleswig-Holstein ein Zeitungszar werden können, denn aus irgendeinem ihm und allen, die ihn kannten, schwer verständlichen Grund hatten britische Offiziere ausgerechnet ihm eine solche Lizenz als Verleger angeboten. Irgend jemand muß den Siegern wohl einfach ins Ohr geflüstert haben, jener Heinz Boldt sei ein anständiger Kerl, der sich unter den Nazis nie verbogen habe. Und wieder meldete sich sein Charakter. Ohne längeres Nachdenken lehnte er das Angebot ab, eine Zeitung geschenkt zu bekommen und als Verleger reich zu werden. Dies sei nicht seine Sache, davon verstehe er nichts. Er blieb Journalist – und war glücklich.

Die »Volkszeitung« konnte in den 22 Jahren ihrer Nachkriegsgeschichte ihre zunächst privilegierte Stellung nicht lange halten. Sie hatte einige der besten und hitzigsten Köpfe unseres Berufs angezogen und war gerade in der Landespolitik stets kritischer, spannender, bissiger als jede Konkurrenz. Diese aus der Sicht des Journalismus dankbare Rolle wurde ihr natürlich dadurch erleichtert, daß sie zum Presse-Imperium der SPD gehörte, die damals in der Landespolitik von Schleswig-Holstein geradezu ein Abonnement auf eine ewige Opposition zu haben schien. Ein Ministerpräsident der CDU löste den anderen ab, und ein neuer Hoffnungsträger der SPD nach dem anderen scheiterte daran, auch einmal ein Bein in die Tür zur Macht zu klemmen. Als die Barschel-Affäre für Schleswig-Holsteins Sozialdemokraten den Rollenwechsel und das Ende der dürren Jahre brachte, gab es die »Volkszeitung« nicht mehr, um endlich auch mal eine Regierung zu loben. Die Leser und vor allem die Anzeigenkunden waren nach und nach zu ihren traditionellen Heimatzeitungen zurückgekehrt, wahrscheinlich war schon der Name nie so recht nach ihrem Geschmack gewesen.

Kurzum, mein Vater war jetzt Redakteur und Sozialdemokrat. Nach den Maßstäben jener Tage verdiente er gut, aber in einem konnten ihm auch die besten Beziehungen nicht helfen: Es gab keinen Wohnraum zum Nachholen seiner Familie in eine der am stärksten zerbombten Städte Deutschlands, den ehemaligen Heimathafen der deutschen Kriegsmarine: Kiel. Die Schiffe hatten in den letzten Kriegsjahren und noch danach immer neue Ladungen entwurzelter Menschen in diese Stadt und in das kleine Land gebracht, und Schleswig-Holstein, dessen Bevölkerung sich nahezu verdoppelt hatte, verhängte eine Zuzugssperre und bemühte sich noch bis in die sechziger Jahre hinein um einen fairen und gerechten »Flüchtlingsausgleich« mit den übrigen Bundesländern.

Ich erinnere mich, daß ich bei meinen ersten Besuchen über riesige Trümmerfelder und kahle Flächen in der Innenstadt radelte, aus denen seltsamerweise das höchste Bauwerk, der dem Campanile von Venedig nachempfundene Turm des Rathauses, unbeschädigt hervorragte. Überall wohnten noch Menschen in aus Brettern und Wellblech zusammengezimmerten Hütten. Viele Einkaufsstraßen im Zentrum waren eine Aneinanderreihung von

Buden. Aber Kiel hatte auch Kinos, Straßenbahnen, die Lichter einer Stadt. Und wie schon zuvor in Danzig und in Allenstein faszinierten mich dieser Lärm und diese Lichter. Für das Land und für die Landwirtschaft meiner Vorfahren war ich spätestens jetzt endgültig verloren.

War es jene frühe Lust am Reisen? Waren es die aufregenden Wochen, die ich mit meinem Vater und dessen Kollegen in der Zeitungsredaktion verbrachte, daß ich schon bald feste Vorstellungen hatte, was ich einmal werden wollte? »Erichs Sohn« schrieb mit zwölf seine erste Reportage, und der Vater sorgte dafür, daß sie in die Zeitung kam. Da las ich meinen Bericht eines Morgens im November 1949 schwarz auf weiß, und die Drucker klärten mich auf, in wieviel tausend Exemplaren er nun unter die Menschheit käme. Und er war von mir!

An jenem Tag ging ich mit dem Gefühl durch die Straßen, daß ein jeder, den ich traf, meine Reportage gelesen haben mußte: über eine Fahrt durch den Nord-Ostsee-Kanal mit dem Motorboot »Ernst« von Rendsburg nach Brunsbüttelkoog. Das kleine Schiffchen hangelte sich von Anlegestelle zu Anlegestelle, und der jugendliche Reporter registrierte: »Große Dampfer fuhren an uns vorbei. Wir Jungen saßen auf dem Vorderdeck und rieten schon aus der Ferne, woher sie wohl kommen könnten. Sie kamen aus Rußland, Schweden, Dänemark und anderen Ländern. Es waren auch deutsche Dampfer dabei, aber die waren längst nicht so groß.« Mein Vater hatte noch einen kurzen Vorspann geschrieben: »Das ist der Aufsatz eines dreizehnjährigen Schülers. Die Redaktion versichert, daß daran so gut wie nichts geändert werden mußte.« Das war natürlich nicht ganz korrekt, ich war ja erst zwölf.

Von nun an wickelte sich meine Laufbahn eigentlich nur noch ab. Onkel und Tanten, die früher noch gehofft hatten, ich könnte ein brauchbarer Landwirt oder gar Beamter werden, begannen mit einem gewissen Mitleid auf mich zu schauen. Denn Journalist war damals durchaus kein Traumberuf. Er rangierte auf der Skala des öffentlichen Ansehens irgendwo zwischen einem Schaupieler und dem Mitglied eines Tanzorchesters: Einkommen unregelmäßig, eher gering, die ganze Lebensführung ungeordnet, eher liederlich. Daher, so argumentierten die Mahner, herrsche im Berufsstand eine Neigung, dem zu Gefallen zu sein, der die Schreiberlinge zum Bier oder zum Essen einlädt. Plötzlich erinnerte sich die bekümmerte Verwandtschaft, daß die Leistungen meines Vaters in der Schule in entscheidenden Fächern recht schwach gewesen seien. In Mathematik zum Beispiel habe sein Bruder Alfred ihn um Längen überragt, in den naturwissenschaftlichen Fächern auch. Nur in Deutsch, Religion, Philosophie – in allem Verträumten, Vagen und Unpräzisen –, da hätten seine Noten deutlich über dem Klassendurchschnitt gelegen. Armes Kind, wie sollte es ihm anders ergehen!

Das Betrübliche an Vorurteilen ist, daß sie manchmal sogar stimmen oder daß sie zumindest Einfluß nehmen auf die Seele des Betroffenen und den späteren Lauf der Ereignisse und sich so selbst erfüllen. In Mathematik und den naturwissenschaftlichen Fächern hatten die Lehrer wenig Grund, auf mich stolz zu sein. In Deutsch, Erdkunde, Geschichte und allem, was sich darum herum gruppiert, war meine schlechteste Note eine Zwei.

Ich erinnere mich dankbar an jeden meiner Deutschlehrer, vor allem an meinen späteren Klassenlehrer, den Oberstudienrat Paul Liebig. Als im zwölften Schuljahr unter den Pädagogen die Idee aufkam, das Prinzip der Integralrechnung in einem Aufsatz darlegen zu lassen, um das Werk in seinem Stil zuerst von Liebig, dann in der Sache vom Mathematiklehrer Baumgärtner begutachten und zensieren zu lassen, setzte ersterer wie gewohnt eine Zwei plus unter meine Arbeit und letzterer eine Vier. Und – das nenne ich Charakter – dieser Deutschlehrer war auch nach dem Offenlegen aller Karten nicht in seinem Urteil zu erschüttern, beim Lesen gerade meines Aufsatzes sei ihm zum ersten Mal klargeworden, was Integralrechnen eigentlich sei.

Es drängt mich, noch etwas über meinen Vater zu schreiben,

über unser Verhältnis, über den Einfluß, den er auf mich hatte. Er war kein Mann der eiskalten Logik, er verstand Menschen und Situationen spontan. Freunde hatte er in allen Positionen und in allen Parteien. Den einen half er, die anderen halfen ihm. In einer langen Kette von CDU-Regierungen war er bis zu seinem Tode im Jahre 1971 Leiter eines sozialdemokratischen Verlages für Landeswerbung. Vom »Lenkrad zwischen Nord- und Ostsee« des ADAC, dem »Mitteilungsblatt« der Ostpreußen oder dem Publikationsorgan der Milchwirtschaft bis zu Broschüren der Ministerien und dem Hochglanz-Magazin »Kiel Canal« konnte er quer durch alle Disziplinen und über alle Gräben Menschen und Ideen zusammenbringen. Er war kein großer Tänzer, doch als Präsident des Kieler Presse-Clubs brachte er den Presseball auf Schwung und schuf einen Mittelpunkt im gesellschaftlichen Leben des Landes. Er war kein großer Sportler und bekam zusammen mit seinem Freund Walter Bausenhardt dennoch so manche Medaille für sportliche Verdienste, die sich seinem Sohn nie recht erschlossen.

Vor allem aber – er durchschaute Menschen und Zusammenhänge. Und so durchschaute er auch mich. Er half mir mit seinem Rat und brachte mir bei, unter eigenem und fremdem Pathos und jeder Art von Leidenschaft die wahren Motive klarer zu erkennen. Unvergeßlich ist mir geblieben, wie ich ihm kurz vor dem Abitur laut und provozierend irgend etwas äußerst Gescheites und Radikales vortrug. Er hörte sich das geduldig an, griff dann wieder zum Rotweinglas und stellte fest: »Das ist Unsinn von vorne bis hinten, und wahrscheinlich ist dieser Quatsch nicht einmal von dir! Da muß es einen in deiner Klasse geben, der bei euch das große Sagen hat, und dem plapperst du das nach.«

Beleidigt und voller dramatischer Empörung klärte ich ihn auf: »Ich bin bei uns der Mannschaftsführer, ich bin der Klassensprecher, ich habe es doch nicht nötig, irgendwem irgendwelchen Quatsch nachzuplappern!« Mein Zorn steigerte sich um so mehr, je deutlicher mir wurde, wie recht er hatte. Natürlich gab es bei uns einen reiferen Klassenkameraden, der zu uns gekommen war, um die letzte Klasse zu wiederholen, der schon alles wußte über das Leben, zwar nicht Fußball und nicht Handball spielte, dafür aber Erfahrungen hatte – mit Frauen beispielsweise –, um die wir anderen ihn beneideten. Wir hatten darüber allenfalls in Büchern gelesen, wir träumten davon, aber es waren Themen, an die wir uns noch nicht wagten, auch wenn sie uns mehr bewegten als Griechisch und Latein. Er, jener Reifere und Beneidete, hörte Schallplatten, die wir uns dann schnell kauften; er hatte Bücher gelesen, die uns die Lehrer nie empfahlen; er kannte die Welt, begriff alles und hatte vieles ausgekostet, fast schon hinter sich gebracht. Ich habe vor meinem Vater nie zugegeben – nicht damals und nicht später –, daß er seinen Sohn wohl besser kannte als dieser sich selbst. Es war vielleicht auch nicht nötig, er wußte es ja.

Klassentreffen

Die Kulisse in einem Studio in München-Unterföhring war so gemütlich und verstaubt, wie sich das Fernsehen die Schule von einst vorstellte: harte Stühle, kleine Pulte, in einer Ecke irgend etwas Aufgerolltes, ein paar Bücherrücken in einem Regal, daneben ein Glaskasten mit aufgespießten Schmetterlingen. Die Wände waren aus Holz und Pappe, und draußen hinter kleinen Luken und Spalten waren die Kameras postiert. »Klassentreffen« war in sauberer Schülerschrift an die Tafel gemalt, und davor stand die massige Gestalt von Wim Thoelke.

Die Sendung war recht beliebt und hat sich lange im Programm des ZDF gehalten. Das Konzept war einfach, aber die Vorbereitungen erforderten harte journalistische Recherche. Da suchte man sich bekannte Namen und Gesichter aus allen Bereichen und setzte sie noch einmal mit ihren Klassenkameraden auf die Schulbank: Hans-Dietrich Genscher und Oskar Lafontaine zum Beispiel, Thomas Gottschalk, Heino oder Franz Beckenbauer. Wie sind sie denn so in der Schule gewesen? Was waren die Kümmernisse und Konflikte jener Tage? Und was erwarteten sie und ihr Jahrgang vom Leben? War in den letzten Klassen schon zu erkennen, daß einer oder eine aus diesem Kreise einmal so erfolgreiche Sänger, Fußballer oder Politiker werden könnten? Die Antwort war meist ja, sie sind es doch schließlich auch geworden.

Im März 1994 war die Reihe an mir. Ob ich mich noch an all die Namen meiner Klassenkameraden erinnern könne, wurde ich gefragt, wenn möglich auch an die Telefonnummern und Adressen. Die Namen waren kein Problem, mit den Adressen war es schon komplizierter. Selbst die, mit denen ich noch lange nach der Schulzeit in Briefkontakt gestanden hatte, waren irgendwann wieder umgezogen, und das Band war gerissen. Nur drei – so wußte ich – lebten noch am Ort unserer gemeinsamen Schule. Ich gab den Kolleginnen und Kollegen, die eine vor fast vierzig Jahren auseinandergetobte Gemeinschaft wieder zusammenbringen sollten, zwanzig Namen und nur drei gesicherte Kieler Adressen mit auf den Weg, dazu so vage Empfehlungen wie: nach diesem in Rom, nach jener irgendwo in der Schweiz zu suchen. Das Ergebnis war verblüffend. Bis auf einen waren alle da. Gerd, ein Arzt und Segler, war inzwischen gestorben.

Den weitesten Weg hatte Walter Riedel. Er war nur kurz in unserer Klasse gewesen, 1954 wanderten seine Eltern nach Kanada aus. Heute ist er Professor für deutsche und französische Literatur an der Universität von Victoria. Das ist ein malerisches Städtchen auf einer Insel im Pazifik im fernen Westen des riesigen Landes. Ich habe dort im kolonialen Empress-Hotel schon Kaffee getrunken und auch in ein paar Buchhandlungen gestöbert und bin dabei nie auf den Gedanken gekommen, hier nach einem lange verschollenen Klassenkameraden zu suchen. Erst das Fernsehen hat es sich zur Aufgabe gemacht, uns noch einmal zusammenzuführen. Wie überhaupt ein jeder glücklich zu nennen ist, dem andere seine immer mal wieder aufkeimende Sehnsucht erfüllen und die Freunde aus der Kindheit und Jugend noch einmal zusammentreiben. Denn je weiter Erinnerungen zurückreichen, desto intensiver sind sie nun einmal.

Aus Rom kam Thomas Harms. Er war der – sagen wir mal – Lebhafteste in unserer Klasse und mein enger Freund und Gefährte auf Trampreisen, die uns per Anhalter bis in den Iran und nach Ägypten führten. Eindrucksvoll in Erinnerung ist mir geblieben, wie dieser spätere Ministerialdirigent und Leiter eines internationalen Entwicklungsfonds eines Tages humpelnd in die Schule kam. Er war nach einem Konzert des amerikanischen Jazzmusikers Lionel Hampton in der Kieler Ostseehalle auf den Meister zugesprungen, um ihm die Schlagstöcke zu entreißen.

Irgendwelche Ordner mißbilligten dies und stießen den allzu begeisterten Fan von der Bühne.

Ute Horstmann hatte in die Gegend von Genf geheiratet und in Physik promoviert. Ihre Begabung für alles Mathematische wurde spät erkannt. Ich erinnerte mich noch, daß ihre diesbezüglichen Schulnoten ausgesprochen besorgniserregend waren. Man hatte ihr dringend zur Nachhilfe geraten, und der Referendar oder junge Assessor, den ihre Eltern für diese Zwecke engagierten, muß irgend etwas ausgestrahlt haben, das man auf den Feldern der strengen Logik sonst nicht vermutet. Ihre Zensuren verbesserten sich in atemberaubendem Tempo von der bedrohlichen Fünf in eine strahlende Eins.

So ging es weiter auf der Liste. Klaus Ziemer, dessen ostpreußisches Temperament schon in der Schule viel deutlicher zum Ausdruck kam als bei mir, war unser Primus in Geschichte. Er wollte immer Förster werden und ist es schließlich auch geworden. Meine skeptische Vermutung, er sei ja wohl in seinem Drang zur Natur zwischen Aktenbergen im Ministerium gelandet, wies er gelassen zurück. Selbstverständlich wohne er im Walde, Rehe ästen auf der Lichtung, Schwarzspechte pickten und klopften die Bäume ab, schon wenn er morgens aus der Haustüre trete.

Dieter Wölfel und Karsten Sohrt sind Pastoren geworden. Den einen verschlug es bis zur Deutschen Gemeinde und Seemannsmission nach Stockholm, der andere – ein Gottesmann von kräftiger Statur – blieb seiner Kieler Heimat treu und legte sein Herz in die Jugendarbeit.

Aus Hans Jürgen Pesch wurde ein Professor und Pathologe. Er hatte als Schüler an einer seltsamen Hautkrankheit gelitten. Und da die Ärzte nicht so recht dahinterkamen, was es wohl sein könnte, machte er sich selbst daran, die Geheimnisse seines und unser aller Organismus zu entschlüsseln.

Peter Völpels Jugendtraum war es, Pilot zu werden. Er studierte dann aber Jura wie ich und wurde Wirtschaftsprüfer, übernahm die Management-Funktion eines Geschäftsführers der »Kieler

Nachrichten«, wo ich einst schlichter Journalist gewesen war, und baute den ersten privaten Radiosender in Deutschland auf – das sehr erfolgreiche »Radio Schleswig-Holstein«. Sein steter Gegner war die öffentlich-rechtliche Konkurrenz – also das durch Gebühren und Werbung mischfinanzierte Treiben von Leuten wie mir. Er hat es mir nie so brutal gestanden, aber mein Eindruck war, daß er es wohl gern gesehen hätte, wenn sich ARD und ZDF auf das Lehrreiche und notfalls auch Langweilige zurückgezogen hätten, um alles Unterhaltsame und Aufregende, das großes Publikum anlockt, lieber den Kommerziellen zu überlassen.

Wolfgang Karpen ging zur Bahn und kümmerte sich um Frachttarife. Die Erfolge waren begrenzt, aber das lag gewiß nicht an ihm. Michael Treitel wurde Oberstleutnant bei der Bundeswehr und hat mit seinem quirligen Temperament zum Fall des Warschauer Paktes beigetragen. Reiner Heintzenberg ging bei einer Bank in die Lehre, wechselte dann vom Geld zur Gerechtigkeit und wurde höherer Richter am Kammergericht in Berlin.

Anna Manzen bringt Menschen in der Abendschule zum Abitur, Margrit Bock bildet Studienreferendare aus. Die eine war die Beste, die andere wahrscheinlich die Zweitbeste in unserer Klasse. Ich saß neben beiden, und beide ließen mich bei Klassenarbeiten in Mathematik und Latein in ihre Hefte schauen.

Heinz Dräger war der Künstler in unserer Gemeinschaft. Seine Leistungen in Mathematik waren in etwa wie meine. Dafür aber konnte er während des Unterrichts mit wenigen Strichen auf jede Art von Papier überaus treffende Studien von Lehrern und Mitschülern werfen. Ein gesunder Realismus riet ihm, auf dem späteren Weg durch das Leben seiner Leidenschaft und Begabung doch noch die Sicherheit des Schuldienstes zur Seite zu stellen. Und wenn nun andere während seines Unterrichts unter der Bank zeichnen oder kritzeln sollten, so könnte man darin eine gerechte Strafe oder eine höhere Form des Nachsitzens sehen.

Auch Werner Chlosta blieb der Schule treu. Er wurde Rektor

eines Gymnasiums in Schwerin; davor war er viele Jahre Konrektor unserer alten Kieler Schule gewesen, von der wir anderen damals erlöst in die Freiheit entflohen.

Dies also ist der Stab und die Besetzungsliste eines Fernsehfilms, den wir nun rückwärts in die Vergangenheit spulen. Die Sendung begann, indem Wim Thoelke die Brille auf die Nase setzte und ein Buch aufschlug, um gleich das wichtigste Kapitel vorzunehmen: »Guten Abend, liebe Zuschauerinnen und Zuschauer! Das Klassentreffen führt uns heute in den Norden, an die Waterkant. Dort gibt es eine Schule, deren Wurzeln ins 14. Jahrhundert zurückreichen: die ›Kieler Gelehrtenschule‹. Was hat es mit diesem Namen auf sich? Warum lernt der Mensch noch die alten Sprachen Griechisch und Latein?«

Werner Chlosta, der Lateinlehrer und Rektor eines altsprachlichen Gymnasiums, fühlte sich aufgerufen, diese Frage zu beantworten, und er argumentierte etwa so: Latein vermittle und vertiefe Hintergrundkenntnisse über unsere europäische Kultur. Die Antwort wurde gelobt, von den Teilnehmern des Klassentreffens kam erleichtertes, zustimmendes Schweigen. Und schließlich fügte Lehrer Thoelke versöhnlich hinzu, es mache ja auch einen gewissen Eindruck, gelegentlich im gebildeten Gespräch das eine oder andere lateinische Zitat fallenzulassen. Heiterkeit in der Runde. Warum also? Warum nur haben wir es uns all die Jahre angetan? So viele lateinische Vokabeln gelernt, so viel griechische Grammatik gepaukt, so viele Ausnahmen von so vielen Regeln, so viel Bemühen um zwei Sprachen, die schon lange keiner mehr spricht …

Bei mir ist es schierer Zufall gewesen, jener wohlmeinende, nicht näher durchdachte Impuls, der meinen Vater auch bisweilen bei der Auswahl von Geschenken leitete. Also, der Sohn hatte Latein gewählt in der Oberschule für Jungen in Cuxhaven. Und irgend jemand hatte ihm ins Ohr gesetzt, die erste Adresse für derartige Leidenschaften sei nun einmal jene mit dem mittelalterlichen Namen »Gelehrtenschule«, die Graf Johann II. von

Holstein im Jahre 1320 gegründet hatte. Die Gedanken fliegen zurück zu jenem ersten Tag, als 631 Jahre später – im Frühjahr 1951 – ein Knabe in kurzen Hosen, mit kurzer, schwer zu bändigender Frisur ein dunkelrotes, gotisches Gemäuer betrat.

Zunächst einmal kam ich zu spät. Derlei war an der Cuxhavener Jungenschule, die ich zuvor besucht hatte, meist unter dem Gejohle der überfüllten Klasse mit längerem und schmerzhaftem An-den-Ohren-Ziehen geahndet worden. Jede Entschuldigung hatten die Lehrer dort schon tausendmal gehört, und ihnen imponierte keine mehr. Deshalb hatte ich mich damit abgefunden, daß auf meinem weiteren Bildungsweg in Kiel mit einem harmonischen Start nicht mehr zu rechnen sei. Es war ein Nachmittag in der Jahreszeit langsam weichender nordischer Düsternis; ich lief durch klosterähnliche Gänge und Bögen, vorbei an Türen mit reichlich verwirrender Beschriftung. Zwei Schulen teilten sich damals dieses Gebäude: Jeweils im monatlichen oder vierteljährlichen Wechsel hatte die eine vormittags und die andere nachmittags Unterricht. Denn die Gelehrtenschule war, im Krieg von Bomben getroffen, gleichsam zur Untermiete in die Humboldt-Oberschule am Knooper Weg verlegt worden. Als ich schließlich doch irgendwo im Untergeschoß die Tür zur »Untertertia C« gefunden hatte, unterbrach der Lehrer seinen Unterricht, ging mit offenen Armen auf den schüchtern Eintretenden zu und zeigte sich geradezu verzückt vor Freude, mich endlich zu sehen. So etwas hatte ich auch in früheren Schulen schon gelegentlich erlebt und wußte, daß derart theatralische Begrüßungen urplötzlich in desto härtere Bestrafungen umschlagen konnten; dem prügelgewohnten Schüler mußte diese Begrüßung geradezu als gesteigerte Form eines pädagogischen Sadismus erscheinen. Diesem Studienrat aber war es ernst. Herr Köhn lobte meine pfadfinderische Leistung, in diesem Labyrinth von Schule so zügig die richtige Tür gefunden zu haben. Er gebrauchte noch andere freundliche Worte, an die ich mich aber nicht mehr erinnern kann. Die Anspannung, der Stimmungswechsel von mißtrauischer Erwartung zu einer ungeahnten Erleichterung war einfach zu groß. Zumindest bekam ich noch mit, daß die Zahl der Schüler im Raum nicht einmal halb so groß war wie in Cuxhaven. Höchstens zwanzig Augenpaare schauten mich neugierig an. Und die Pulte waren auch nicht so militärisch ausgerichtet, wie es damals allgemein üblich war und wie es die Fernsehleute als Kulisse ihrer Sendung später nachbastelten. In Kiel hatte man aus Tischen eine Art Hufeisen gebildet und zur Mitte hin noch zwei Tische quer dazugesetzt. Das Ganze sah vertrauenerweckend aus.

Was mich aber doch erschreckte – und das war geradezu revolutionär für eine weiterbildende Schule in den frühen fünfziger Jahren –: Unter den etwa fünfzehn Jungen saßen, wie bunte Kleckse harmonisch verteilt, drei Mädchen. Ich hatte mich von der Begrüßung noch nicht ganz erholt, da saß ich schon neben einem von ihnen. Es war für mich – im verklemmten Alter der Pubertät – ein Kulturschock.

Allmählich sollte sich herausstellen, daß es ein großer Glücksfall war, gerade in dieser Schule und gerade in dieser Klasse gelandet zu sein. Geprügelt wurde hier selbstverständlich nie, gebrüllt höchst selten. Und wenn mal einer die Fassung verlor, Schüler oder Lehrer, dann erforderte es das zivilisierte Klima, daß sich mindestens eine der beiden Parteien entschuldigte. Es war schon eine Form von Strafe, wenn der Lehrer den Schüler traurig anschaute oder gar sagte: »Ich bin aber sehr enttäuscht von dir!« Viele von uns hatten sich, um dieses harmonische Klima nur ja nicht zu gefährden, angewöhnt, auf jede Frage immer etwas zu antworten. So entstanden nie lange und peinliche Pausen. Jede ungelernte griechische oder lateinische Vokabel wurde zum Beispiel mit »der Weg« übersetzt. Wenn es nicht stimmte, mußte der Lehrer dann nicht viel Aufhebens daraus machen. Ein im Prinzip ja fleißiger Schüler hatte sich eben nur geirrt.

Typisch für die Atmosphäre in der Klasse war jener Eintrag des Oberstudienrats Liebig ins Klassenbuch: » Schulze benimmt sich ungepflegt.« Er hatte gegähnt, was im Unterricht durchaus vorkommen konnte, aber er hatte es unterlassen, die Hand vor den Mund zu halten. Irgendwie ging uns Schulze auch ziemlich bald verloren.

An die Nachbarschaft von Mädchen gewöhnte ich mich recht schnell. Selbst mit der Tatsache, daß sie in diesem oder jenem Fach einfach besser waren als wir Knaben, fand ich mich ab.

Studienrat Köhn, unser erster Klassenlehrer, war eine romantische Seele. Er war klein, hatte nur einen dünnen Kranz aus grauen Haaren, wodurch er während des Unterrichts leicht zu karikieren war; von hinten schafften das sogar die künstlerisch weniger Begabten. Man zeichnete große Ohren und deutete eine Glatze an, indem man einfach ein paar dünne, zierliche Striche um einen Halbkreis tupfte. Wir nannten Köhn liebevoll »Teacher«. Gelegentlich brachte er die Piccolo-Flöte mit und spielte uns vor. Sein und unser Hauptfach in der Unter- und Obertertia C war Deutsch, und er liebte die Romantiker. Aus einer Laune der Natur war er reichlich hundert Jahre zu spät geboren.

In einem der ersten Aufsätze war Eichendorffs Novelle »Aus dem Leben eines Taugenichts« das Thema. Unbestimmte Sehnsucht trieb den Wanderer in die unbekannte Ferne, und in meinem Heft zwitscherten dazu die Vögel und sprudelten die Bäche, daß die Eins am wärmenden Herd der Zensuren unausweichlich war. Der Aufsatz wurde einem freudig ergriffenen Lehrer und einer skeptischen Klasse vorgelesen, und Pit Völpel – noch in der Pilotenphase – sprach mich auf dem Heimweg mißbilligend an: Das könne wohl nicht mein Ernst sein! Irgendwie war es das aber doch. Denn jene unbestimmte Sehnsucht hatte schon bald auch auf Tom Harms übergegriffen, und sie trieb uns beide in alle Richtungen Europas. In den Ferien – Frühling, Sommer oder Herbst – packten wir unsere Tornister und stellten uns an den Straßenrand, um per Anhalter mal nach Sizilien, mal nach Skandinavien, mal nach Paris und dann wieder nach Schottland zu reisen. Übernachtet haben wir unter dem Sternenhimmel, auf Bahnhöfen oder im Kloster – oder im ausladenden Bett einer mitleidigen

Dame, die einen dänischen Tramper und mich auf dem Pariser Montmartre aufgabelte. Sie hatte in dieser Nacht auswärtige Termine wahrzunehmen und überließ uns ihr Zimmer in einem jener lebhaften und vielbesungenen Pariser Hotels.

So verlor unsere altsprachliche Erziehung auch nie den Bezug zur realen Welt. Diese faszinierende, überraschende, manchmal auch frustrierende Art zu reisen konnte durchaus mithalten mit den Abenteuern des Taugenichts anderthalb Jahrhunderte früher. Das Geld war knapp, man wußte nie, wo oder wie man abends schlafen würde, wohin einen der nächste Tag bringen könnte und welche Menschen man dort treffen würde. Schwer kalkulierbar war jedesmal auch die Heimreise und ihre Dauer. Mal hielten die Autos, und es dauerte nur drei Tage von Paris zurück nach Kiel. Mal klappten die Anschlüsse nicht, und es dauerte doppelt so lange.

Einmal in den ja viel zu kurzen Osterferien hatte uns ein glücklicher Wind weit nach Norwegen abgetrieben, nur auf der Rückfahrt wurde die Reise zäh. Die Schule hatte längst wieder angefangen; erst am dritten Unterrichtstag liefen Tom und ich in der großen Pause direkt aus dem letzten Auto auf dem Hof der Gelehrtenschule ein. In Skandinavien war strahlendes Wetter gewesen, wir waren etwas übernächtigt, aber geradezu unverschämt braun, statt unserer Aktentaschen hatten wir Schlafsack und Tornister über der Schulter. Groß und klein strömte zusammen, um die Heimkehr der Helden zu bejubeln. Prompt ließ uns der Direktor zu sich rufen, um uns wegen des dreitägigen unentschuldigten und auch unentschuldbaren Fehlens im Unterricht mit Verweis von der Schule zu drohen. Er hatte das natürlich nicht ernsthaft vor, aber es mußte ja etwas unternommen werden, um die allgemeine Disziplin und Ordnung nicht zu gefährden. Was schließlich unsere Strafe war, habe ich vergessen. Es kann so schlimm nicht gewesen sein.

Doch zurück zu Wim Thoelkes wichtiger Frage nach dem Sinn der alten Sprachen und der humanistischen Bildung überhaupt.

Was nützen sie im späteren Leben? Zur 675-Jahr-Feier der »Kieler Gelehrtenschule« wurde auf einem Podium mit allerlei Ehemaligen und Professoren über dieses immer wiederkehrende Thema diskutiert. Und auch die Zusammenfassung all der Erkenntnisse und Thesen dort macht den skeptischen Zeitgenossen nicht schlauer. Von Werteorientierung, vom Ringen um die Demokratie wurde aus diesem feierlichen Anlaß gesprochen, von einer Entwicklung der Persönlichkeit. Hartmut von Hentig, der ewig junge Geist der Pädagogik, sprach von einer Erziehung »mehr zum Widerstand, mehr zur Einsicht als zur Information«. Dem wurde – nicht im Widerspruch, aber doch zur Ernüchterung – entgegengehalten, daß gerade in jüngster deutscher Vergangenheit auch die humanistische Bildung das Barbarische nicht habe verhindern können.

All dies dort Vorgetragene wollen wir loben. Aber warum sollte dies nicht auf alle Schulformen passen? Warum nur auf diese eine? Die umfassende, überzeugende, mitreißende Formel, die auch in der heutigen Internet-Generation Scharen dazu verlokken könnte, auf humanistische Gymnasien zu stürmen, ist in den fast sieben Jahrhunderten unserer Gelehrtenschul-Geschichte wohl doch noch nicht gefunden. So bleiben nur die hilflosen, sehr persönlichen Erklärungsversuche. Aus den Nebelfeldern meiner Bildung ragt der Kopf eines alten Mannes hervor, der vielen von uns – auch später im Leben – ein Leuchtfeuer geblieben ist. Es ist der Kopf unseres Griechischlehrers Grabowsky – in die Höhe gezogen wie der Kriegshelm der Göttin Athene. Im Schulalltag gab es damals einen etwas ordinäreren Vergleich. Wir nannten ihn – dieser Kopfform wegen – »Bohne«.

Praktisch war er nicht und mißtrauisch schon gar nicht. Wer immer sich einen dummen Schülerscherz mit ihm erlauben wollte, verlor daran sehr schnell die Lust. Ob dieser, um ernsthaftes Arbeiten zu sabotieren, über Schmerzen oder seltsame Gerüche klagte, ob jener mit verborgenem Plattenspieler Musik in den Unterricht einspeiste oder auf den Einfall kam, während des Unterrichts die Lampen im Klassenzimmer zu reparieren: Die Sache verlor schnell an Spaß und Unterhaltungswert, weil Oberstudienrat Dr. Grabowsky in diesen banalen Angelegenheiten einfach alles stoisch über sich ergehen ließ. Es schien, als fehle ihm die Vorstellungskraft, daß sich einer von uns – auf der gemeinsamen Reise zum Wesentlichen und Wahren – aus billigen Motiven in irgendwelche Nichtigkeiten verlieren könnte. Und so waren derlei Scherze immer schnell zu Ende, jede Albernheit lief ins Leere und verlor ihr Publikum. Es lohnte sich nicht, ihn aufregen oder ärgern zu wollen.

Sein Griechischunterricht war ein Gespräch zwischen Jüngern und dem Meister – so wie Sokrates mit seinen Schülern auf den Stufen des Tempels oder unter dem Olivenbaum gesessen und sich mit ihnen unterhalten haben mag: über die Tugend, über den Staat, die Gesetze, über das Gute, über Wahrheit und Schein. Es gehörte nicht viel Phantasie dazu, sich ihn in einem Chiton vorzustellen. Kein Regisseur hätte die Rolle eines griechischen Philosophen glaubhafter besetzen können als mit ihm. Manchmal – leider zu oft –, wenn wir mit Sokrates und dessen Schüler Plato den Schleier des Scheins schon fast durchbrochen hatten, klingelte es zur Pause, und unser Oberstudienrat Grabowsky stellte mit Bedauern fest, daß wir zum Kern der Erkenntnis auch diesmal noch nicht vorgedrungen seien.

Der Blick zurück, unser nostalgisches »Klassenzimmer« mit Wim Thoelke, wurde alles in allem eine recht gelungene Sendung. Das lag vor allem an Hans Jürgen Pesch, unserem Pathologen. Er hat am meisten und am leidenschaftlichsten von uns allen geredet. Denn, so erklärte er uns und dem Zuschauer seinen Beruf, er sei kein »Quincy«, der auf der Suche nach dem Mörder aus Speiseresten im Magen oder verdeckten Wunden dem Kommissar den entscheidenden Hinweis gebe. Er betrachte den ganzen Menschen als Studienobjekt, seine Knochen und Nieren als »Endlager« von Vergiftungen und Abfällen der modernen Technik und als letztes Glied in einer Kette biologisch oder chemisch beschleunigter Prozesse. »Alles, was wir an Kadmium und Blei in uns haben«, wird von ihm an den Verstorbenen gemessen und darauf untersucht, ob und wann es für die Lebenden zur ernsten Gefahr werden könnte.

Klaus Ziemer, der Förster, machte uns etwas Mut und sprach der Natur die Fähigkeit zu, sich zu regenieren. Aber alles in allem war die Runde doch nachdenklich, wenn nicht gar pessimistisch über die Art, mit der der Mensch mit unserer Erde umgeht. Und unsere Generation ist es, die in der Verantwortung dafür steht. Der Journalist – aus täglicher Beschäftigung mit Kriegen und Skandalen – verstieg sich gar zu der Theorie, man müsse vielleicht bei der pathologischen Betrachtung unseres Planeten den Menschen als eine Art wuchernden Krebs diagnostizieren.

Nach der Sendung kam in einem kleinen bayrischen Gasthof der gesellige Teil. Ein jeder war nun wieder heiter und voller wohliger Erinnerung an unsere Schulzeit. Natürlich schlichen sich auch wieder wehmütige Gedanken ein. Hans Jürgen, der seiner Pathologie in Stuttgart nachging, lenkte das Gespräch auf ein anderes Feld seiner Besorgnis, den Fußball, und klagte über seinen Stuttgarter VfB: »Es ist leicht, ein Fan von ›Bayern München‹ zu sein, aber für einen Anhänger des ›VfB Stuttgart‹ ist das Leben eine ständige seelische Berg- und Talfahrt!« Ich versuchte, ihn mit noch schrecklicheren Schicksalen zu trösten, und erinnerte an »Holstein Kiel«, unsere heimatlichen »Störche« mit den roten Socken; schon 1912 waren sie deutscher Meister gewesen. Vor vierzig Jahren, in meiner Zeit als Volontär, hatte – dem Römer Cato gleich – ein gewisser Pim Veigel, der damals Sportchef der »Kieler Nachrichten« war, uns jungen Journalisten bei jeder Gelegenheit mit auf den Lebensweg gegeben: »›Holstein‹ muß in die Bundesliga!« Der Satz ist von eherner Weisheit und Wahrheit geblieben. Soviel Zeit ist inzwischen vergangen, und »Holstein« muß immer noch.

Unverstandene Vaterlandsverteidiger

Die ersten Wochen in der Kaserne als schwere Zeit zu bezeichnen wäre ein milder Ausdruck. Es war der Bruch mit allem, was vorher war. Auf der Schule war die Welt Theorie gewesen. Ein Ringen mit dem Abstrakten, ein Spaziergang durch Epochen und Kulturen, ein Schattengefecht kühner Gedanken. Und dennoch sah es in der Seele des Neunzehnjährigen nicht immer abgeklärt und glücklich aus. Das bringt das Alter so mit sich. Über Leidenschaft und Liebe beispielsweise hatte er so gut wie alles gelesen. Wahrscheinlich zuviel, um den Sprung ins Leben zu wagen. Eine Jugendliebe zerrann in höchst kompliziertem Gerede – über alles, nur nicht über das, was er wirklich sagen wollte.

Der Alltag in der Graf-Goltz-Kaserne in Hamburg-Rahlstedt war überaus konkret. Er begann um fünf Uhr früh und mit Gebrüll durch kahle Flure: »Dritte Kompanie, aufstehen!« So ähnlich verlief dann auch der Tag. Was immer der Sinn des Lebens war, jetzt kam es darauf an, zusammenzuhalten in einem bunt zusammengewürfelten Haufen. Sechs Mann auf einer Stube, keine Sekunde allein, um zu lesen oder zu grübeln.

Namen wie Hülsmann und Ewers tauchen in der Erinnerung auf: Ohm, Heines, Kaminski und Oestmann. Wir hatten uns versprochen, uns wiederzusehen – eines Tages in der Freiheit. Untereinander hatten wir Wetten abgeschlossen, wer dann welche Autos fahren würde. Ich hätte meine Wette verloren. Die meisten waren schon im Beruf gewesen, als sie die neue Bundeswehr überraschte. Die frisch aus der Schule kamen, stellten die zweitstärkste Gruppe, die wenigsten wollten Berufssoldat werden.

Unser Los, unsere Gemeinschaft war nicht ohne tragische Aspekte. Wir waren dem Ruf ja wirklich nicht begeistert gefolgt.

Auch wenn Unteroffizier Wesemann uns immer aufs neue die Nato erklärte und den aggressiven Charakter des Feindes, den meisten von uns wurde trotzdem nicht klar, warum ausgerechnet wir als allererste »Rekruten der Freiheit« ein Jahr unseres Lebens hergeben sollten. Unter Freiheit stellte ich mir vor, was meine Klassenkameraden jetzt an den Universitäten trieben. Und daß sie mit dankbaren Gefühlen an uns tapfere Wächter denken könnten, das hielten wir für ziemlich unwahrscheinlich. Wir kannten ja alle Argumente und Parolen, die an den Universitäten in Umlauf waren und gegen neues deutsches Rüsten sprachen. Und die meisten von uns teilten dieses Unbehagen auch.

Seit dem schrecklichen Krieg waren gerade erst zwölf Jahre vergangen. Voller Scham und Schrecken dachten wir zurück an jenen finsteren Spuk, den nun niemand mehr erklären konnte. Irgend etwas müßte man aus der Geschichte doch lernen können! Die Zeit der nationalen Konflikte sollte endgültig vorbei sein. Und es gab eine tiefe Sehnsucht in jenen Jahren, da die Narben und Ruinen der letzten Katastrophe noch überall sichtbar waren, daß nichts und niemand uns Deutsche noch einmal verführen möge, irgendwelche Heere aufzustellen. Es war nicht nur die Angst unserer Nachbarn, es war auch die vorherrschende eigene Überzeugung, daß ein Deutschland ohne Waffen die Lehre der Geschichte sei. Am Horizont leuchtete ein geeintes Europa als Tor in eine bessere Welt.

Aber die Welt war nun einmal noch nicht reif für den ewigen Frieden, und die Idee zur Wiederbewaffnung ging wohl auch nicht von Deutschland aus, sie kam aus dem Lager der Sieger. Mit der Berlin-Blockade 1948 und dem Korea-Krieg zwei Jahre später war die Welt plötzlich in zwei Hälften gespalten. Und es waren die Amerikaner und Briten, und zögernd auch die Franzosen, die pragmatisch und ohne große Liebe zu Deutschland zu der Erkenntnis gelangten, daß die Sorge um einen heraufziehenden neuen Weltbrand Vorrang haben müsse vor den guten Vorsätzen nach dem letzten. Und überhaupt, so argumentierten die »Realisten«, wie anders als durch Waffen sei Hitler letztlich zu besiegen gewesen. Sei es nicht vor allem deshalb zur Katastrophe gekommen, weil man versucht habe, einen Diktator zu besänftigen, statt ihm viel früher entschlossen entgegenzutreten?

Ich hatte – wie viele meiner Generation – in einer Zeit, da eine Regierung Adenauer auf die andere folgte, eine skeptische Distanz zur Politik. Der Alltag war weit entfernt von Platons Staat und der lebendigen, unmittelbaren Demokratie der alten Athener. Selbst durften wir noch nicht zur Wahl, und die, die es durften, nutzten ihre Chance mit allzu großer Vorsicht. Alles Wählen erschien dem jugendlichen Geist ein ziemlich steriles Ritual. Am Ende kam ja doch wieder eine Regierung Adenauer dabei heraus. Dennoch, ich habe den alten Herrn nicht für einen Militaristen gehalten. Das strahlte er nicht aus. Er nutzte wohl nur eine Chance, im Strom der weltpolitischen Entwicklung mitzuschwimmen, statt sich ihm entgegenzustemmen. Es war nun einmal die Chance für die Deutschen westlich der Elbe zu einer wundersamen Wiederauferstehung und zur Mitgliedschaft in einem Kreis zivilisierter Völker nach einer verblüffend kurzen Zeit der Sühne.

Wie gesagt: Theoretisch und vor allem moralisch war das Wiederaufrüsten nur mit gewagten Konstruktionen zu untermauern, und einem jeden, der in den neuen Trend einschwenkte, war leicht entgegenzuhalten, was er selbst noch vor wenigen Jahren geschworen hatte. Der Preis dieser neuen Waffenbrüderschaft war eine um so tiefere Feindschaft gegen alle, die östlich der Elbe wohnten – Sowjets und auch »deren Deutsche«. Politik, Wirtschaft und Militär waren Teil eines großen Pakets, das plötzlich vor unserer Türe lag. Sich da das Angenehme herauszupicken und zum Unbehaglichen nein zu sagen ist wohl keine realistische Option gewesen. Nicht für Konrad Adenauer – und für jeden anderen wahrscheinlich auch nicht, wenn er damals an der Macht gewesen wäre.

Ich schreibe dies nicht, um mich als Historiker zu versuchen, und ich bin offen für jeden Widerspruch. Damals habe ich ja auch mal dies und mal das für richtig gehalten und war eher dagegen als dafür. Und so kommt es mir nur darauf an, Einblick zu geben in eine leidenschaftliche Debatte, in der sich die Argumente in alle Richtungen drehen ließen. Frieden stand auf den Fahnen derer, die für die Bundeswehr waren, denn sie sollte ja nur abschrecken und Kriege verhindern, und Frieden stand auf den Transparenten der Gegner dieser neuen deutschen Armee. Und eigentlich war es ja keine deutsche Armee mehr, um im klassischen Sinne Grenzen und Unversehrtheit der neuen Bundesrepublik zu verteidigen. Es waren 250 000 zusätzliche Soldaten auf vorgeschobenem Posten, die den sowjetischen Panzern das Überqueren der Elbe und den Vormarsch zum Rhein erschweren sollten, bis die Allianz ihre volle Truppenstärke über den Atlantik und den englischen Kanal gebracht und zum Gegenschlag geordnet hätte.

In den Vorschriften jener Tage, die dem Unteroffizier Wese-mann Leitfaden für seinen Unterricht über die Nato waren, wur-de niemals auch nur andeutungsweise erwähnt, daß jener Ernst-fall, den wir verhüten, aber notfalls eben auch riskieren sollten, Deutschland beiderseits der Elbe mit Sicherheit wieder in eine Trümmerwüste verwandelt hätte. Wir Rekruten in der Hambur-ger Kaserne waren also auf dem Schachbrett der Weltpolitik so etwas wie die Bauern, die in einem Ernstfall hätten geopfert wer-den müssen, bevor das hemmungslose, alles zerstörende Duell der eigentlichen Rivalen begonnen hätte oder vielleicht doch noch gestoppt worden wäre.

Auch noch Jahrzehnte später, als der Panzerschütze die Kaser-ne längst verlassen hatte und nun als Journalist amerikanischen Präsidenten wie sowjetischen Generalsekretären seine Fragen stellen durfte, war jeder Rüstungs- wie jeder Abrüstungsplan ein schizophrenes Ringen. Ob man für irgend etwas war oder da-gegen: Mehr als vierzig Jahre hat es immer zwei Wahrheiten ge-geben. Und beide Seiten bezogen ihre moralische wie ihre poli-tische Kraft vor allem aus der Leidenschaft ihres Glaubens.

Die ersten drei Monate beim Militär sind immer die härtesten – körperlich und seelisch. Es ist die klassische Philosophie der Ausbilder, Rekruten müßten in diesen drei Monaten erst einmal richtig laufen lernen; und exerzieren, strammstehen, gehorchen. Man will ihnen abgewöhnen, als Einzelwesen durch die Welt und über den Kasernenhof zu stolpern, und formt sie zum Teil einer Gruppe. Von allen Eigenschaften, die in irgendwelche militärischen Zeugnisse oder Personalakten eingetragen werden, ist Kameradschaftlichkeit die Tugend Nummer eins. Alles andere – wie etwa Ausdauer oder Tapferkeit – rangiert weit dahinter. Intelligenz oder ähnliche Eigenwilligkeiten im Zweifel natürlich auch.

Ausgang hatten wir selten in dieser Zeit der Grundausbildung. Er mußte beantragt werden, und wenn keine erzieherischen Gründe dagegen standen, gab es vom Hauptfeldwebel der Kompanie einen Schein, der an der Wache vorzuweisen war. Wir durften zunächst die Kaserne nur in Uniform verlassen. In diesem Aufzug, an den sich die skeptische Außenwelt nun einmal schwer gewöhnen konnte, ging ich ins Theater, sah beispielsweise im Schauspielhaus den »Faust« in der legendären Inszenierung mit Will Quadflieg und mit Gustaf Gründgens in der Rolle des Mephisto. Im übrigen besuchten wir irgendwelche Lokale unseres lebhaften Hamburger Außenbezirks, in denen sich Romeos und Julias auf unkomplizierte Weise näherkamen.

Als ich eines Abends in meiner Uniform als Panzerschütze bei Peter Ahrweiler im Kabarett auftauchte, war die Atmosphäre schon wieder verklemmter. Die anderen Gäste am Tisch fühlten sich offensichtlich nicht ganz wohl in meiner Gesellschaft. Man unterhielt sich mit mir auf spitze Hamburger Art wie mit dem Mitglied einer orthodoxen Sekte. Als die Vorstellung begann, schweifte der Scheinwerfer auch schon bald von der Bühne ins Publikum und warf seinen Lichtkegel auf mich, während der Diseuse – ich glaube, es war Trude Herr – spontan die köstlichsten Witze über diese tapferen neuen Soldaten einfielen. Was blieb mir übrig, als auch zu lachen. Komisch war die Situation allemal. Da saß ich in meinem auffällig unmodischen Dreß, um die Freiheit zu verteidigen, um mich herum eine höchst amüsierte Gesellschaft, die nicht den geringsten Wunsch erkennen ließ, von mir verteidigt zu werden. Von Dankbarkeit auch keine Spur! Auf der Suche nach dem Sinn seines Tuns und Leidens war ein jugendliches Gemüt auf eine harte Probe gestellt.

Aber irgendwie ist die Kaserne auch eine Schule. Und mir hat die Bundeswehr gutgetan. Man merkt es nicht gleich, es erschließt sich einem erst im Laufe der Zeit. Der Wehrsold betrug zwei Mark am Tag, was nach heutiger Kaufkraft fast dem Zehnfachen entspricht. Das war viel Geld für einen, der frisch aus der Schule kam. Irgendwelche festen Ausgaben hatten wir nicht. Es sei denn, man rauchte. Für denjenigen war es allerdings eine eher verzweifelte Situation, denn der Wehrsold reichte bestenfalls für die tägliche Zigarettenration. Das Schicksal jener Bejammernswerten hat mich auch später davon abgehalten, mit dem Rauchen zu beginnen, und der Reiz dieses Lasters ist mir bis heute unklar geblieben.

Der Umgang mit Menschen ist es, der einem in solchen Gruppen wahrscheinlich direkter beigebracht wird als anderswo. Das fängt schon beim Vorgesetzten an. Zwar laufen einem im späteren Leben auch immer wieder Chefs über den Weg, aber wie man sich ihnen gegenüber verhält, ist dann nicht mehr so eindeutig. Beim Militär ist alles auf äußerst klare Art geregelt: Derjenige, der einen Streifen oder Stern mehr auf dem Arm oder auf der Schulterklappe trägt, ist als erster zu grüßen und grüßt dann freundlich oder herablassend zurück. Direkte Vorgesetzte haben im Kasernenalltag mehr Möglichkeiten als in anderen Bereichen, ihren Untergebenen das Leben sauer zu machen. Kein noch so mächtiger Vorstandssprecher eines globalen Konzerns hat zum Beispiel das Recht, einem Abteilungsleiter zu befehlen, er möge strammstehen oder sich auf den Boden werfen, oder singen, oder in die Büsche springen.

Andererseits haben es aber die Manager in der Wirtschaft nie mit so fest verschworenen Gruppen zu tun; sie haben andere offene oder verdeckte Möglichkeiten, ihren Willen durchzusetzen. Da hat es der Offizier oder Feldwebel erheblich schwerer. Er mag zwar seine Soldaten einzeln, im Zug oder in der Kompanie anbrüllen oder schikanieren, aber wenn er nicht wirklich Autorität besitzt, dann ist er ziemlich bald verloren. Ihm strömt mit ganzer Wucht Gleichgültigkeit oder Verachtung entgegen, und er steht hilflos da in seiner schönen Uniform. Eine der Stärken des einfachen Schützen im Umgang mit einem ungeliebten Vorgesetzten ist die Gelassenheit. Auf ein schneidiges »Sind Sie wahnsinnig, Mann?« bekommt er seelenruhig die Antwort: »Jawoll, Herr Oberleutnant!«

Ich meine, mir ist dieser oft harte, manchmal auch amüsante Umgang mit Vorgesetzten im späteren Leben von Nutzen gewesen. Für uns Wehrpflichtige war das alles ja nicht berufsentscheidend – eher ein Abstecher vom eigentlichen Weg und somit eine Art Gemüts- und Fitneßtraining für so vieles, was noch vor uns lag. Und wer die Schule des Militärs mit einigem Erfolg bei seinen Kameraden, Vorgesetzten und später auch Untergebenen absolviert, hat wohl ein geschärftes Gefühl für Menschen, an denen er sich ausrichten kann, die Autorität besitzen und nicht nur Positionen oder Titel. Es gibt nun einmal Vorgesetzte, denen es ernsthaft um die Sache geht, denen man mit Respekt gegenübertritt; und es gibt andere, die stören nur. Kurzum: Für mich war die Erfahrung bei der Bundeswehr ein guter Kompaß fürs Leben.

In diesem Zusammenhang liegt mir noch daran, zu Protokoll zu geben, daß der Unteroffizier Wesemann ein strenger, aber lebenskluger Gruppenführer gewesen ist. Wir haben ihn nie belehrt, wenn er im Unterricht mal ein Nato-Land vergaß; und wir wußten, daß er im Ernstfall auf unserer Seite war.

Ein von uns bewunderter Offizier dieser Lehrjahre war später auf der Panzertruppenschule in Munsterlager Oberstleutnant Ernst-Georg von Heyking, Inspektionsleiter des Ersten Fähnrich-

Lehrgangs für Reserveoffiziere. Von Heyking entstammte einer alten Offiziers- und Adelsfamilie, war hochgewachsen, feingliedrig, und man konnte sich darüber streiten, ob er im Anzug nicht viel besser aussah. Wer ihn in Zivil traf, mochte ihn für einen Richter oder Professor gehalten haben. Er war kein Typ für eine Uniform. Dabei war er im Zweiten Weltkrieg einer der tapfersten, mit dem Ritterkreuz der höchsten Klasse ausgezeichneten Offiziere. Er selbst sprach nie darüber, und so gebe ich diese Geschichte in der Fassung wieder, wie sie damals unter uns Fahnenjunkern kursierte.

Es war an einem Abschnitt der Westfront, und es ging darum, die Lage hinter den feindlichen Linien zu erkunden. Allerdings sollte jeder Feindkontakt vermieden werden. Jedem Zusammenstoß, jeder Schießerei sollte dieser Trupp strikt aus dem Wege gehen, weil der Feind überrascht werden sollte. Solche Spür- oder Stoßtruppunternehmen waren ohnehin schon so etwas wie Himmelfahrtskommandos. Eine kleine Gruppe löst sich aus dem Schutz der eigenen Verbände und begibt sich in das Revier des Feindes. Doch der zusätzliche Befehl, auf einer solchen Mission nicht einmal zu schießen, wenn man in Gefahr gerät, ist eigentlich mehr, als man von jedem tapferen und gehorsamen Soldaten erwarten darf. Der damals junge Offizier von Heyking ließ in seiner Kompanie alle Munition einsammeln, um sie nur im äußersten Falle wieder an seine Soldaten zu verteilen. Und so zogen sie los: mit Gewehren, aber ohne Munition. Vielleicht war es Kühnheit, vielleicht war es ein Wunder, daß diese Mission gelang.

Auch mir hat dieser unkonventionelle Vorgesetzte eine unkonventionelle Lehre erteilt. Wir waren in einem ungestümen Alter, in dem sich so manches noch finden und setzen mußte: Moral und Abenteuerlust, Gehorsam und die Neugier der Geschlechter … Wir wohnten außerhalb des Kasernenbereichs in modernen kleinen Apartments – ein militärisches Novum, geradezu revolutionär. Es war ein Leben wie unter Studenten, mit ein paar kleinen Einschränkungen, die man uns bei der Schlüsselvergabe streng ins Gewissen gerufen hatte. Wichtigster Punkt war der »Stubenbesuch«. Er war im Grunde leicht zu merken: Verwandten und Freunden aller Art war der Besuch auf den Zimmern der Fahnenjunker gestattet, Freundinnen auf keinen Fall.

Ich war Sprecher der Inspektion und hatte dadurch fast täglich mit dem Oberstleutnant zu tun. Unser Umgang war immer sehr zivil, für militärische Verhältnisse fast schon leger. Eines Tages ließ mich von Heyking rufen. Ich durfte mich nicht setzen, sondern mußte in strammer Haltung anhören, was er mir zu sagen hatte. Er sei zutiefst enttäuscht – menschlich und als Vorgesetzter –, das Vertrauen der Bundeswehr in den Ersten Fähnrich-Lehrgang sei auf das allergröbste mißbraucht. Aus sicherer Quelle sei ihm zu Ohren gekommen, daß jenes heikle, strikte Verbot verletzt worden sei. Er kenne die Namen, der Vorfall sei von allergrößtem Ernst. Mir schwante nichts Gutes. Und so, wie er mich auf einmal behandelte, mußte wohl auch mein Name auf der Sünderliste stehen. Da nahm die Sache eine atemberaubende Wende. Von Heyking stand auf und gab mir folgenden Befehl: »Sie als Sprecher lassen morgen früh beide Hörsäle antreten, und ich verlange, daß Sie Ihren Kameraden mit allem Nachdruck weitergeben, was ich Ihnen jetzt gesagt habe. Sie sind mir persönlich verantwortlich, daß so etwas nicht noch einmal vorkommt. Weggetreten!«

Die Inspektion stand also am nächsten Morgen in Reih und Glied – zunächst völlig verstört, weil sich herumgesprochen hatte, daß es da einen ernsthaften Vorfall gegeben habe. Und ich hob an, kraft der Würde meines Amtes mit lauter Stimme Moral zu predigen: hohe Empörung, tiefe Enttäuschung, die Würde der Frau, die Ehre des Soldaten, Vertrauen der Bundeswehr grob mißbraucht …! Die Bande konnte sich nicht mehr halten vor Vergnügen. Ein paar Ausbilder, die nun einmal nicht eingeweiht waren in die feineren Zusammenhänge des Lebens im Standort, standen ratlos daneben. Oberstleutnant von Heyking war zu diesem jämmerlichen Spektakel nicht erschienen. Doch was er wollte, hatte er erreicht. Vorfälle dieser Art hat es fortan nicht mehr gegeben.

Am Ende habe ich das Jahr der Wehrpflicht noch freiwillig um sechs Monate verlängert. Das war finanziell attraktiv – sozusagen ein einmaliges Angebot der Bundeswehr an ihre ersten Reservisten. Man zahlte uns Dienstbezüge statt des Wehrsolds und eine Abfindungssumme, die, so hatte ich errechnet, für ein neues Motorrad reichen würde. Dies aber war es gewiß nicht allein, was mich zum Bleiben bewog. Es wäre – so sehe ich es heute – körperlich, aber auch seelisch eine zu große Strapaze gewesen, dies alles ein Jahr lang durchzumachen und sich dann beharrlich sagen zu müssen, daß letztlich alles falsch und sinnlos gewesen sei. Wir hatten uns an unsere Rolle als unverstandene Beschützer und an die Wende der Weltpolitik gewöhnt. Vieles hat dazu beigetragen, daß vierzig Jahre später die Berliner Mauer fiel und die Teilung Europas ein Ende nahm. Ein wenig wohl auch wir auf unsere störrische, dann mehr und mehr unbekümmerte Art.

Der Sommer stand bevor, und ich hatte mich eingelebt in der Kaserne wie in einer großen Familie. Schon in der Rekrutenzeit hatte ein stellvertretender Kompaniechef uns etwas Seltsames prophezeit: »So gut wie jetzt wird es euch später im Leben nie wieder gehen! Ihr habt zu essen, werdet morgens geweckt, ihr braucht euch über nichts Sorgen zu machen.« Natürlich hatte er übertrieben, aber ganz falsch war es nun auch wieder nicht. Ich konnte mich in jeder noch so kurzen Pause auf den Fußboden legen und tief einschlafen. Und ich lernte, daß es seine Vorzüge haben konnte, nicht allein zu sein. Sooft ich auch versetzt wurde von Stadt zu Stadt und von Kaserne zu Kaserne, ich öffnete die Tür und war zu Hause. Irgendeiner dort würde Hemden bügeln können; dem würde ich dann seine Briefe schreiben. Und was uns auch bevorstehen würde, gemeinsam würden wir es überleben.

Als die achtzehn Monate vorüber waren, erreichte mich ein Telegramm meiner Mutter, der die Sache mit dem Motorrad schon immer auf der Seele gelegen hatte: »Kein Motorrad kaufen. Auto beabsichtigt.« Auch das war mir recht. Es gab nur wenige Studenten, die damals schon ein Auto hatten.

1 *(oben links)* Als Sechsjähriger in
Chojnowo (Polen)
2 *(oben rechts)* Mutter und Großvater
Erdmann in Posegnick (Ostpreußen)

3 *(unten)* Gut Posegnick, das Elternhaus
meiner Mutter, im Kreis Gerdauen

4 *(oben links)* Vor dem Gewitter:
Gutshaus Chojnowo in Polen
5 *(oben rechts)* Flucht aus Ostpreußen
im Januar/Februar 1945

6 *(unten)* Bittere Kälte, endloser Treck,
vor uns und hinter uns die Front

7 *(oben)* Das zerstörte Kiel: Nissen-
hütten rund um das Rathaus
8 *(unten links)* Moral und Überleben:
Kohlenklau und Schwarzmarktgeschäfte

9 *(unten rechts)* »Abenteuerspielplatz«
in den Nachkriegsjahren

10 (*oben links*) Auf der »Gelehrtenschule« in Kiel: Ute Horstmann, Thomas
Harms und ich
11 (*oben rechts*) Bei Kassel auf die
Autobahn: Italienreise 1954

12 (*unten*) Zweite Italienreise 1956:
mit Thomas Harms und
Rainer Heintzenberg in Pompeji

13 *(oben links)* London 1955:
mit dem Schweden Sten auf der Mauer
von Westminster Abbey
14 *(oben rechts)* Lüneburger Heide 1957:
Panzerschützen im Manöver

15 *(unten)* Wo bitte geht's nach Kairo?
Auf dem Balkan 1959

16 *(oben)* Als Reporter der »Kieler
Nachrichten« in Moskau 1961
17 *(unten links)* Mit der Leica beobach-
tet ... Sofia (Bulgarien): Verkehrspolizist
regelt nicht vorhandenen Verkehr

18 *(unten rechts)* In Leningrad, dem
einstigen und heutigen St. Petersburg

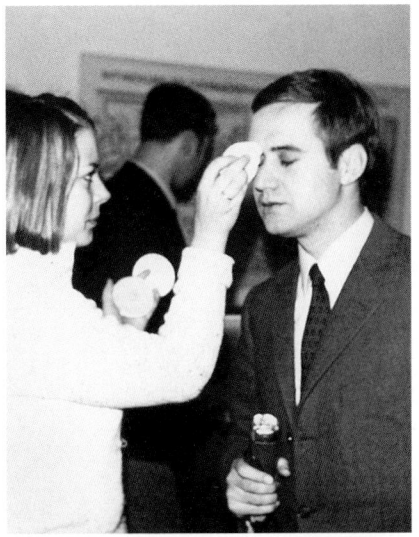

19 *(oben links)* Vorbereitungen im neuen
Medium Fernsehen
20 *(oben rechts)* Winter 1963: für die
»Nordschau« in Fehmarn

21 *(unten)* Die Einsamkeit des Moderators – immer mittwochs »Nordschau«
aus Kiel

22 *(oben links)*
Wiedersehen mit
Ostpreußen:
»...Wenn links und
rechts der Straße
Bäume stehen ...«
23 *(oben rechts)*
Alles, was vom
Elternhaus meines
Vaters (im Kreise
Lyck) geblieben ist
24 *(rechts)* Die
Eltern im Jahre
1963

Die Reise nach Kairo

Das Auto war ein VW-Käfer, Baujahr 1952, mit der kleinen, geteilten Heckscheibe. Helles Grau, Sitze aus rotem Kunststoff, Kennzeichen »KI-JE 36«. Man schaltete die Gänge noch mit Zwischengas – also auskuppeln, im Leerlauf auf das Gaspedal treten, dann wieder kuppeln und den nächsten Gang einlegen. Wenn man beim Herauf- oder Herunterschalten das Gas nicht richtig dosierte, knirschte es im Getriebe. Die Heizung im Winter war warm und kräftig im Gebläse. Wurde es im Wagen zu heiß, konnte man sie abstellen. Irgendwelche Zwischenstufen gab es nur theoretisch.

Wir kamen gut miteinander aus. Gelegentlich war mein Auto in der Werkstatt. Ernsthafte Gebrechen wurden eigentlich nie diagnostiziert – getreu dem Motto der frühen Käfer-Generation: »Was der VW nicht hat, kann auch nicht kaputtgehen!«

Ich hatte noch bei der Bundeswehr den Führerschein für alle Klassen gemacht: vom Motorrad bis zum Fünf-Tonnen-Lkw. Den grauen, sich allmählich auflösenden Lappen besitze ich immer noch. Viel herauszulesen ist nicht mehr, nur vorne steht in dicken Lettern: »Umschreibung eines Dienstführerscheins.« Das hat mir bei so mancher Polizeikontrolle das Wohlwollen der Beamten gesichert. Ermahnungen und Belehrungen über etwas zu schnelles Fahren oder das Überholen an Stellen, an denen es nun einmal verboten war, entwickelten sich meist menschlich und harmonisch zu einem Gespräch unter Kollegen.

Zu lösen war nun das Problem, was ich denn überhaupt studieren sollte. Meine Einlassungen vor der Musterungskommission anderthalb Jahre zuvor waren nicht nur zu harmlos für eine Rückstellung gewesen, sie waren auch in der Sache etwas übertrieben. Wohl hatte ich durch meinen Vater losen Kontakt zum

Kieler Historiker Michael Freund gehabt. Aber weder er noch ich hatten in der Zwischenzeit viel darüber gegrübelt, ob der Geschichtsforschung etwas verlorenginge, wenn ich mich doch wieder anders entschiede. Nun überdachte ich die Lage noch einmal neu und kam zu dem Ergebnis: Ein spezielles Interesse an irgendeiner Fakultät war nicht auszumachen. Mich interessierte einfach alles. Am liebsten wäre ich sofort Reporter geworden. Das stieß auf den Widerstand meiner Eltern. Ausgerechnet mein Vater war es nun, der von den ungewissen Chancen und dem ungefestigten sozialen Stand des Journalisten sprach. Ohne solide Ausbildung hätte ich in diesem Beruf keine Aufstiegsmöglichkeiten. Und zur soliden Ausbildung gehörten nun einmal ein Volontariat bei einer großen Tageszeitung und ein abgeschlossenes Studium. Welches, das sei dann egal.

Die naturwissenschaftlichen Fächer schieden von vornherein aus. Alles sprach für die Geisteswissenschaften. Aber schließlich wurden meine Neigungen zur Politikwissenschaft, Literatur, Philosophie oder Geschichte durch das Argument ins Wanken gebracht, all diese Studienwege mündeten im Lehramt oder im öffentlichen Dienst. Letztlich blieben nur noch Volkswirtschaft und Jura in der engeren Wahl. Und so entschloß ich mich für beides. Am 10. Oktober 1958 wurde ich an der Christian-Albrechts-Universität immatrikuliert und belegte eine so breite Palette von Vorlesungen wie »Perspektiven und Prognosen der Weltwirtschaft im Jahre 2000«, »Die großen politischen Denker von Macchiavelli bis zum 20. Jahrhundert« (Michael Freund), »Grundformen sozialer Gesellung und soziologischen Denkens«, dazu Schuldrecht, Strafrecht und Allgemeine Staatslehre. Zur allgemeinen Lage an den Universitäten damals ist zu sagen, daß ich durchaus noch eine dritte Disziplin hätte belegen können. In der Medizin und in der Chemie gab es wohl einen Numerus clausus, aber die Hürden waren nicht so hoch, als daß man sie nicht hätte überwinden können. Die Welt stand jungen Menschen offen und wollte erobert werden.

Das Wintersemester war noch nicht vorbei, da machten sich mein ehemaliger Klassenkamerad Thomas Harms und ich auf eine Reise, die wir schon länger geplant hatten und die nur durch meine Militärzeit um anderthalb Jahre verschoben worden war. Wir stellten uns am 20. Februar 1959 mit Tornister und draufgeschnalltem Schlafsack an den Kieler Schnellweg und warteten auf Autos nach Süden. Es war naßkalt und neblig, und ich hatte eine gewisse Sehnsucht nach meinem eigenen Käfer, statt nun am Straßenrand herumzustehen und andere Autofahrer anzubetteln. Da wir auf früheren Reisen schon die Erfahrung gemacht hatten, daß es immer etwas schwieriger war, zu zweit mitgenommen zu werden, hatten wir beschlossen, getrennt zu trampen und uns am Ziel wiederzutreffen. Treffpunkt sollten die Pyramiden in Kairo sein, mittags zwischen zwölf und eins. Der Tag stand nicht so genau fest, weil ja nicht sicher war, wie das mit den Verbindungen klappen würde. Überhaupt war die Route ziemlich vage festgelegt. Ich hatte eine Europa-, eine Asien- und eine Nordafrika-Karte im Gepäck, um alle eventuell entstehenden Anschlußfragen von Fall zu Fall lösen zu können. Hinter Hamburg nahm mich ein amerikanischer Soldat zunächst bis Alsfeld in Hessen mit und dann am kommenden Tag weiter bis nach München. Als auf der Strecke nach Salzburg ein Wagen hielt und mich der Fahrer freundlich fragte, wohin es denn gehen solle, antwortete ich treuherzig: »Nach Kairo!« Er fühlte sich auf den Arm genommen und klappte die Tür wieder zu. Danach habe ich auf solche Fragen immer kurze, regional einleuchtende Zielorte genannt.

Wir hatten uns so etwa zwanzig Tage gegeben, und wer zuerst in Kairo eintreffe, der solle jeweils mittags bei den Pyramiden vorbeischauen, bis auch der andere zur Stelle sei. Vielleicht würden wir uns sogar in einer Art Jugendherberge treffen. Wir gingen einfach davon aus, daß es auch in Kairo ein billiges Quartier geben müsse, in dem sich Herumtreiber wie wir unvermeidlich über den Weg laufen müßten.

Um es gleich vorwegzunehmen: Ganz so, wie wir uns das vorgestellt hatten, klappte es am Ende nicht. Tom mußte in Damaskus für längere Zeit ins Krankenhaus, und als er endlich bei den Pyramiden eintraf, nahm er an, mir sei die Warterei dort zu langweilig geworden, und so zog er weiter in Richtung Luxor, um mich dort irgendwo aufzugabeln. Ich hingegen war inzwischen völlig vom Kurs abgekommen und in Teheran gelandet. Von dort wollte ich dann auf dem Heimweg irgendwie über Kairo reisen, was sich aber als unerwartet schwierig herausstellen sollte.

Daß das Schicksal mit mir andere Pläne hatte, entschied sich schon am sechsten Tag. Auf der Autobahn zwischen Zagreb und Belgrad hielt ein gewaltiger schwarzer Cadillac mit chromblitzenden Radkappen und Stoßstangen. Am Steuer saß ein kleiner zarter Herr und hinter ihm eine hübsche, sichtbar jüngere Dame im Pelz. Sie fragten mich nach dem Woher und Wohin, und ich nannte vorsichtshalber Istanbul. Danach verlief die Reise eher schweigsam. Irgend etwas, das man wohl nicht vor einem zufällig aufgegabelten Tramper diskutieren wollte, drückte auf die Stimmung. Ich notierte in mein Reisetagebuch: »Persisches Ehepaar, Cadillac, haben versprochen, mich morgen weiter mitzunehmen Richtung Istanbul.«

In einem entscheidenden Punkt war diese Eintragung falsch. Herr Kangarlou war wohl verheiratet, aber es war nicht seine Frau, die bei ihm im Auto saß. Die weilte daheim in Teheran. Diesen Umstand hatte er seiner Begleiterin aber erst gebeichtet, als sie Zagreb passierten. Und als kurz darauf jemand mit deutschem Wimpel auf dem Tornister am Straßenrand stand, muß die Dame dem Mann am Steuer wohl geradezu befohlen haben, den Winkenden mitzunehmen. Die Stimmung entspannte sich von Tag zu Tag mehr. Ich brauchte jetzt für Unterkunft und Verpflegung nicht mehr selbst zu bezahlen, wohnte in erstklassigen Hotels und aß in teuren Restaurants. Herr Kangarlou bestand allerdings darauf, daß ich – genau wie er – bei allen balkanischen und orientalischen Gerichten auch mindestens eine Zehe Knoblauch zerkauen müsse; das gebe den Speisen Geschmack. Dafür wachte ich nachts auf, wenn meine Hände in die Nähe meiner Nase gerieten – so sehr stank der Knoblauch aus allen meinen Poren. Bald saß ich am Steuer des Cadillac, der von Deutschland in den Iran überführt werden sollte und bereits in den Dörfern des Balkan immer wieder Mittelpunkt eines Menschenauflaufs war. In der bulgarischen Hauptstadt Sofia war das Fahren ein geradezu fürstliches Erlebnis. Die Straßen waren leer. Allenfalls kam uns mal ein Lastwagen entgegen, und der Fahrer ging vor lauter Respekt vom Gas, wenn er unsere pechschwarze und chromglitzernde Limousine heranrollen sah.

An der türkischen Grenze gab es noch allerlei Ärger mit den Zoll- und Fahrzeugpapieren, aber schließlich war auch das gelöst. Und als ich mich nun in Istanbul verabschieden wollte, um nach rechts in Richtung Kairo abzubiegen, wurde ich derart mit Einladungen und verlockenden Schilderungen der Schönheit Persiens überhäuft, daß ich schließlich zu der Überzeugung kam: Kairo kann warten, auf nach Persien! Die Fahrt durch die winterliche und meist auch einsame Bergwelt Anatoliens war faszinierend, wenn auch manchmal etwas abenteuerlich. Ein paarmal rissen die Schneeketten, und wir blockierten mit dem schweren amerikanischen Wagen die engen Paßstraßen; mal gab es in einem Ort kein Benzin, dann wieder hatte der Tank ein Leck, und es dauerte zwei Tage, ihn auf eine solide, aber etwas mittelalterliche Art zu reparieren. Und das jeweils beste Hotel am Ort konnte hier eine Luxusherberge und dort ein großer Schlafsaal sein, den sich zwanzig oder dreißig Personen teilten.

Zum ersten Mal stellte ich fest, daß es in der Welt noch Regionen gab, in denen die Menschen überaus begeistert waren, einen Deutschen zu treffen. Herr Kangarlou als Perser wurde in unserer Begleitung gerade noch geduldet. Die Gastfreundschaft der Türken war überwältigend – auch wenn sich gelegentlich seltsame Motive in das allgemeine Wohlwollen mischten. Immer wieder mußte ich freundliche Menschen, die mich zum Tee oder zum Essen einluden, oder den Friseur, der mir kostenlos die Haare schnitt, dadurch etwas enttäuschen, daß ich ihre Sympathie für einen deutschen Politiker namens Adolf Hitler einfach nicht teilen konnte.

Auf offener Straße wurde ein Hammel abgestochen, als Herr Kangarlou schließlich zu seiner Familie in Teheran heimkehrte. Er war ein erkennbar wohlhabender Mann und Patriarch einer größeren Sippe. Der älteste Sohn warf sich zu Boden und begann vor Freude zu weinen, und irgendwo im Hintergrund stand eine Frau mit einem etwas traurigen Gesicht. Eine Woche lang habe ich mich in der persischen Hauptstadt sehr wohl gefühlt. Zu mir waren alle auf Anhieb nett. Tourismus im heutigen Ausmaß und Sinne gab es ja damals in Asien noch nicht. So war ich im Basar und in den Moscheen eine fast schon exotische Erscheinung.

Der Fastenmonat Ramadan ging zu Ende, und ich feierte, reich beschenkt, zum zweiten Mal das Neujahrsfest. In allen Begegnungen kam mir auch hier ein überraschendes Wohlwollen gegenüber Deutschen zugute. Der Name Adolf Hitler fiel auch gelegentlich, aber mehr noch waren es Bindungen, die vor dessen Zeit Brücken der Freundschaft geschlagen hatten: technische Hilfe beim Bau der Eisenbahnen, des Strom- und Telefonnetzes beispielsweise. Spürbar war schon damals die Abneigung gegen die Amerikaner. Sie hatten nach einer Revolution unter Mossadegh den Schah wieder auf den Pfauenthron gebracht, hätschelten und stützten ihn aus höchst eigensüchtigen Motiven. Dazu gehörten das Öl und die Erlaubnis, entlang der sowjetischen Grenze Horchposten zu installieren. Von den USA fühlten sich jung und alt bevormundet und mißverstanden; die Deutschen hingegen waren das positive Gegenbild des modernen westlichen Menschen.

Eigentlich wollte ich noch bleiben, aber dann meldete sich mein Gewissen, und ich dachte an meinen Freund Thomas Harms, der sicherlich einsam vor den Pyramiden wartete. Die ganze Familie nahm Anteil an meinen Reiseplänen, und wir kamen gemeinsam zu der Überzeugung, daß der kürzeste Weg von Teheran nach Kairo durch den Irak und dann durch Jordanien führt.

In der irakischen Botschaft war wenig Betrieb, und man empfing mich freundlich. Doch wurde ich aufgeklärt, daß es mit den Beziehungen zwischen dem Iran und dem Irak wieder einmal nicht zum besten stünde und die Grenze daher geschlossen sei. Als zweitbesten Weg zu den Pyramiden kundschafteten wir nun folgendes aus: zunächst von Teheran nach Süden, dann nach rechts durch Kuwait und Saudi-Arabien bis ans Rote Meer und dann noch einmal scharf rechts nach Norden.

Vor der deutschen Vertretung standen allerlei Mercedes-Limousinen, als ich dort um Rat nachsuchen wollte. Man drängte mich zu einem Seiteneingang und gab mir zu verstehen, daß ein Tramper mit erkennbar geringer Reisekasse dem Ansehen Deutschlands in Asien abträglich sei. Ich möge so schnell wie möglich wieder nach Hause fahren; das sei der einzige Rat, den man mir geben könne.

Auf ganz andere Weise empfing man mich in der saudischen Botschaft. Ein hochrangiger Diplomat war geradezu entzückt von meinen Reiseplänen. Er ließ mir Tee servieren, wir unterhielten uns über den Zustand der Welt, und er erklärte sich bereit, mir ohne jede Rückfrage in seinem Außenministerium sofort ein Visum auszustellen. Doch dann bat er mich an eine große Karte und gab folgendes zu bedenken: Zwischen Kuwait und dem Roten Meer gebe es sehr viel Sand und keine festen Straßen. Es müsse mich schon eine Kamelkarawane nach Jeddah oder Medina mitnehmen, erst dort sei das Gröbste überstanden, und der Weiterreise nach Kairo stehe nicht mehr viel im Wege. Er bewundere meinen Mut, aber er rate ab. Ich hörte auf ihn, und wir verabschiedeten uns als Freunde.

So blieb also nichts als eine Umkehr nach Norden, in Richtung Türkei. Herr Kangarlou gab mir zehn Toman und hundert Mark mit auf den Weg, so daß ich mir eine Zugreise dritter Klasse bis Täbris leisten konnte. Dort aber endete die Eisenbahnlinie, und ich war wieder auf die Straße angewiesen. Mal nahm mich ein Lastwagen mit, mal ließ mich ein Busfahrer umsonst mitreisen.

Zwischendurch verpflegte mich die Landbevölkerung in malerischen Gebirgsdörfern. Die Grenze bei Bazargan war martialisch bewacht. Man brauchte auf beiden Seiten allerlei Sonderpässe, um militärische Sperrzonen durchqueren zu dürfen. Schmerzhaft wurde mir auch klar, daß es auf einer sich drehenden Erdkugel unterschiedliche Zeitzonen gibt. Wir sahen in der Früh jenseits des türkischen Schlagbaums den täglich einzigen Postbus in die nächste menschliche Siedlung abfahren. Da war es 10.30 Uhr auf iranischer Seite; ein paar Schritte weiter, in der Türkei, war es aber erst 8 Uhr, und die Grenzstation war noch nicht geöffnet. Die Grenzbewacher waren zwar da, aber sie hielten auf Ordnung.

Ab Erzerum fuhr irgendwann ein Zug in Richtung Nordwesten zum Mittelmeer. Ich hatte ja ein Visum für Syrien, das damals wieder einmal mit Ägypten zur Vereinten Arabischen Republik verschmelzen wollte. Die letzten Kilometer bis zur Grenze waren mühsam und einsam. Kein Auto weit und breit, und so mußte ich zu Fuß nach Westen in Richtung Aleppo stapfen. Am Schlagbaum klärten mich die Posten über die neueste Lage an dieser Grenze auf. In den letzten Tagen erst hätten sich die Beziehungen zwischen der Türkei und Syrien leider wieder verschlechtert, die Grenze bleibe vorerst geschlossen. Nun war mir endgültig klar: Kairo wollte mich nicht.

Ich wanderte zurück in die Hafenstadt Iskenderun, wo gerade der Frachter »Ludwigsburg« der Hapag-Lloyd seine Ladung nahm – bereit, mit ein paar Zwischenstationen nach Rotterdam auszulaufen. Der Kapitän – er hieß Weygand – schaute mich streng und skeptisch an, denn eigentlich sei es nicht seine Art, irgendwelche hergelaufenen Passagiere an Bord zu nehmen. Aber dann ließ er vom örtlichen Konsulat meine Papiere prüfen. Der Konsul hatte ein Herz für einen nicht ganz so ordentlichen Deutschen. Und so schloß der Kapitän einen Vertrag mit mir: Täglich acht Stunden Rostklopfen und Vorstreicharbeiten an Deck für Bett und Überfahrt; für die Verpflegung habe man als Passagier DM 4,50 pro Tag zu zahlen.

Die Ohren dröhnten, der Rücken schmerzte von dem täglichen Geklopfe in gebückter Stellung, aber die Mannschaft nahm mich wohlwollend in ihren Kreis auf. Irgendwo zwischen Samos und Gibraltar waren die Wellen so hoch, daß tagelang an Deckarbeit nicht zu denken war. In Rotterdam erließ mir der Kapitän die Kosten für die Verpflegung. Gut genährt und mit etwas mehr Geld im Brustbeutel als den 210 Mark, mit denen ich losgezogen war, traf ich nach zweieinhalb Monaten wieder in Kiel ein. Tom war schon ein paar Tage früher zurückgekehrt und erzählte mir von Ägypten.

Die nette Dame, der ich damals meinen Abstecher nach Persien verdankte, hat mich später einmal in Hamburg besucht. Sie war etwa ein Jahr bei der Familie Kangarlou in Teheran geblieben. Dann, als das Abenteuer eintönig wurde, kehrte auch sie wieder heim nach Deutschland.

Von der Macht der Presse

Es war im Juli 1959, an einem heißen Tag. Der Chefredakteur empfing mich freundlich in seinem weit ausladenden Büro. Ja, er kenne meinen Vater gut, und nach allem, was er so vernommen habe, sei er überzeugt, daß auch aus mir einmal ein ganz passabler Journalist werden könne. Wir sprachen darüber, wie sehr auch ein Studium für den späteren Beruf von Nutzen sei, aber das Volontariat lege nun einmal das alles entscheidende Fundament. Ich erwähnte, daß ich bereits den Führerschein und ein eigenes Auto hätte, was ihm aber nicht besonders imponierte. Natürlich hatte ich auch ein paar Arbeitsproben mitgebracht, doch die wollte er nicht sehen. Im Prinzip war es ja schon so gut wie beschlossen, daß ich bei den »Kieler Nachrichten«, der größten Zeitung des Landes, volontieren würde. Eine solche Lehrzeit nicht in Vaters Betrieb, sondern lieber bei der Konkurrenz zu absolvieren, unterstrich nach Ansicht des erfahrenen Zeitungsmachers die Ernsthaftigkeit meiner Pläne.

Aber dann kam das Problem: Jährlich könne man nur zwei Volontäre aufnehmen, das sei eine feste Regel des Hauses. Mehr als diese zwei brächten nämlich nur den Betrieb durcheinander, und dann lerne auch der Volontär nicht viel. Einschließlich der ersten Jahreshälfte 1960 seien die Ausbildungsplätze bereits vergeben; der letzte gerade erst an eine Volontärin, Tochter eines angesehenen Kieler Stadtrats. Im Januar sie, dann zum 1. Juli des nächsten Jahres ich, das sei die unumstößliche Reihenfolge. Ein ganzes Jahr schien mir eine etwas lange Zeit, um sie nur an der Universität zu verbringen, und ich bat, doch einmal eine Ausnahme zu machen und wenigstens schon in einem halben Jahr, also auch zum 1. Januar, anfangen zu dürfen. Aber da stieß ich beim Chefredakteur auf Granit. Die »Kieler Nachrichten«, sagte er, seien nun einmal eine Zeitung mit festen Traditionen.

Während sich unser Gespräch nun ein wenig im Kreise drehte, war ein Mann im offenen Hemd ins Zimmer getreten und suchte etwas in den Regalen. Ich hielt ihn – seiner Kleidung und der unauffälligen Art nach – für einen Redaktionsboten. Plötzlich mischte sich der Mann in unser Gespräch und fragte mich, was ich denn vorher getrieben hätte. Ich sagte ihm, daß ich bei der Bundeswehr gewesen sei. Das fand er interessant. Was ich denn für einen Dienstgrad hätte, wollte er noch wissen. »Leutnant«, antwortete ich. Der Chefredakteur war inzwischen seltsam verstummt, und der andere führte das Gespräch. Ich ahnte, daß er wohl mehr sein müsse als nur der Hausbote. Die Unterhaltung wurde immer lebhafter, und ich erzählte von der neuen Bundeswehr – zunächst etwas zurückhaltend, dann mit immer mehr Schwung. Auch auf der anderen Seite wuchs die Begeisterung.

»So, so«, faßte der Herr unsere lange und lebhafte Unterhaltung schließlich zusammen: »Und Sie wollen jetzt bei uns volontieren. Wann können Sie denn anfangen?« – »Morgen«, antwortete ich. »Aber, Herr Koch, unsere Regel …«, meldete sich jetzt der Chefredakteur wieder zu Wort. »Na, gut«, sagte Herr Koch, »dann in drei Wochen!« Er war der Verleger.

Meine Lehrzeit bei den »Kieler Nachrichten« erwies sich als ein geglückter Start in den Beruf. Ich begann in der politischen Redaktion mit dem Verteilen der Post. Zweimal am Tag kippte der Bote körbeweise Drucksachen und Briefe auf meinen Schreibtisch, und ich mußte dann mit großen Lettern auf die Couverts und Streifbänder malen, für welches Ressort und für welchen Redakteur sie letztlich bestimmt sein sollten. Zunächst gab es allerlei Reklamationen, aber mein verantwortungsvoller Job zwang mich geradezu, möglichst schnell die Struktur und die Namen der Chefredaktion kennenzulernen. Ich suchte engen Kontakt zur Botenmeisterei und bekam dort praktischen Rat, welcher Redakteur sich über viel Post freute und welcher nicht. Wenn bei eingesandten Berichten oder Beschwerden unklar war, ob es sich um etwas Politisches, Kulturelles oder eher Lokales handelte, landete es nach kurzer Entscheidungsphase und nicht ohne innere Logik im Ressort »Vermischtes/Aus aller Welt«.

Am 1. August hatte ich angefangen, und fünf Tage später gab mir der Ressortchef Hans Leymann den ersten journalistischen Auftrag: den auflodernden Ost-West-Konflikt am Beispiel von Laos zu erklären. Von Kiel aus betrachtet, war Laos ziemlich weit weg, und ich hatte mir über dieses Land auch noch nicht allzu viele Gedanken gemacht. Alles, was damals in Südostasien geschah, ordneten wir Studenten der Rubrik Vietnam zu. Da hatten wir unsere klaren Parolen: Wir waren dagegen. Es dauerte noch fast zwanzig Jahre, bis ich endlich selbst kennenlernte, was ich als Volontär so plötzlich in allen komplizierten Einzelheiten beschreiben sollte. Eine lange Vorgeschichte, der Kampf zwischen zwei Prinzen und Brüdern, von denen der ältere schließlich König wurde und der jüngere kommunistischer Revolutionär, der Sog der stärkeren Nachbarn Nord- und Südvietnam und der unselige Einfluß der Weltmächte in Ost und West auf ein kleines Königreich in Hinterindien wurden von einem Volontär damals geradezu prophetisch mit den Sätzen abgerundet: »Es ist eigentlich unverständlich, warum die Unruhen in dieser Heftigkeit erst heute ausgebrochen sind.«

Es wäre allerdings falsch zu verschweigen, daß meine älteren Kollegen mir dieses Erstlingswerk aus Agentur- und Archivmaterial mehr als einmal mit Streichungen, Fragezeichen und Randbemerkungen wieder zurück auf den Schreibtisch legten, bevor es endlich in Druck gehen konnte. Denn mein jugendlich-stürmischer Stil war zunächst noch sehr ausschweifend und unpräzise. Und die Strenge der Nachfragen der erfahrenen Redakteure Leymann, Großkopf und Lange deckten jedesmal auf, daß die Stellen mit dem besonderen Pathos meist auch die waren, an denen der Autor die Gründe und Zusammenhänge im fernen Konfliktherd Laos nicht ganz begriffen hatte.

Nachteilig oder zumindest verführerisch wirkte sich nun aus, daß ich nebenher noch in zwei Disziplinen studierte und parallel zu meiner Lehrlingszeit bei der Tageszeitung schon Chefredakteur der Kieler Studentenzeitung »skizze« war. Und Chefredakteure halten sich nun einmal in ihrem Schreiben und Denken nicht gern mit lästigem Kleinkram auf, sie heben schnell ab ins Reich der ewigen Wahrheit. So hatte zum Beispiel der Chefredakteur »wvl« einen seitenlangen Bericht über seine Reise in den Iran mit dem Satz begonnen: »Politik ist ohne Zweifel eine Sache von gewisser Schwierigkeit.« Eine derart tiefschürfende Erkenntnis hätten meine Lehrmeister dem Volontär sofort gestrichen. Und die ersten sechs Absätze wahrscheinlich auch. Sie beschäftigten sich mit Menschenrechten, Moral und den eigensüchtigen Interessen der USA, bevor der Leser auch nur ahnen konnte, daß die sozialen Verhältnisse im Iran das eigentliche Anliegen des Autors waren.

Drei Monate später wechselte ich endlich in das Ressort, in das ich schon immer gewollt hatte – ins Lokale. Denn dort hat der Journalist nicht nur zusammenzukleben, was andere erlebt und geschrieben haben. Hier sollte er sich selbst an die frische Luft und ins pralle Menschenleben vorwagen: zur Polizei, ins Rathaus und ins Obdachlosenasyl, zu Demonstranten und Politikern, zu kirchlichen Festen und in die Lokale am Hafen. Mein neuer Chef war Gottfried H. Phillip. Wofür das »H« stand, werde ich ihn wohl mal gefragt, aber dann wieder vergessen haben. Er bleute mir ein, daß das Lokale die Seele der Zeitung sei, und ließ den erlebnishungrigen jungen Kollegen sofort von der Leine. In den ersten zehn Tagen durfte ich vierzehn Berichte schreiben – Meldungen, Zweispalter höchstens. Meine Themen waren: ein Vortrag über den Nahen Osten, Studenten suchen Zimmer, Übungsschießen bei der Bundeswehr, Kultusminister spricht über Europa … Ich klebte alles in ein Heft mit der Aufschrift »Gesammelte Werke«. Nach den zehn Tagen war das Heft voll, und ein weiteres gab es nicht. Der angehende Journalist schaffte es nicht mehr, alles auszuschneiden und feierlich zu archivieren, was er geschrieben hatte.

Das Journalistenleben war nun genau so, wie ich es mir immer vorgestellt hatte: aufregend und unbürgerlich, selbst bei einer bürgerlichen Zeitung. Das »Siechenbräu« in der Fleethörn gegenüber dem Verlags- und Redaktionsgebäude war so eine Art feste Bastion. Hierhin zog es den Journalisten, nachdem die Rotation angerollt war und er stolz seine eigenen Berichte in der noch druckfrischen Zeitung gelesen oder die Seite begutachtet hatte, für die er als Redakteur verantwortlich war. So gegen Mitternacht stellte sich dann die Frage, wie es mit diesem angebrochenen Abend denn weitergehen solle. Es gab wohl ein paar Redakteure, die es irgendwann nach Hause zog. Aber ich müßte lange nachdenken, welche. Mich erwarteten daheim keine festen Pflichten. Auf gelegentliche Ermahnungen meiner Mutter fand sich immer eine journalistische Erklärung. Wir arbeiteten übrigens auch sonntags, weil ja am Montag wieder eine Zeitung erschien. Obgleich ich später Mitglied in zwei Gewerkschaften wurde – dem Deutschen Journalistenverband und der RFFU und späteren IG Medien (heute Ver.di) –, hat mich die Frage von Überstunden nie interessiert. Nie habe ich einen Stundenzettel oder etwas Ähnliches ausgefüllt. Ich arbeitete ja nicht für den Verleger oder für einen Sender, sondern weil ich Spaß daran hatte. Der Journalistenberuf ist eine Form zu leben.

Das, was ich nun bei einer großen Zeitung lernte, wirkte sich auch auf den Chefredakteur der Studentenzeitung aus. Natürlich bewegten uns die politischen Themen jener Zeit. Aber ich gehe mal davon aus, daß wir mit unseren Leitartikeln die Regierenden in Bonn und die Regierenden in Ost-Berlin nie so recht erreichten. In meine Zeit fiel aber ein sehr praktischer Schritt in der Geschichte unserer Zeitung: Die »skizze«, die bislang nur von Anzeigen und von Zuschüssen des Studentenwerks gelebt hatte und für die Leser kostenlos war, kostete nunmehr zehn Pfennig. Mir war nämlich etwas aufgefallen, das mich ärgerte. An den

Plätzen, an denen wir unser monatliches Blatt zum kostenlosen Zugreifen für die Studenten ausgelegt hatten, flatterten die stolzen Produkte unserer Geistesarbeit wie Müll durch die Gegend. Am Eingang zur Mensa zum Beispiel hatten es sich die Kommilitonen zur Gewohnheit gemacht, in größeren Gruppen auf den Stufen zu sitzen und zu debattieren, und jeder nahm sich eine »skizze« – nur zum Schutze seines Hinterns und um nicht direkt auf dem kalten Stein hocken zu müssen. Natürlich haben auch nach Einführung der Kostenpflichtigkeit die wenigsten ihre zehn Pfennig in den dafür vorgesehenen Kasten gesteckt. Aber sie sollten wenigstens das Gefühl haben, zu stehlen – straffällig zu werden, weil sie der Anziehungskraft einer »skizze« nicht widerstehen konnten.

Die Macht der Presse habe ich nie so unmittelbar spüren und auskosten können wie hier in den frühen studentischen und journalistischen Jahren. Wir starteten in der »skizze« Leserbriefaktionen und forderten die akademische Jugend auf, doch einfach mal zu schreiben, ob sie die Stadt und besonders das studentische Nachtleben aufregend fänden oder nicht. »Ist Kiel schön, aber langweilig?« Das Echo war vorhersehbar. In der nächsten akademischen Feierstunde wetterte der Rektor in der Würde seines Talars über die Verantwortungslosigkeit solcher Schreiberlinge und über die Unreife ihrer geistigen Produkte. Wir brachten jedes seiner Worte stolz ins Blatt, was auf der Leserbriefseite den Unmut nur verstärkte.

Als das Interesse an diesen Sorgen abzuflauen begann, nahmen wir uns das Mensa-Essen vor. Der Chefredakteur jener Tage ist noch heute ein wenig stolz auf die dreispaltige Überschrift, die ihm dazu einfiel: »Lustloses Panschen im Nudeleintopf«. Ein Sturm brach los, wir hatten beim öffentlichen Interesse ins Schwarze getroffen. Spontan kündigten die Mensa-Pächter Jacob und Bruhn. Sie hätten, so schrieben sie ihren Anklägern zum Abschied, bei einem Gedeckpreis von DM 1,10 und bei mangelnden Zuschüssen des Landes ohnehin nur zugesetzt. Unsere

Aktion war also journalistisch ein Erfolg, nur das Essen wurde erst einmal noch schlechter. Daß die von der Universität vergraulten Pächter gleichzeitig die Wirte im »Siechenbräu« – den »Kieler Nachrichten« gleich gegenüber – waren, hat meine nicht ganz so ranghohe Position an der anderen Arbeitsstelle etwas erschüttert. Aber nicht lange. Herr Jacob und Herr Bruhn mußten mit der Mensa tatsächlich Verluste gemacht haben: Sie nahmen mich gütig wieder auf am Stammtisch der »echten« Journalisten.

Versuchung eines Weltverbesserers

D as Verhältnis eines jungen Reporters oder einer jungen Journalistin zu ihren älteren und erfahrenen Kollegen kann so aufmunternd wie lähmend, so hilfreich wie gefährlich sein. Zunächst werden sie erfahren, daß früher alles anders, mal besser und mal schlechter gewesen sei. An dieser Erkenntnis ist viel dran, aber sie hilft dem Anfänger nicht weiter. Bei den fast täglichen Erfindungen in der Informationstechnologie kann sich der Arbeitsplatz von Journalisten heutzutage mehrmals im Jahr verändern. Es ist sinnlos, sich dagegen zu sträuben oder daran herumzumäkeln.

Die Kantinen großer Rundfunkanstalten und Zeitungsverlage sind Umschlagplätze zündender Ideen und gleichzeitig Infektionsherde der Entmutigung. Dort kann man mit Kameraleuten oder Autoren an einen Tisch geraten, die gerade von großer Safari heimgekehrt sind – übersprudelnd von spannenden Erlebnissen, stolz auf ihre Enthüllungen oder auf ihre Begegnungen mit Menschen, die man nur trifft, wenn der Name der Zeitung oder des Senders die Türen öffnende Empfehlung ist. Manchmal übertreiben diese Erfolgreichen und Namhaften der Branche auch, aber so etwas hat ja auf das unschuldige Gemüt des Berufsanfängers keinerlei schädliche Wirkung.

Er wie sie können aber auch an den Tisch der Gescheiterten und Abgeklärten geraten. Jedes Unrecht ist ihnen mehrfach widerfahren, jede Schurkerei und jede Intrige haben sie durchlitten, alle Schwächen des Systems und alle schlechten Eigenschaften von Vorgesetzten haben sie durchschaut. Sie kennen das Leben und seine Gefahren und haben sich konsequenterweise zurückgezogen aus dem Schlachtengetümmel des Journalismus und seinen unbekümmerten Träumen. Und so warnen sie vor den schrecklichsten Gespenstern und Gefahren und reden sich das Resignieren schön. So mancher Anfänger, der mit leuchtenden Augen in die Arena trat, geriet in ihre Schule und hat dann in kürzester Zeit begriffen, was alles man grundsätzlich ändern müsse, bevor es sich überhaupt lohne, die warmen Reviere von Computer, Konferenz und Kantine zu verlassen und sich auf irgendwelche Risiken einzulassen. Dafür sind nun ihre Sinne geschärft für jedes Gerücht. Aus sicherer Quelle werden sie weitertragen, wer wann und durch welche finstere Verschwörung einen höheren Posten bekam, zu Unrecht übergangen wurde oder die Freundin des Geschäftsführers oder Fernsehdirektors ist.

Glücklicherweise überwiegt die Zahl der jungen Kolleginnen und Kollegen, deren Begeisterung für den schönsten aller Berufe durch diese oder jene Unvollkommenheit ihres Mediums nicht zu bremsen ist und die dem Sog frustrierender Erfahrungen und Lehren aus alten, verlorenen Schlachten widerstehen. Sie haben Freude an allem Neuen, wittern unverdrossen politische oder wirtschaftliche Skandale, wo möglicherweise keine sind, wollen informieren, aufklären und ans Tageslicht zerren, bleiben einfach entschlossen, ihre eigenen Erfahrungen zu machen. Natürlich schleichen sich in dieser berufsbedingten Aufgeregtheit auch Fehler ein, und jugendliche Autoren werden gerügt und bestraft – manchmal eben auch härter, als sie es verdienten, weil Ranghöhere und Erfahrene, die eigentlich den Kopf hätten hinhalten müssen für eine schlecht recherchierte Geschichte, darin geübt sein mögen, blitzschnell auf die Seite der Ankläger zu wechseln und alle Schuld abzuschieben auf den Schwächsten. Doch wer die Leidenschaft und die Begabung hat und sich nicht entmutigen läßt durch diesen oder jenen Rückschlag, der wird auch bald die ersten Erfolge haben. Manchmal – auf dem Weg nach oben – mag ihm oder ihr auch jemand aus unklaren oder eindeutig unsachlichen Gründen vorgezogen werden. Doch solch ein Netzwerk von Masochisten gibt es in keinem journalistischen Unternehmen, daß man es sich leisten könnte, auf Dauer nur die Untalentierten zu fördern.

Einer, der in frühen Berufsjahren Einfluß auf mich nahm, hieß Adolf Knop. Woher er kam und wer ihn wohl zu den »Kieler Nachrichten« brachte, war lange Zeit ein Rätsel. Schließlich stellte sich heraus: Einer der Ressortleiter kannte ihn vom Militär. Er sei wohl etwas schwierig gewesen, aber ein guter Soldat. Und irgendwie war er schwierig geblieben und paßte auch jetzt nicht so recht ins Team. Seine Stimmung war ungleichmäßig. Er konnte ausgelassen und dann wieder mürrisch, ja beleidigend sein. Letzteres seltsamerweise vor allem im Umgang mit Vorgesetzten. Verbands- und Vereinsvorsitzende, denen seine Berichte über ihre würdigen Feiern und Veranstaltungen nicht gefielen, beschwerten sich beim Chefredakteur. Und – was noch schlimmer war – wichtige Anzeigenkunden beschwerten sich auch. Rein journalistisch betrachtet, waren seine Reportagen eine Zierde für das Blatt. Aber Knops kategorischer Imperativ war es nun einmal, die Qualität seiner Berichte daran zu messen, daß hinterher irgendwelche Leute böse oder beleidigt waren.

Später habe ich in meinem beruflichen Leben noch einen Vertreter dieser Lehre kennen- und bewundern gelernt: Dieter Gütt. Wenn Gütt im Fernsehen einen Kommentar sprach, dann wackelte hinterher die ARD. Entweder beschwerte sich eine Partei, oder ein besonders sensibler Sender dieser Arbeitsgemeinschaft der Rundfunkanstalten kündigte an, sich beim nächsten Mal aus dem gemeinschaftlichen Programm auszuschalten, oder – was erheblich bedrohlicher war – das Präsidium des Deutschen Fußballbundes drohte damit, der ARD die Übertragungsrechte für die nächsten Länderspiele zu entziehen. Beide, die »Kieler Nachrichten« wie die ARD, zeigten im Umgang mit den Unbequemen ihre Stärke. Soweit es Adolf Knop anging, hielt der Chefredakteur tapfer durch. Regelmäßig tadelte er seinen Reporter, der sich jedesmal uneinsichtig zeigte. Der Beschwerdeführer bekam dann einen netten Brief, in dem ihm ersteres, aber nicht letzteres zur Kenntnis gebracht wurde. Nach etwa zwei Jahren gaben beide Seiten auf, man trennte sich gütlich, und Knop wurde Pressechef eines großen Unternehmens im Südwesten Deutschlands.

Ich will nicht verschweigen, daß dieser Adolf Knop auch jenen unbürgerlichen Lebenswandel hatte, vor dem meine besorgte Verwandtschaft mich einst warnte, als sich herausstellte, daß ich Journalist werden wollte. Seine Familie lebte in Hamburg, was ihn in Kiel zu einem Vordenker der interessanten Frage werden ließ, wie denn nach Redaktionsschluß und Andruck der Zeitung der weitere Verlauf des Abends zu gestalten sei. Auf einem solchen Zug durch die Gemeinde gab er mir den Rat: »Junge, kauf dir eine Kamera!« Und wenn schon Kamera, so fügte er hinzu, dann gleich eine gute. Meinen Einwand, wir hätten doch Fotografen, die schließlich auch etwas verdienen müßten, wies er schroff ab: »Die verdienen immer noch genug!«

Ich gab ein Inserat in den »Kieler Nachrichten« auf, und ein paar Tage später besaß ich eine Leica IIIf. Selbst gebraucht hatte sie noch 300 Mark gekostet, das war in den frühen sechziger Jahren viel Geld. Der erfahrene Kollege versicherte mir: »Das holst du dir durch deine Fotos in einem halben Jahr wieder rein.« Das Objektiv war durch Drehen an einer Art Bajonettverschluß in dem flachen Kamerakörper zu versenken, so daß ich meine Leica bequem in die Hosentasche stecken konnte.

Dem Chefredakteur Theo Dotzer leuchtete ein, daß es für den Verlag ein Kostenvorteil sei, wenn nicht auf jeder meiner Expeditionen auch ein Fotograf mitreisen müsse, und wir vereinbarten, daß ich neben dem Gehalt als Volontär und später als Jungredakteur für jedes Foto die Hälfte des üblichen Honorars erhalten sollte. Die Kosten für die Filme und das Entwickeln hatte ich zu tragen. Das Fotogeschäft Schultz an der Holstenbrücke behandelte meine Aufträge als eilige Pressesache: Nach spätestens zwei Stunden konnten die Bilder zum Klischieren gehen.

Höchstens drei Monate hat es gedauert, und ich hatte die 300 Mark für die Kamera wieder eingespielt. Unternehmerisch betrachtet war ich in der Situation eines niedergelassenen Arztes, der die Diagnose stellte, welche Bilder zu dieser oder jener Reportage paßten, um dann an sich selbst den Auftrag zu vergeben. Irgendwelche Kollegen dazwischen haben meinem fachlichen Rat selten widersprochen.

Die Aktion hatte noch einen anderen Vorteil, der sich in späteren Jahren beim Medium Fernsehen auszahlen sollte: Ich lernte zu beobachten, nach Motiven Ausschau zu halten und Bild und Text miteinander in Einklang zu bringen. Das Fotografieren führte mich näher an die Ereignisse heran, bei jedem Einsatz lief ich kreuz und quer durch die Gegend, die Szenerie wurde im wörtlichen Sinne zum Schauplatz. Immer öfter kam ich in Versuchung, die Akteure zu dirigieren, damit Pferde oder große Schiffe oder ungewöhnliche Wolkengebilde als eindrucksvoller Hintergrund mit im Bild wären. Andere haben es ja mit dem Malen versucht, dem Kern der Ereignisse oder Motive näherzukommen. So ging es nun mir mit meiner Leica. Ich versuchte zu fotografieren mit dem dazugehörigen Text im Kopf, und wenn sich etwas der Kamera entzog, versuchte ich es mit Worten so plastisch zu ergänzen, als wenn auch der Text ein Foto wäre.

Im Herbst 1960, vier Jahre nach dem blutig niedergewalzten Aufstand, fuhr ich zur Reportage nach Ungarn; im Frühjahr 1962 reiste ich zum ersten Mal in die Sowjetunion. Es war damals noch nicht so leicht, für solche Expeditionen hinter den Eisernen Vorhang ein Visum zu bekommen. Ein Reisebüro in Berlin hatte besondere Kontakte zu den nahen und doch so fernen Botschaften im Ostteil der Stadt und somit im anderen Teil der Welt. Als Beruf hatte ich stets »Student« angegeben, was ja auch nicht gelogen war. Wer wußte schon, wie selten ich mich in irgendwelchen Vorlesungen sehen ließ. »Journalist« in die entsprechende Rubrik einzutragen hätte das Vorhaben erheblich kompliziert.

Mehr noch für den Studenten in mir als für den Journalisten war der real existierende Sozialismus die intellektuelle Herausforderung jener Zeit. Der Osten war die dunkle Bedrohung unserer

Freiheit und das große soziale Experiment. Er war eine unheimliche und doch auch lockende Welt hinter jenem streng bewachten Vorhang: intellektuell überzeugender und edler als die auf den Egoismus des einzelnen gestützten Konzepte im Westen. Doch nach allem, was über den Stacheldraht drang, war das Problem im Reich der Weltverbesserer, ihre Menschen mitzureißen auf dem Weg zum ewigen Glück. Wir hörten von staatlicher Grausamkeit und wirtschaftlicher Not. Und doch: Klammheimlich schwebte eine gruselige Verlockung, diese unstillbare Neugier auf ein gigantisches Experiment durch idealistische Gemüter an den Universitäten im real so erfolgreichen Westen.

Es faszinierte am Marxismus-Leninismus, daß es für die Priester und die Gläubigen dieser Lehre auf alles eine Anwort gab. Sie deklamierten stolz, daß jeder, der im Besitz der Wahrheit sei, zu jedem Thema einen jeden Satz beginnen könne, und ein jeder andere aus dem Kreis der Eingeweihten könne diesen Satz korrekt zu Ende führen. Das Leben war für diese politische Glaubensrichtung keine Aneinanderreihung von Zufällen, Irrtümern und Einzelschicksalen mehr. Denken und Sein sollten historisch und wissenschaftlich in Einklang gebracht, in Lehrsätze und leicht faßbare Formeln gefaßt werden, und dann – von der großen Idee her in die Einzelheiten nach unten durchdacht – sollte alles eingerissen werden, was falsch und morsch war im Gebäude einer Gesellschaft. Man wagte es, um es mit Hegel auszudrücken, »die Gedanken Gottes zu denken«, die Welt endlich einmal als Ganzes zu sehen und in einem großen Wurf zu renovieren.

Das kühne Experiment nur an seinen Fehlern und Schwächen zu messen schien dem jugendlichen Geist etwas zu simpel. Zugegeben, der Westen hat das Gelingen des Sozialismus im Osten nicht gerade gefördert. Und doch war der Eindruck, den ich von jeder dieser Reisen mit nach Hause brachte, grau und deprimierend. Ich sah und fotografierte mit meiner Leica den Alltag in der Tschechoslowakei, in Ungarn, Bulgarien, Rumänien und schließlich zweimal in der Sowjetunion. Diese oder jene technische Errungenschaft hat mir ungemein imponiert. Ich sah die Sputniks und Raketen, die aus dem Weltraum zurückgekehrt waren, bewunderte in Moskau eine U-Bahn, die bei einem einheitlichen Fahrpreis von nur fünf Kopeken Stationen wie Marmorsäle hatte, sah die gewaltige sowjetische Flotte in den Häfen der Krim und in Odessa. Ich genoß die menschliche Begegnung, genoß es natürlich auch, sofort im Mittelpunkt zu sein, wo immer ich mich bewegte. Ich spürte die Neugier des sozialistischen Menschen am sündigen Westen und erlebte eine Gastfreundschaft im Alltag und auf privaten Festen, wie sie in der Hast daheim nicht üblich war. Aber: Wo schon die Freiheit nicht auf dem hohen Sockel stand, da hätte doch wenigstens etwas mehr Gleichheit nicht geschadet. In dem Punkt wurde mir schon auf meiner ersten Reise im Februar 1962 nach Moskau und Leningrad viel von meinen Illusionen genommen.

Es gab etwa 20 Grad Frost in der Hauptstadt, aber die Kälte war trocken und durchaus erträglich. Für 27 Rubel, damals etwa 120 Mark, hatte ich einen Ausflug nach Leningrad gebucht: morgens mit einer großen Aeroflot-Maschine hin, Stadtbummel, Besichtigung der Admiralität, der Peter-und-Pauls-Festung, des leichten Kreuzers »Aurora«, der mit einem Schuß seiner Bordkanone den Start zur Oktoberrevolution gegeben haben soll, des Winterpalais der Zaren und der Eremitage, dann abends Flug zurück. In Minusgraden war es nicht kälter in Leningrad als in Moskau. Doch hatte ich den Eindruck, daß mir beim Bummel entlang der Kanäle die Ohren abfrieren könnten. An Newa und Ostsee herrschte eben keine trockene, sondern eine feuchte Kälte, die bis in die Knochen drang.

Als mich die Limousine der staatlichen Fremdenverkehrsorganisation »Intourist« wieder zum Flughafen brachte, hatte ich noch knapp eine Stunde Zeit bis zum Abflug der Maschine. Ein Offizier der Fluggesellschaft wartete am Eingang des Gebäudes, begrüßte mich in fast perfektem Deutsch und führte mich in einen Warteraum für besondere Gäste. Er ließ Tee und Gebäck servieren; nur wir beide saßen in dem dunkelbraun getäfelten Zimmer. Nach meinen ersten freundlichen Worten über die Schönheiten Leningrads und die eine oder andere Bemerkung über die Kälte fragte er, was Sowjetbürger am Leben im Westen im allgemeinen interessierte: Wieviel verdient ein Arbeiter? Was verdient ein Ingenieur? Was ein gehobener Beamter? Was kostet ein Volkswagen? Was kostet ein Anzug? Wie hoch ist die Miete? Alles in allem, so war mein Eindruck, hatte er diese Zahlen alle schon mal gehört. Es war ein freundliches, höfliches Gespräch ohne ideologische Streitereien. Über irgendwelche Zustände oder Preise in der Sowjetunion sprachen wir nicht.

Ein anderer Uniformierter betrat den Raum, sagte etwas auf russisch, und es war klar: Die Maschine nach Moskau war startbereit. Draußen auf dem Rollfeld war es bitterkalt. Wir gingen auf ein gewaltiges, angestrahltes Flugzeug zu, kletterten die Gangway hoch, der Pilot salutierte, neugierig schauten uns die Passagiere entgegen. Mein Gesprächspartner zeigte sich überrascht, wurde wütend und laut und schrie den Piloten an. Mich bat er höflich, noch einmal für einen Augenblick die Treppe hinunterzugehen, hier sei ein Versehen, ein eigentlich unentschuldbarer Fehler passiert.

Und plötzlich erschienen auch alle Passagiere an der Tür und kletterten die Gangway wieder hinunter. Die meisten hatten schweres Gepäck dabei, die Eltern hielten Kinder im Arm oder an der Hand, und so etwa 150 Menschen reihten sich nun links und rechts der Einstiegstreppe auf dem kalten Rollfeld auf. Nun kam auch der Offizier und bat mich erneut nach oben, zeigte mir das völlig leere Flugzeug und fragte, wo ich denn sitzen wolle. Ich entschied mich für einen vorderen Platz am Fenster, und wir nahmen freundschaftlich Abschied. Als er gegangen war, tobten all die übrigen Passagiere wieder nach oben, jeder ergatterte sich einen Platz, die letzten liefen noch suchend hin und her, und – das schien mir völlig unverständlich – alle schauten freundlich und ein bißchen neugierig zu mir.

Natürlich hat einem 25jährigen eine derart bevorzugte Behandlung auch ein wenig geschmeichelt. Doch die Reaktion meiner Mitreisenden blieb mir ein Rätsel. In dieser Stadt, an der Wiege der Revolution, nach fast einem halben Jahrhundert Sozialismus, schien mir das große Experiment doch einigermaßen aus dem Ruder gelaufen zu sein. Es wäre schwer gewesen, daheim in studentischen Kreisen eine derart krasse Ungleichheit durch noch so schlaue Theorie einfach hinwegzudiskutieren. In finstersten Kapitalistenkreisen hätte ich mir Szenen wie diese nicht vorstellen können. Ich will nicht behaupten, daß dies für mich das Ende aller intellektuellen Träume war, aber etwas gedämpft war meine Begeisterung schon.

Später sollte mich die Versuchung doch noch einmal überkommen, die Welt von Grund auf zu verbessern. Und das Neue war eine gewisse Umkehr der sowjetischen Strategie: Wenn Sozialismus schon nichts für arme Leute sei, vielleicht sei es dann die historische Rolle der reicheren Länder, das Feuer zu entzünden und die Flamme der Freiheit und Gleichheit weiterzureichen. Aber auch dieser schöne Funke hat am Ende nicht gezündet.

Heilsame Lehren

Die Wissenschaften hatten es schwer mit mir. Zwar belegte ich unverdrossen so interessante Vorlesungen wie »Notenbanken und internationale Währungspolitik« oder »Das Steuerrecht im Rahmen der Finanzbeziehungen Bund, Länder und Gemeinden«, dazu Schuldrecht, Strafrecht und Allgemeine Staatslehre. Ob ich aber auch regelmäßig hingegangen bin, ob also das Interesse – und vor allem auch die Zeit – dafür reichten, mir dieses alles wirklich anzuhören und die akademischen Erkenntnisse in gründlicher Nacharbeit daheim zu verfestigen, erscheint mir im nachhinein zweifelhaft. In Konkurrenz zum Journalismus war das Studium ohne Reiz.

Schon nach einem Semester wurde mir klar, daß bei meiner doch etwas intensiven und ablenkenden Nebentätigkeit zwei Fächer ein bißchen viel des Guten seien. Die Volkswirtschaft war mir zu Beginn als eine nette Unterhaltung erschienen. Ob es um Finanzierungen ging, um Perspektiven und Prognosen der Weltwirtschaft im damals noch weit entfernten Jahr 2000 oder um Wirtschafts- und Sozialstatistik – man konnte den Professoren, wenn sie fragend in die Runde schauten, nur wohlwollend und einsichtsvoll zunicken, so klar und leicht eingängig war ihre Argumentation. Ja, mir kam es bereits damals so vor wie heute beim Betrachten einer amerikanischen Fernsehserie: Man konnte ruhig mal eindösen oder mit seinen Gedanken abschweifen vom Vortrag des Professors, das Wiedereintauchen in den Strom der sich ja irgendwie wiederholenden Beziehungen und Probleme war an jeder Stelle möglich. Mir war, als hätte ich das alles schon mehrfach gehört, was nun in einem warmen Hörsaal sanft an mir vorüberströmte.

Doch es kam der Tag der Wahrheit. Der Statistik-Professor Quante, ein gütiger älterer Herr, der bei irgendeiner Volkszählung die Leitung und wissenschaftliche Aufsicht gehabt hatte, trug wieder einmal intellektuell leicht Verdauliches vor. Er hatte dazu ein paar Zahlen und alles in allem simple Formeln an die Tafel gemalt, und seine studentische Zuhörerschaft folgte ihm andächtig und brav. Aber dann: Nur um einer seiner letzten Thesen, die niemand angezweifelt hatte, zusätzlichen Glanz und letzte Bestätigung zu verleihen, ging der Professor noch einmal an die Tafel und sagte und malte etwa folgendes dahin: Man brauche jenes Resultat nur als Basis für den Logarithmus »n« hoch minus eins zu nehmen, und schon sei die Probe aufgegangen! Um mich herum das übliche einsichtsvolle Nicken, alle meine Kommilitonen schienen geradezu amüsiert vom Charme und der Logik einer solchen Lösung. Nur ich verstand nichts. Und so beschloß ich, das Studium der Volkswirtschaft an den Nagel zu hängen.

Jetzt blieb nur noch die Juristerei, von der ich einen ähnlich freundlichen und unterhaltsamen Eindruck hatte, nach den ersten studentischen Erfahrungen derlei mathematische Fallen oder Überfälle aber nicht erwartete. Der Entschluß, nun wenigstens mein Rechtsstudium zu einem soliden Abschluß zu bringen, war allerdings immer neuen Gefahren ausgesetzt. Zunächst bekam ich im Dezember 1960 einen Brief der Verlagsleitung und des Chefredakteurs. Darin machte mir der von mir sehr bewunderte Verlagsleiter Otto Salman folgendes Angebot: »Wenngleich Sie erst am 1. August des kommenden Jahres Ihr zweites Volontärs-Ausbildungsjahr beendet haben, erwägt der Verlag, Sie wegen besonderer Leistung und Eignung bereits zum 1. Januar 1961 als Nachwuchsredakteur in ein festes Anstellungsverhältnis zu übernehmen. Die letzte Entscheidung möchten wir jedoch von einer Klärung der für uns sehr wichtigen Frage abhängig machen, ob und wieweit Ihr Entschluß zur Fortführung Ihres Studiums mit den Aufgaben als Redakteur in Übereinstimmung zu bringen ist. Davon ausgehend, daß letztlich niemand zwei Herren dienen kann, ohne daß einer zu kurz kommt, dürfen wir Sie bitten, uns Ihre Pläne zu offenbaren, damit eine eventuelle Ehe nicht von Beginn an unter unglücklichem Vorzeichen gestartet wird.«

Wie genau ich diese Zweifel klären konnte, weiß ich nicht mehr. Jedenfalls nahm ich das Angebot der »Kieler Nachrichten« mit Begeisterung an. Zum tariflichen Gehalt von damals 525 DM legte mir Salman sofort 125 Mark drauf, und ich fühlte mich als der reichste Mann in Kiel – zumindest unter Journalisten und Studenten. Zum kritischen Punkt war in dem Vertrag vermerkt: »Der Verlag hat von Ihrer Erklärung Kenntnis genommen, daß Ihre Pläne hinsichtlich der Fortführung Ihres Studiums zu keiner Beeinträchtigung Ihrer Aufgaben als Redaktionsmitglied unseres Hauses führen werden. Unter dieser Voraussetzung begrüßt der Verlag Ihr Bemühen, sich ein umfassenderes Wissen anzueignen.«

Das Bemühen um dieses Wissen schmorte noch ein paar Jahre auf ziemlich kleiner Flamme. Ich reiste zur Reportage, mein Gehalt stieg, ich wurde Redakteur für Landespolitik. Hier sammelte ich auch meine ersten Erfahrungen mit einer gesellschaftlichen Gruppe, die mit uns Journalisten viel Gemeinsames hat. Vor allem jenes Selbstverständnis und Verlangen, geradezu aufdringlich gute Menschen zu sein. In der größten Zeitung des Landes war die Landespolitik das einflußreichste Ressort. Mag sein, daß im breiten Pressespiegel der damaligen Bundespolitik auch die Berichte und Kommentare der »Kieler Nachrichten« von den Mächtigen zur Kenntnis genommen wurden. Aber andere Blätter wogen mit Sicherheit schwerer. In der schleswig-holsteinischen Politik jedoch waren und sind wohl auch heute die »KN« eine besonders wichtige Stimme. Wir Journalisten dieser Zeitung lebten damals in der Selbstgewißheit: Was nicht in den »Kieler Nachrichten« stand, das hat auch gar nicht stattgefunden.

Der erste Mann in der Landespolitik war Hans Schäfer. Ein großer Organisator, guter Journalist und lange Zeit Landesvorsitzender des Schleswig-Holsteinischen Journalistenverbandes, später Chefredakteur der Zeitung, Mitglied und über Jahre auch

Ratsherr der CDU. Ich glaube nicht, daß man mich aus irgend-welchen Proporzgründen in die Landespolitik versetzte. Für das linke Meinungsspektrum in Kiel war ja die in ihrer Auflage vor sich hinkümmernde »Volkszeitung« zuständig, und die »KN« mit ihrer Übermacht sahen ihre Aufgabe darin, den Kurs in Stadt und Land im Zweifel rechts zu halten. Meine politische Linie in jenen Tagen war unkalkulierbar – mit einer Tendenz zu leichter Erreg-barkeit.

Die Aufgabe brachte es mit sich, daß ich mit 25 Jahren schon in bedeutenden Kreisen verkehrte. Kein gesellschaftliches Ereig-nis, zu dem ich nicht eingeladen war, keine Pressekonferenz und keine Veranstaltung, in der ich nicht in der ersten Reihe saß. Der Ministerpräsident bat gelegentlich zum Essen in kleinem Kreise, Minister und Führer der Oppositionsparteien zogen den jungen landespolitischen Redakteur vertraulich zur Seite, um ihn in die tieferen Feinheiten ihrer Programme einzuweihen. Dieser oder jener der Mächtigen ließ mich teilhaben an seinen Sorgen, und die besonders Begabten im Umgang mit den Medien vermittelten mir manchmal sogar das Gefühl, nicht ich sei es eigentlich – oder jedenfalls nicht nur –, der in Vertretung seiner Leser Aufklärung und Informationen suchte, auch sie seien irgendwie auf meinen guten Rat angewiesen, um gemeinsam – Politiker und Journalist – die Geschicke des Landes sinnvoll zu gestalten.

Die kalte Dusche kam prompt. Als ich zum Jahresende 1962 die »Kieler Nachrichten« verließ, um endlich meinem Studium den nötigen Schub zu geben, wollte es der Zufall, daß die Lan-desregierung so etwa um die gleiche Zeit ihre Einladungskartei aktualisierte. Und an dieser Liste müssen sich wohl alle Orga-nisationen und Verbände im Lande ebenso aktuell ausgerichtet haben. Von einem Tag auf den anderen blieben die Einladungen aus; selbst die, die ich früher stets achtlos in den Papierkorb ge-worfen hatte. Politiker gingen nun wohl mit anderen speisen und konnten urplötzlich auch ohne meinen Rat das Land regieren. Einem jungen Journalisten wurde klar: Was immer sie an dir geliebt oder gefürchtet haben mögen – du selbst in deiner Person und Klugheit warst es nicht! Sie liebten oder fürchteten die Öffentlichkeit, zu der du als Journalist einen Zugang hattest. Ich habe mir das für spätere Zeiten hinter die Ohren geschrieben.

Und noch eine Lehre nahm ich als 25jähriger mit ins Leben. Da gab es an der Universität einen Kriminologen, der mich auf eine schmerzvolle Weise zur Besinnung brachte. Dozent Dr. Geerds hielt Übungen im Strafrecht für Fortgeschrittene ab. Eines Tages trat er mit dem Wunsch an mich heran, Mitglied im Kieler Presseclub zu werden. Der Presseclub war gesellschaftlich die erste Adresse in der Landeshauptstadt, und mein Vater war der Präsident. Ich erkannte sofort, daß es für den Club wie für mein Studium von großem Vorteil sein müsse, dem Manne zu helfen.

Wir haben uns bei den Empfängen im Presseclub wie gute Freunde getroffen. Ich konnte ihm diesen oder jenen Minister vorstellen, in politischen, ethischen und moralischen Fragen waren wir uns einig, die Beziehung schien auf guter Bahn. Es kam die erste Hausarbeit für den Großen Strafrechts-Schein, und ich ging den Fall journalistisch schwungvoll an. Nur Geerds zeigte sich wenig beeindruckt und schon gar nicht dankbar. Immer wenn ich an einer kniffligen Stelle zu dem mutigen Ergebnis kam, hier handele es sich um einen »klaren Fall« – zum Beispiel von Hehlerei –, dann schrieb der Dozent mit roter Tinte an den Rand: »An Ihrer Gedankenführung ist überhaupt nichts klar!« Da und dort fanden sich weitere despektierliche Notizen, und die Note am Schluß war eine häßliche Sechs. Das wollte ich nicht auf mir sitzen lassen, ich klemmte mich hinter die Bücher und paukte. Die nächste Arbeit war eine Klausur, die Geerds schon erheblich besser fand. Er schrieb allerlei Lobendes, ja Aufmunterndes an den Schluß der Arbeit und rundete es zu dem Urteil ab: »... deshalb, wenn auch mit schweren Bedenken: Noch Fünf!«

Nun begann dieser Geerds mich wirklich zu ärgern. Und das mag auch seine Absicht gewesen sein. Ohne ihn und ohne diesen Zorn auf ihn wäre wohl auch aus meinem zweiten Studium nichts geworden. Ich kündigte also bei den »Kieler Nachrichten«, arbeitete nur ein wenig nebenbei für den Flensburger Zeitungsverlag und stürzte mich in die Lehrbücher, Gesetze und Kommentare. Meine Mutter stellte mir das Frühstück hin, das Mittag- und das Abendessen. Ein Jahr lang büffelte ich zehn Stunden am Tag.

Und da wäre noch des Repetitors Peters zu gedenken. Täglich saß ich in seinem Pauk-Kurs, schrieb mit und kritzelte die dicken roten Gesetzessammlungen von Schönfelder und Sartorius mit Randnotizen voll. An Vorlesungen nahmen wir älteren Semester nun nicht mehr teil. Peters' Geheimrezept, das Praktische vom Überflüssigen zu trennen und seine Studentinnen und Studenten strikt auf das im Staatsexamen abgefragte Wissen zu konzentrieren, war ungewöhnlich, aber wirkungsvoll. Er fand für jede juristische Raffinesse unanständige Witze oder Vergleiche. Manchmal trieb er es wirklich derb, und auch zu den langweiligsten Paragraphenketten lieferte er irgendeine vergleichende Obszönität. Selbst im Verwaltungsrecht oder im Zivilprozeßrecht, wo die Texte nur Sprödes und Karges und zutiefst Unerotisches hergaben, fand Peters seine Schlüpfrigkeiten. Und die Methode wirkte. Unter weiblichem Erröten und männlich verklemmtem Gelächter trichterte er uns juristisches Wissen ein, das jeder gesunde Organismus ohne diese Medizin schon Minuten später wieder abgestoßen hätte.

Das Staatsexamen wurde im August 1966 im Plenarsaal des Oberlandesgerichts in Schleswig zelebriert. An die 200 Studenten räkelten sich in den Zuhörersesseln, um sich auf die bevorstehende eigene Prüfung einzustimmen. Auf der Bühne saßen wir fünf Kandidaten fünf Prüfern gegenüber – alle Praktiker, kein Professor dabei. Die Reise ging quer durch alle Rechtsbereiche, so etwa fünf Stunden dauerte die Tortur. Zwei von uns sind schließlich auf der Strecke geblieben. Wir Peters-Schüler kannten die Lieblingsthemen, Stärken und Gemeinheiten eines jeden Gegenübers, und meine große Chance kam im Strafrecht. Es tauchte die Frage auf, ob jemand, der wegen seiner Missetat schon einmal vor einem Militärgericht gestanden hatte und dort seltsamerweise gnädig davongekommen war, nach dem Kriege noch einmal zur Verantwortung gezogen werden könne. So forsch, wie es die brenzlige Situation irgend zuließ, warf ich ein: Es sei ja nicht ganz klar, ob so ein Militärgericht überhaupt einem ordentlichen Gericht gleichzustellen sei.

Das Gesicht Ranningers, des Vizepräsidenten des Oberlandesgerichts, der in der Prüfung den Vorsitz hatte, färbte sich bedrohlich rot und wandte sich dem vorlauten Prüfling zu: »Na, dann lassen Sie mal hören. Auf Ihr Urteil bin ich sehr gespannt!« Ich prüfte Punkt für Punkt – so leidenschaftslos, wie ich konnte. Am Ende ein knappes, klares Ja. An Ranningers wohlwollender Miene war abzulesen, daß ich mir um dieses Staatsexamen keine Sorgen mehr zu machen brauchte. Was er nicht wußte: Für mich ist jenes simpel klingende juristische Problem wie ein Elfmeter ohne Torwart gewesen. Peters, der Repetitor, hatte diesen Schuß mit uns trainiert: »Passen Sie auf, Ranniger war mal Richter bei einem Militärgericht! In fast jeder seiner Prüfungen quält ihn diese Frage. Dann klaren Kopf – und nichts überstürzen! Ganz nüchtern prüfen, prüfen, prüfen …«

Mit einer stolzen Drei in diesem Staatsexamen – im Strafrecht sogar eine Note besser – zog ich aus dem Gerichtsgebäude. Die Juristerei war damit für mich beendet. Ich hatte ja nur beweisen wollen, daß ich es konnte – meinen Eltern, meinen Kollegen und Kommilitonen und vor allem mir selbst. Natürlich kommt es mir manchmal so vor, als habe die mir eingetrichterte Methode des leidenschaftslosen Prüfens – Punkt für Punkt – ein wenig Ordnung in ein immer schnell erregbares journalistisches Gemüt gebracht. Aber vor Fehlern aller Art hat sie mich nicht bewahrt. Nach der schönen Urkunde mit Ranningers Unterschrift hat mich in meinem späteren Leben keiner mehr gefragt.

Im Magnetfeld eines neuen Mediums

Leute vom Fernsehen hatten schon gelegentlich meine Wege ge-kreuzt. Sie kamen meist aus Hamburg und ließen uns Provinzler dies auch spüren. Was immer der aktuelle journalistische Anlaß für ihr Erscheinen war, komplizierte Fragen stellten sie nie. Ich hatte stets den Eindruck, sie wußten schon alles. Natürlich brachte das Fernsehen gelegentlich Unruhe in eine Veranstaltung. So kam es hin und wieder vor, daß in einer Feierstunde oder Pressekonferenz das Licht ausging, weil unter der Belastung der hellen TV-Lampen die Sicherungen herausgesprungen waren. Gelegentlich fiel so eine Lampe auch mal um und zerplatzte mit lautem Knall.

Die Kameras brachten immer Unruhe in das Nachdenkliche und Feierliche, aber jeder Veranstalter geriet in Verzückung, wenn es hieß: Das Fernsehen kommt! Wir Zeitungs- oder Radiojournalisten vermochten die Begeisterung natürlich nicht zu teilen, denn es war erkennbar, daß sie auf unsere Kosten ging. So erinnere ich mich an eine Pressefahrt auf die Halligen vor der nordfriesischen Küste. Man hatte uns, die Mitglieder der schleswig-holsteinischen Landespressekonferenz, mit dem Bus nach Dagebüll oder Nordstrand verfrachtet, um dort auf ein Boot der Wasser- und Schiffahrtsdirektion umzusteigen. Wir waren da, das Boot lag ablegebereit am Kai, aber es ging nicht los. Schließlich stellte sich heraus, daß wir noch auf ein Fernsehteam des Norddeutschen Rundfunks warteten, das sich auf seiner Expedition an die Nordsee wohl irgendwo verfahren haben mußte. Es dauerte eine halbe Stunde, es dauerte 45 Minuten, und ich als Vertreter der größten Tageszeitung machte den Veranstaltern vom zuständigen Ministerium den Vorschlag, die Fernsehleute sollten sich doch ein eigenes Boot chartern oder hinterherschwimmen, wenn sie es nicht schafften, wenigstens einigermaßen pünktlich zu sein. Dem Minister oder Staatssekretär war es ungemein peinlich, und er entschuldigte sich in äußerster Zerknirschung, und doch war es offensichtlich, daß seine stärkere und tiefere Liebe dem Fernsehen galt und daß wir Leute von der Zeitung wie aus Gründen höherer Gewalt einfach würden warten müssen. Nach weiteren fünfzehn Minuten trudelten die Reisenden aus Hamburg schließlich ein und zeigten sich nicht halb so demütig wie der Mann von der Regierung. Es war einfach nicht mehr zu übersehen, daß hier im journalistischen Beruf ein neues Magnetfeld entstanden war.

Einige der großen Zeitungen versuchten, den Strom der Zeit zu wenden oder dem neuen Medium zumindest Grenzen zu ziehen. Die »Kieler Nachrichten« zum Beispiel untersagten uns Redakteuren, in irgendeiner Weise mit diesem Fernsehen zusammenzuarbeiten. Denn gelegentlich bekamen wir Einladungen, an Diskussionssendungen teilzunehmen. Es war gewiß nicht meine jugendliche Schönheit oder intellektuelle Potenz, die die Kollegen vom Landesstudio Kiel immer wieder bewog, mich in ihr kleines Büro oder Landesstudio zu locken, das man am Ortsausgang in Richtung Hamburg an die Gaststätte »Zum Eiderkrug« angebaut hatte. Es war eher eine Suche nach Gesellschaftsfähigkeit – jenes ewige Streben eines öffentlich-rechtlichen Mediums, gerade in politischen Fragen ein schon anerkanntes, möglichst breites, gleichsam offizielles Meinungsspektrum anzuzapfen. Und da waren für Schleswig-Holstein und somit auch für die »Nordschau« des NDR die »Kieler Nachrichten« eine lockende Trophäe.

Kaum hatte ich bei den »KN« gekündigt, rief schon das Fernsehen wieder an. Denn ich war das Nächstbeste zu dem, was sie ja sonst nicht haben konnten: ein ehemaliger politischer Redakteur der größten Tageszeitung des Landes. Mir öffnete sich eine neue Welt. Daß ich eigentlich mein Studium abschließen wollte, hat unserer wechselseitigen Beziehung erholsame Pausen gegönnt und auch die nötige Spannung verliehen.

Leiter der Fernsehabteilung in dem kleinen Studio war Bernd Wilden, ein selbstkritischer Kollege, wie man ihn selten trifft in diesem ja doch etwas verführerischen Medium. Er leitete und moderierte das wöchentliche »Nordschau«-Magazin aus Kiel, das – immer mittwochs – auch in Niedersachsen, Hamburg und Bremen ausgestrahlt wurde. Wilden war eine kräftige, eher füllige Erscheinung, und er hatte erkannt, daß sein Gesicht zu so einem kleinen, rechteckigen Kasten einfach nicht passen wollte. Es gab andere Moderatoren, denen unvoreingenommene Zuschauer eine solche oder ähnliche Diagnose auch hätten stellen können, aber die blieben gegen jede Erkenntnis immun. Wilden jedenfalls trat eines Tages mit der Frage an mich heran, ob ich denn nicht Lust hätte, seine Sendung zu moderieren. Ich gab zu bedenken, daß da ja noch die Sache mit diesem Studium sei. Aber natürlich hatte ich Lust, das war klar.

So fuhren wir – meist mittwochs – mit unseren Filmrollen nach Hamburg-Loksted in die Fernsehzentrale, was ich jedesmal als eine spannende Safari empfand. Schon die Kantine war voller weltmännischer Gestalten. Reporter, Kameraleute und Regisseure begrüßten sich bei Schnitzel und Bier und riefen sich quer über die Tische gemeinsame oder auch getrennte Erlebnisse zu. Dem einen war bei den Dreharbeiten in Tahiti sein Tongerät in den Pazifischen Ozean gerutscht, der andere hatte in der Sahara ein Kamel ankaufen müssen und klagte nun über den Ärger mit der Verwaltung. Schauspieler, deren Namen man zu kennen hatte, traten mit genial um Hals und Schulter drapierten Schals an unseren Tisch und warfen einen kurzen, leicht verächtlichen Blick auf die Manuskripte unserer Filmbeiträge, die sie dann kurz vor der Sendung zu sprechen hatten. Wir von der »Nordschau« aus Kiel waren nun einmal in der Welt des Fernsehens so etwas wie die armen Verwandten.

Einen meiner ersten stolzen Momente in dieser Arena verdanke ich »Atsch« – das ist die norddeutsche Version von Adolf –, einem älteren Hamburger Kellner, der beim Servieren immer mit dem Daumen in die Suppe kam. Er hatte mir trotz seines sonst so sicheren Zugriffs eines Mittwochs Brühe auf die Hose gekippt, und so war ich für ein paar Sekunden der Mittelpunkt allgemeiner Aufmerksamkeit. Anstatt sich zu entschuldigen, fiel Atsch etwas viel Stärkeres ein. Er erklärte der verblüfften Runde, noch jüngst habe er mich im Fernsehen gesehen, und da sei ihm klargeworden, aus mir könne noch etwas werden. Dieser Kellner wußte eben, wie man mit Künstlern und Fernsehleuten umzugehen hat. Über die Hose haben wir beide kein Wort mehr verloren, man sah sie auf dem Bildschirm ohnehin nicht.

Die Studios waren damals riesig. Besonders das Studio B, aus dem auch Unterhaltungsveranstaltungen live übertragen wurden. Man konnte großes Publikum in die Sendung einladen, durch ein Tor zum Hof mit Autos hineinfahren und alle möglichen Rockbands oder Chöre gleichzeitig in Stellung bringen. Unter der Decke hingen mindestens hundert Scheinwerfer, und immer mittwochs hatte man in dieser Halle auf einem kleinen Podium ein Tischlein aufgebaut, an dem saß ich.

Die Texte des Moderators waren schon in Kiel von Bernd Wilden geprüft und hier und dort verbessert worden, in Hamburg wurden sie dann noch einmal von einem Hauptabteilungsleiter gegengelesen und abgenommen. Beide Kollegen gingen die Sache wohlwollend an, und wenn es etwas zu ändern gab, dann wurde eher dieser oder jener verschlungene Satz hinzugefügt, um beispielsweise klarzustellen, daß nicht nur die Regierung von Schleswig-Holstein ständig um die Sicherheit der Deiche besorgt und bemüht sei, sondern die Regierungen von Niedersachsen, Hamburg und Bremen selbstverständlich auch.

Der jugendliche Moderator war in diesen Angelegenheiten auch nicht weiter störrisch, sein Problem war es nur, diese Texte in ihrer ganzen Korrektheit anschließend auswendig zu lernen. Denn der Teleprompter oder Autocue war noch nicht erfunden, jenes segensreiche Gerät, das dem Journalisten oder der Journalistin die Texte auf eine Glasscheibe vor das Objektiv der Kamera spiegelt.

Gelegentlich werde ich noch heute danach gefragt, ob eine solche Erfindung nicht doch eine Täuschung des Zuschauers sei. Selbst alte Profis wie der verstorbene Werner Höfer haben sich immer wieder despektierlich über den Teleprompter geäußert. Der ehemalige Fernsehdirektor des WDR und Gastgeber des »Frühschoppens« war stolz darauf, daß er die halbe Stunde am Sonntagmittag ohne Spickzettel und technische Hilfen durchzustehen vermochte. Dafür habe ich ihm ein artiges Lob auch nie verweigert. Nur ist es doch eine andere Sache, sich nach der Nervosität der ersten Minuten in einem Thema freizureden, als alle paar Minuten zu einem völlig neuen Thema auszuholen und dabei allerlei Informatives und Sprödes in Fünfzig-Sekunden-Päckchen zu packen und das Ganze dann ebenso entspannt wie diszipliniert auswendig daherzusagen. Keiner würde wohl von einem Radiosprecher verlangen, daß er die Meldungen zu Nahost und zu Nordirland, zur Börse und zur FDP alle auswendig lernt und dann wie in der Schule herunterhaspelt. Wozu die Qual? Welche Glaubwürdigkeit würde der freie Vortrag des derart Unzusammenhängenden erhöhen?

Wie auch immer: Damals ging es technisch noch nicht anders. Immer am Nachmittag wurde die Sendung geprobt. Die Beleuchter schoben unter der Decke gewaltige Scheinwerfer hin und her, und ein Regisseur, der jedesmal zu verstehen gab, daß er eigentlich für größere Herausforderungen zuständig sei, machte allerlei geniale Vorschläge und verwarf sie dann meist wieder. Am Ende liefen die Proben und die Sendungen am frühen Abend ja doch nach einem recht einfachen Strickmuster ab: Begrüßung, erster Film, Moderation, nächster Film, Moderation, wieder ein Film und so weiter, bis schließlich das »Auf Wiedersehen bis zum nächsten Mittwoch« kam.

Ich wuchs im Auswendiglernen weit über jedes schulische Gedicht-Aufsagen hinaus, was mir später noch bei vielen Sendungen zugute kam: im »Weltspiegel« wie in allerlei »Brennpunkt«- und Sondersendungen und schließlich bei »extra drei« und den

»Tagesthemen« der ARD. Zehn Jahre lang durften sich die Zuschauer auch mal erholen von diesem Moderator, und als ich 1992 auf Umwegen über London und Washington vom NDR in Hamburg zum ZDF nach Mainz wechselte, war das Leben im Studio endgültig etwas entspannter geworden. Die Stirn des »Ankers« in der Sendung – wie die Amerikaner ihre Nachrichtenverkünder nennen – muß schon deshalb nicht mehr so gekräuselt, sein Blick schon deshalb nicht mehr so sorgenvoll sein, weil zum Beispiel bei uns im »heute journal« Gabi Hartung oder Babs Stücker oder Maria Burg mit im Studio sitzen und in dem Tempo, in dem der Moderator oder die Moderatorin ihre Texte vortragen, auch das Tempo des Computers steuern.

Es kommt natürlich immer wieder vor, daß Filmbeiträge nicht fertig werden oder daß sie aus technischen Gründen von irgendwoher nicht rechtzeitig überspielt werden können. Dann muß sich der Moderator auf sein Glück und auf seine spontanen Einfälle verlassen. Und die schlimmste aller Verwirrungen ist es, wenn der Computer plötzlich zu phantasieren beginnt. Prinzipiell ist er ja einer der besten Freunde des Menschen und einer seiner verläßlichsten Helfer. Nur wenn er verrückt spielt, dann kann er gleich alle bösen Geister auf einmal tanzen lassen. Dann huschen die seltsamsten Texte vor dem Auge des Moderators hin und her, weil jemand einen falschen Knopf gedrückt oder vergessen hat, alte Dateien zu löschen. Mal nichts auf dem Teleprompter zu sehen ist geradezu eine Entspannung im Vergleich zu dem Versuch, vor Millionen von Zuschauern etwas Gescheites über die Rentenreform zu erzählen, während einem die Börsenkurse oder Fußballergebnisse vor den Augen flimmern.

Aber eines habe ich schon in meinen frühen Fernsehjahren gelernt: Je schlichter eine Nachricht formuliert ist, desto klarer haftet sie im Gedächtnis, desto leichter geht sie von der Zunge. Natürlich war ich wie jeder Anfänger der Versuchung ausgesetzt, in geradezu geballter Form Bedeutsamkeiten vorzutragen. Texte fielen mir ein wie in Granit gemeißelt, die schon mehr für die

Ewigkeit ausgefeilt waren als für die tägliche Information. Wann immer mir jemand erzählte, er habe mich im Fernsehen gesehen, konnte sich natürlich keiner mehr daran erinnern, was ich denn so gesagt haben könnte. Der Anzug oder der Schlips waren viel stärker in Erinnerung geblieben.

Und die härteste Lektion erteilte ich mir selbst – damals, als ich meine ersten Schritte in ein Studio tat. In einer auswendig gelernten und auf den Fluren und hinter den Kulissen immer und immer wieder gebüffelten Moderation waren allerlei tiefe und starke Gedanken versammelt, meine Haltung straffte sich, und mein Text steigerte sich zum Höhepunkt, zum Schluß, wie zu einem Paukenschlag: »Hier drängt sich geradezu der Gedanke auf …« Und plötzlich riß der Faden. Kein Gedanke! Leere im Kopf! Nichts drängte heraus, nichts strömte nach. Mein Gedächtnis – ausgerechnet an dieser Stelle – hatte mich verlassen. Ich muß wohl so etwas gestammelt haben wie: »Sehen Sie unseren nächsten Bericht«, und das Rotlicht der Kamera ist gnädig erloschen.

Es wäre vielleicht etwas zuviel der Abgeklärtheit, wenn ich behaupten wollte, seit jener Sendung hätte ich mir vorgenommen, alle sich aufdrängenden Gedanken zu unterdrücken. Aber wenn sich denn gelegentlich mal einer in ein Nachrichtenmanuskript verirrt – doch im Hagelschauer unserer täglichen Krisen sind gute Gedanken scheu –, dann widerstehe ich jedenfalls der Versuchung, sie mit irgendwelchem Tamtam anzukündigen. Und so ist es mir dann gelegentlich schon passiert, daß sich jemand nicht nur daran erinnern konnte, daß wieder einmal der Schlips schief saß, sondern auch an das, was ich sagte.

Da ist noch etwas nachzutragen, das nicht verlorengehen soll im Strom eines immer schnelleren und immer weiter in die Ferne strebenden Journalistenlebens: Im Sommer des Jahres 1964 machten mein Vater, meine Mutter und ich eine Reise in unsere ostpreußische Heimat. Vater war schon vorher einmal dort gewesen. Seine geschäftlichen Kontakte zu polnischen Werften hatten ihm die Türen geöffnet, denn Polen blieb – länger als andere Staaten des Ostblocks – für Touristen aus Westdeutschland geschlossen.

Der Grund war ja auch einleuchtend: Man wollte es den eigenen Landsleuten ersparen, daß ganze Karawanen der inzwischen wieder wohlhabenderen Deutschen durch Ostpreußen oder Schlesien kreuzten, um an polnische Tore und Türen zu klopfen und wehmütig oder vorwurfsvoll nachzuschauen, was aus ihren Häusern oder Höfen geworden war, aus denen sie einst geflohen waren oder aus denen man sie vertrieben hatte. Uns war es nun also gestattet, mit einem Visum für dreißig Tage und dazu noch im eigenen Auto kreuz und quer durch die Volksrepublik Polen zu reisen: in eine für mich längst versunkene Welt, von der ich schon nicht mehr ganz sicher war, ob ich sie wirklich erlebt oder nur geträumt hatte.

Wir kamen aus Warschau, und meine Mutter sagte: »Wenn die Bäume anfangen, wenn links und rechts der Straße Bäume stehen, sind wir in Ostpreußen!« In Polen habe es früher selten Bäume entlang der Straße gegeben. 130 Kilometer nördlich von Warschau fuhren wir durch einen Ort namens Chorzele, keine Bäume. Hinter dem Ortsschild gleichmäßige Felder. Ein Pferdewagen zuckelte vor uns her, der Lenker zerrte aufgeregt am Zügel, als er uns kommen sah, und ließ das Auto aus dem Westen passieren. Und plötzlich: Da waren sie! In gleichmäßigem Abstand links wie rechts, auf ordentliche deutsche Art lange vor dem Krieg gepflanzt, breitstämmige, knorrige Bäume, die die Straße natürlich verengten und nach oben mit einem grünen Laubdach verschlossen.

Im nächsten Dorf hielten wir am Ortsschild an, und meine Eltern versuchten zu enträtseln, wie es wohl früher geheißen haben könnte. Die Menschen sahen ziemlich gleich aus wie die in den Dörfern zuvor: die Männer in Anzügen, die alle etwa zwei Nummern zu groß erschienen und schlaff am Körper hingen, die Frauen in Kopftüchern. Kinder spielten auf der Straße, Hühner liefen hin und her. »Wielbark« stand an den Schildern des Ortes, und meine Eltern wurden sich einig, es müsse sich um das einstige »Willenberg« handeln. Einige Häuser waren noch vom Kriege zerstört, andere waren dabei zu zerfallen. Vor dem Marktplatz eine Kirche. Wir versuchten uns zu verständigen, was aber nur mühsam gelang. Ich fotografierte die Kirche und entdeckte am Giebel einen Wortfetzen in Deutsch. Zwei Polizisten traten auf uns zu, um die Papiere zu kontrollieren. Aber auch das brachte keinerlei Erkenntnis, weder uns noch ihnen. Zudem hatten sie Pässe und Stempel wie die unseren vorher noch nie gesehen.

Die nächste Station war Ortelsburg, ein schon etwas größerer und hellerer Ort. Und so tasteten wir uns mit unseren Begegnungen und Erinnerungen durch die Gegenwart in die Vergangenheit. Das Gefühl, nach Hause zu kommen, stellte sich in meiner Seele nicht ein. Die Seen, Wälder und Felder Masurens ließen eine solche Vertrautheit schon eher zu. Aber vielleicht erinnerten sie mich auch nur an die schleswig-holsteinische Seenplatte um Plön und Eutin. Wo – wenn man es nach Jahren festsetzen sollte – war denn eigentlich meine Heimat?

Im Wald zwischen Piecki und Mikolajki entdeckten wir einen Kilometerstein. Auf dem stand noch deutlich lesbar: »Peitschendorf 5 km, Nikolaiken 15 km«. Wir sahen viele solcher Schilder, denn wir suchten ja danach. Hier las man an einer Häuserfront »Colonialwarenhandel«, dort leuchtete unter allerlei neuerer und wieder abgeblätterter Farbe hartnäckig »Reparaturwerkstätte landwirtschaftlicher Maschinen« durch. Das hatte gewiß nichts mit Deutschsein oder Polentum zu tun; die dünne Qualität der Lacke und Farben im staatlichen Handel waren nun einmal keine Werbung für die Durchsetzungskraft des Sozialismus.

Es war keine Steppe, es war keine Wüste, was wir durchfuhren, doch es war ärmlich, und der Grundton und auch die Grundstimmung eines jugendlichen Heimkehrers waren grau. Ich sagte mir immer wieder, daß dies doch meine Heimat sei, und mir war gleichzeitig klar, daß ich dort nicht hätte leben mögen. Meine Eltern sahen und spürten, wie ihrem Sohn zumute war, und versuchten auch nicht, ihn umzustimmen. Er hatte andere Zukunftspläne und andere berufliche Träume. Für das Leben auf dem Lande war er ja ohnehin verloren.

Mein Interesse auf jener Reise wandte sich mehr und mehr den Menschen zu: den Polen in ihrer Gastfreundschaft und den Deutschen, die noch immer in ihrer alten Heimat lebten und uns ebenfalls freudig und herzlich begrüßten. Und wieder einmal wurden mir die Launen des Schicksals deutlich, die den einen ersehnen ließen, was der andere als Qual empfand. Daheim in Kiel habe ich Menschen mit Tränen in den Augen gesehen, die von einer Rückkehr nach Ostpreußen träumten – und sei es nur, um dort zu sterben; daheim in Ostpreußen traf ich Deutsche, die davon träumten, aus dieser Heimat endlich herausgelassen zu werden. Man schätzte die Zahl derer, die sich um eine Ausreise in die Bundesrepublik bemühten, Mitte der sechziger Jahre auf eine halbe Million. Warum gerade sie bei der großen Völkerverschiebung und Neuordnung der Welt vergessen worden waren, konnte niemand einleuchtend erklären.

Wir machten in der masurischen Seenlandschaft rund um Nikolaiken eine Woche Station und trafen uns dort mit der Tochter einer Cousine meines Vaters, Margarete Dziedo. Sie war eine der

Daheimgebliebenen und Vergessenen. Beim Blättern in den alten Fotos und Reisenotizen frage ich mich, ob heute – da ein neues Polen auf dem Weg in die EU und damit in eine bessere Nachbarschaft mit Deutschland ist – solche Geschichten überhaupt noch von Interesse sind oder ob sie die Welt von morgen nur unnötig belasten. Denn eines Tages – in einem Europa, das von Spanien bis zum Ural reicht, politisch möglicherweise noch darüber hinaus – werden die Polen allerlei neue Chancen und allerlei neue Sorgen haben. Und zu den Sorgen wird die Freizügigkeit in einem vereinten Europa zählen. Nicht die Briten oder Franzosen wird man fürchten – und wohl auch nicht den Hamburger Zahnarzt, der sich in Warschau oder Allenstein niederlassen möchte. Aber werden in ein paar Jahren auf dem Lande – etwa in Masuren – deutsche Bauern oder begeisterte Ökologen, die nun einmal einen besseren Start in das neue, gemeinsame Europa hatten, sich nicht zurückkaufen, was ihre Vorfahren in einem Krieg verloren haben?

»Vergessen in Nikolaiken« steht in jenen alten Notizen, die die ostpreußische Passion einer entfernten, längst verstorbenen Tante bewahren. Für mich sind sie eine Art Protokoll für das, was meinen Eltern und mir genauso hätte zustoßen können – hätte das Schicksal es nicht besser mit uns gemeint. Die Tante hieß Martha Dziedo und war die Mutter von Margarete. Eins ihrer Kinder war noch zu klein, ihre Eltern waren zu alt, um sich im strengen Winter 1945 auf einen Treck nach Westen zu wagen. Am 26. Januar, morgens um 7 Uhr, kam die Rote Armee nach Nikolaiken. Die letzten deutschen Soldaten hatten den Ort nachts verlassen und vorher noch die Brücke gesprengt, die für den Ort zwischen den Seen so wichtig war. Es wurde nur wenig geschossen. Ein Haus und eine Scheune wurden zerstört, dann war in Nikolaiken der Krieg zu Ende.

Martha Dziedo spürte die neue militärische Lage nur daran, daß plötzlich Soldaten im Ort waren, die eine fremde Sprache sprachen. Die Bewohner mußten schwer arbeiten für ihr Brot, begruben Tote, räumten Trümmer aus verlassenen Häusern und luden Möbel auf sowjetische Militärlastwagen. Später richteten die Sowjets in Nikolaiken eine landwirtschaftliche Kolchose ein. Die Erlebnisse mit den Siegern waren unterschiedlich. Nicht nur Russen und Ukrainer, auch Mongolen und andere Völker des riesigen Reiches fluteten durch Masuren. Viele korrekt, fast freundlich zu den Besiegten, andere plünderten, mordeten, vergewaltigten.

Zehn Monate später, im Oktober 1945, verließen die Sowjets den Ort, und polnische Beamte begannen, die Deutschen zu registrieren. Von jetzt an hieß Nikolaiken »Mikolajki«. Aus Ostpolen kamen Siedler in den Ort. Die ersten zogen in die leerstehenden Häuser und Gehöfte ein, dann wurden Deutsche aus ihren Häusern gedrängt. Es gab eine Möglichkeit, sich dagegen zu wehren: den sogenannten »Masurenschein«. Die Antragsformulare waren polnisch, kaum einer verstand mehr, als wo Name und Geburtsdatum einzutragen seien und wo man unterschreiben solle. Martha Dziedo unterschrieb. Später wurde ihr mitgeteilt, daß diese Unterschrift der Antrag auf die polnische Staatsbürgerschaft gewesen sei. Die nicht unterschrieben, hatten ein schwereres Leben. Doch irgendwann wurden die meisten von ihnen eines Nachts geweckt, man gab ihnen zwei oder drei Stunden Zeit zum Packen, fuhr sie zum Bahnhof und schob sie in Güterwagen nach Westdeutschland ab.

Noch lange waren in Nikolaiken die Deutschen in der Überzahl. Martha Dziedo eröffnete eine medizinische Ambulanz und wurde Krankenschwester für Menschen beider Sprachen. Es gab damals auch Deutsche, die ihr verübelten, wenn sie einen kranken Polen behandelte.

Bald strömten polnische Siedler in die Gegend, viele zogen auch wieder nach Zentralpolen zurück. Polnische Bauern schickten einen ihrer Söhne in die neuen »Westgebiete«. Die wirtschafteten dort einige Zeit herum, zogen von einem Gehöft ins nächste, reparierten nicht viel, investierten auch nicht allzuviel an Arbeit und gaben dann irgendwann wieder auf. Die Behörden erließen eine Verordnung, daß es verboten sei, Häuser einstürzen zu lassen oder Tür- und Fensterrahmen zu verheizen.

Die wilden Zeiten gingen 1948 zu Ende. Deutsche Jugendliche wurden wieder zu den Schulen zugelassen. Es wurde verboten, Deutsche zu bestehlen. Dafür wurde nun auch verboten, auf der Straße deutsch zu sprechen. In den Kirchen durfte nur polnisch gepredigt und gesungen werden. Im Herbst 1956 setzte eine neue Welle von Aussiedlungen ein, nachdem die erste 1950 zum Stillstand gekommen war. Im Frühjahr 1957 ebbte auch sie wieder ab. Martha Dziedos Anträge waren immer abgelehnt worden. Im Sommer 1960, nach fünfzehn Jahren, bekam plötzlich auch sie die Erlaubnis, eine ihr fremd gewordene Heimat zu verlassen. Mit ihrer ältesten und jüngsten Tochter kam sie nach Kiel. Margarete, die dritte Tochter, die uns noch vier Jahre später ein Führer durch Neues und Vergangenes war, kam als letzte viele Jahre später nach.

Der Höhepunkt unserer Reise war für mich das Wiedersehen mit zwei Stätten meiner Kindheit, die zwar nie deutsch und dennoch für mich Heimat gewesen waren: Chelchy und Chojnowo, südlich der ehemals ostpreußischen Grenze zu Polen. Oft war mir durch den Kopf gegangen, wie es dort wohl aussehen würde nach all den Jahren. Im Prinzip, so hatte ich es mir ausgemalt, müßte doch alles so sein wie früher: die Gutsgebäude ein wenig zerfallen, die Gärten und Felder verwuchert. Ich glaube, eine Art schlafendes, verwunschenes Dornröschenschloß wäre meinen Phantasien wohl am nächsten gekommen.

In Chojnowo passierte das Wunder. Die Heimkehr war tatsächlich so, wie ich es mir immer erträumt hatte. Ein Herrenhaus lag vor mir mit zugenagelten Fenstern, Veranda und Treppe zum Park waren eingefallen, der Park wild verwuchert. Ein paar Stallungen erschienen mir neu. Über allem lag ein leichter Regen, ein düsterer Himmel gab der Szene jene Stimmung, wie sie jeder Filmregisseur für solch ein Wiedersehen ins Drehbuch geschrieben hätte. Rechts hinter der Auffahrt die ersten Häuser der

Polen, wo sie mich früher immer versteckten, wenn man mich suchte und dort nicht finden durfte. Wir liefen durch die Kulisse unserer Erinnerungen. Kein Mensch, kein neuer Bewohner weit und breit zu sehen.

Eine kalte Dusche war Chelchy, die andere Bühne meiner Kindheit. Wir fuhren einen langen, sandigen Weg entlang, den ich einst täglich nach Schulschluß getrottet war. Und an dessen Ende stand ein verhältnismäßig unromantisches, mir völlig unbekanntes Haus. Lange rätselten wir herum, wo früher einmal die Auffahrt gewesen sein könnte, wo die Küche, wo dieser oder jener Salon. Mein Vater glaubte, irgendworan irgend etwas wiederzuerkennen; meine Mutter war nicht sicher, ich war ratlos. Ein paar Frauen saßen vor der Tür und schauten uns freundlich und neugierig an. Hier war ich tief enttäuscht.

Das Elternhaus meiner Mutter lag unerreichbar jenseits der neuen polnisch-sowjetischen Grenze, aber das Elternhaus meines Vaters im Kreis Lyck haben wir besucht. Wir standen vor den Trümmern, die davon übriggeblieben sind. Es war schon keine Ruine mehr, über die letzten erkennbaren Kellerreste war dichtes Gras gewachsen. Diese Reise in die Heimat meiner Eltern, in meine eigene Heimat war alles in allem ein melancholisches Erlebnis. Für mich war ein Traum endgültig entzaubert. Aber wir drei waren zusammen dort, von wo wir einmal hergekommen sind. Und wenn mich jemand fragt, was ich nun sei – in Berlin geboren und dann in aller Welt herumgetrieben –, so will ich ihn nicht verwirren. Ich bin ein Ostpreuße! Einer der letzten aus einer versunkenen Welt.

Die Geschichte vom Weihnachtsbäumchen

Es war auf einer Weihnachtsfeier im Herzklinikum in Heidelberg. Ein fröhlicher Anlaß, eine erwartungsvolle Gemeinde. Kinder waren versammelt und ihre Eltern, Ärzte und Pfleger. Erkennbar krank schien eigentlich keines. Nur ein paar Kleinigkeiten waren anders als sonst bei solchen Weihnachtsfeiern. Ein junger Arzt kam herein, den die Kinder kannten und freundschaftlich begrüßten. Er zog seinen Kittel aus und zwängte sich in einen langen roten Mantel, stülpte sich eine Zipfelmütze über, hängte sich einen weißen Bart unters Kinn, und plötzlich stand da der Weihnachtsmann.

»Sie müssen verstehen«, erklärte der Professor neben mir, »daß wir die Kinder nicht erschrecken wollen. Jede plötzliche Erregung kann ihr kleines Herz zu stark belasten.« Dem Weihnachtsmann müsse jeder Schrecken genommen werden, alles Bedrohliche und Abrupte, denn all die munteren Kinder in der Runde waren mit Herzfehlern geboren – einige mit Trennwänden, dünn wie Papier. Viele von ihnen seien mehrfach operiert, einige schon gleich nach ihrer Geburt und sozusagen in der Herzklinik zu Hause … Fair ist das nicht vom Schicksal, aber – Gott sei Dank – die Medizin kann heute ja schon einiges reparieren und den mit einem Handicap ins Leben startenden Jungen und Mädchen eine Chance geben.

Meine Aufgabe als prominenter Gast vom »heute journal« war es, ein Weihnachtsmärchen vorzulesen. Pippi Langstrumpfs Abenteuer hatte man mir zugeschickt und noch ein paar andere hübsche Geschichten zum Warten auf die Bescherung. Ich hatte mich schwergetan mit der Entscheidung, dann plötzlich kam mir eine Idee. Da war doch etwas in meinen frühen Jahren beim Fernsehen: die Geschichte vom häßlichsten Tannenbäumchen der Welt.

An das Jahr konnte ich mich nicht mehr erinnern. Es muß irgendwann nach meinem Examen gewesen sein. Es war in Kiel, und ich lebte noch bei meinen Eltern. Ich fuhr ein Auto der Marke »Glas« – eine weiße Limousine, viel schnittiger als jeder BMW. Eigentlich war es schon ein Sportwagen, denn ich verdiente in jungen Jahren sehr viel Geld. Hier drehte ich einen Film, dort hatten wir eine Außenübertragung. Zwischen Göttingen und Emden, Lübeck und Osnabrück haben wir mit unseren riesigen Übertragungswagen die Rathausmärkte blockiert. Ich war der jüngste Reporter, und Hermann Rockmann, eine Stimme wie ein Gewitter, war der große Star; er pflegte damals noch die Wochenschauen zu sprechen. Auch Christian Müller und Ingrid Lorenzen waren mit von der Partie – Stars jener Tage, die weit über den norddeutschen Raum hinaus jedermann kannte oder doch kennen mußte.

Also, erklärte ich meiner kleinen Gemeinde, es war eine aufregende Zeit, und ich fuhr in meinem schnittigen Auto kreuz und quer durch die Gegend, um mich hier live vor eine elektronische Kamera zu stellen und Stahlwerke, Flughäfen, Schiffswerften oder Autofabriken in all ihrer Hitze und Hektik vorzuführen und dort politische Skandale zu enthüllen oder mit dem Leuchtturmwärter und seiner Frau über ihre Einsamkeit und über ihre Ehe zu reden. Themen gab es genug, und das Fernsehen war wie ein Fieber. Na ja, und dann kam die Geschichte mit dem Tannenbaum …

Ich hatte meinen Eltern fest zugesagt, mich – wie in jedem Jahr – auch diesmal wieder um einen Tannenbaum zu kümmern. Doch damit ließ ich mir viel Zeit, denn ich war ja gar nicht zu Hause in den letzten Tagen vor dem Fest, sondern in wichtiger Mission immer unterwegs. Am Heiligen Abend, etwa um 10 Uhr, zog ich dann aber los zu den üblichen Straßenecken und Plätzen, um der Familie den Lichterbaum zu beschaffen.

Hier machte ich eine Pause in meiner Geschichte und schweifte etwas ab, erzählte meiner Gemeinde, wie schwer es Tannenbäume haben im Wettbewerb um die Gunst der Menschheit. Denn während die Menschen selbst mal dick sind und mal mager, mal spitze und mal breite Nasen haben, man diesem grobe und jenem etwas dünne Arme nachsieht, hier einen langen und dort mal wieder einen zu kurzen Hals, ist der Schönheitsanspruch an den Weihnachtsbaum ganz streng und unduldsam. So ein Baum – ob nun groß oder klein – muß gerade gewachsen sein wie ein Besenstiel, von gleichmäßiger Verteilung seiner Äste – unten stark und weit und dann von Stufe zu Stufe nach oben kürzer, bis schließlich die kräftige, nicht zu kurze, nicht zu lange Spitze das Draufsetzen eines Sterns oder eines Engels gestattet. Außerdem muß ein jeder Ast so harmonisch über den Stamm verteilt sein, daß die Äste über ihm keinesfalls den Kerzen darunter zu nahe kommen können. Denn sonst könnten die kleinen Flammen sehr leicht einen Stubenbrand entfachen. »Ihr seht«, sagte ich den Kindern in festlicher Bescheidenheit, »ich bin ein Experte, eine Autorität für Weihnachtsbäume!«

Und noch etwas schob ich hier ein, das den noch unschuldigen Seelen einmal eine Hilfe sein könnte beim Einstieg in das rauhe Wirtschafts- und Erwachsenenleben: »Der Handel mit Tannenbäumen ist nun einmal ein Saisongeschäft. Es hätte keinen Sinn, einen Fachhandel oder gar ein Kaufhaus für Weihnachtsbäume zu betreiben, weil man damit nur in der Adventszeit etwas verdienen kann; den Rest des Jahres würden die Verkäufer völlig frustriert herumstehen und vergeblich auf Kundschaft warten. Die, die mit Tannenbäumen handeln, tun dies als Nebenbeschäftigung, zum zusätzlichen Verdienst, und nur einmal im Jahr erlaubt ihnen die Polizei ihr munteres Treiben auf offener Straße.«

Nach soviel Theorie, die von meinem abgebrochenen Volkswirtschaftsstudium noch übrig war, aßen wir erst einmal einen Keks und sangen ein Lied, denn als Fernsehmensch habe ich schließlich gelernt, mit der Gefahr umzugehen, daß ein Publikum sehr schnell ermüden kann. Danach also ging diese Vorlesung weiter, und ich machte mich daran, meiner inzwischen gestärkten Zuhörerschaft in diesem Krankenhaus noch weitere Lektionen über Chancen und Risiken im Wirtschaftsleben zuzumuten.

»Ihr könnt euch vorstellen, daß es verhältnismäßig einfach ist, eine Bäckerei zu betreiben. Tagtäglich backt der Bäcker sein Brot, und seine Frau weiß mit der Zeit genau, wie es den Leuten schmeckt und wieviel Brote sich wohl Tag für Tag in ihrem Laden absetzen lassen. Ganz anders ist die Sache, wenn einer nur einmal im Jahr mit seinen Tannenbäumchen an der Straßenecke steht. Die Kunden kommen von überall her. Der eine kauft sein Bäumchen hier, der andere findet es dort. Wenn ein Tannenbaum-Verkäufer das Risiko scheut, dann kauft er beim Großhändler nur zwanzig oder dreißig Bäumchen ein und stellt dann hinterher fest, daß er alle schon nach drei Tagen verkauft hat, und er ärgert sich, weil er gut und gerne die dreifache Menge hätte absetzen können. Im Jahr darauf kauft er dann hundert oder zweihundert Bäumchen, und wenn die Kollegen an der nächsten und an der übernächsten Ecke in dem Jahr genauso kalkulieren, dann stehen sie alle am Heiligen Abend mit ihren Bäumen da und werden sie nicht los. Vor dem nächsten Weihnachtsfest sind sie dann wieder besonders vorsichtig und kaufen alle viel zuwenig ein, und die Kunden suchen verzweifelt nach einem Bäumchen, und jeder muß sehen, daß er noch eines abbekommt. So geht das von Jahr zu Jahr, so funktioniert die Wirtschaft … Ihr seht«, schloß ich stolz diese etwas schwierige Lektion: »Wer den Zyklus der Weihnachtsbäume begreift, der versteht das Leben!«

Meine Zuhörer nahmen all diese Weisheiten gelassen auf, aber nun waren sie seelisch und wissenschaftlich gestärkt, die volle Tragweite dessen zu überschauen, was an jenem Weihnachtsfest in Kiel geschah. Also: Es war eins der Jahre allseits geringer Risikobereitschaft, und ich zog von einer Straßenecke zur nächsten – und nirgendwo ein Weihnachtsbaum! Da und dort ein paar abgebrochene Zweiglein oder Tannennadeln, die auf dem noch ungefegten Bürgersteig untrügliche Zeichen dafür waren, daß hier mal jemand mit Bäumchen gehandelt hatte.

Ich verließ die Grenzen unseres Stadtteils und fuhr weit über meine üblichen Reviere hinaus, und überall, wo ich nach einem Verkaufsstand für Tannenbäume fragte, erinnerten sich die Leute, daß sie dergleichen durchaus schon mal gesehen hätten, aber das sei nun schon Tage her. Mal erntete ich ein mitleidiges, mal ein vorwurfsvolles oder gar schadenfreudiges Lächeln. Und schließlich wurde mir angst und bang, denn ein schlechtes Gewissen hatte ich schon, wieder einmal meinen Beruf und dieses drogenhafte Fernsehen viel zu wichtig genommen und mich um das Weihnachtsfest und um die Familie viel zuwenig gekümmert zu haben.

Plötzlich – aus meinem schneidigen Auto heraus – sah ich einen Mann mit einem Besen und einer Karre und nicht weit von ihm entfernt etwas Grünes. Kein Zweifel, was dort an einem Verkehrsschild lehnte, war ein Tannenbaum! Ich bremste hart und hastete an die Stelle und hatte panische Angst, es könnte im Bruchteil einer Sekunde noch jemand schneller sein und mir den letzten Weihnachtsbaum in der ganzen Stadt vor der Nase wegschnappen. Ich hechtete geradezu aus dem Auto und stand ... vor dem häßlichsten, zerrupftesten Tannenbaum der Welt! Er war schief und bestand aus wenigen krummen Zweiglein – die einen zu dick und die anderen ganz schwächlich, einige waren auch abgeknickt, und die Nadeln hingen braun und traurig herunter. Unten war er sehr klobig, oben ganz mickrig und zerzaust und außerdem noch kahl an dieser und an jener entscheidenden Stelle. Er war schlichtweg ein Stück Müll, das der Mann mit dem Besen gerade auf seinen Karren werfen und irgendwo entsorgen wollte.

»Ich suche einen Tannenbaum«, sagte ich tapfer. »Was kostet der?« Der Mann wollte gar nicht wieder aufhören zu lachen, brach dann aber plötzlich ab und sagte streng: »Sie wollen mich auf den

Arm nehmen! Aber wenn er Ihnen wirklich gefällt, nehmen Sie ihn, er kostet nichts. Nur eins muß klar sein: Wenn Sie dann doch zurückkommen sollten, und ich erwische Sie dabei, daß Sie dieses Gestrüpp wieder auf die Straße schmeißen, und ich muß nochmals ran und die Straße säubern, dann können Sie mich mal richtig böse erleben!«

Ich lud den Baum ein und fuhr eilig nach Hause. Meine Mutter sagte nichts, als ich meine Trophäe verschämt in die Wohnung schleppte. Und da ich auch zuständig war für das alljährliche Schmücken des Weihnachtsbaums, nahm ich all meine künstlerischen Eingebungen und Talente zusammen, hängte und schob stundenlang Kugeln hin und her, versuchte irgendwo Kerzen anzubringen und auch die letzte braune oder kahle Stelle mit Lametta zu verdecken. Ich rangierte dieses Ungetüm von einem Weihnachtsbaum Zentimeter um Zentimeter nach jeder nur denkbaren Seite, um die Stelle nach vorne zu drehen, die noch am wenigsten häßlich erschien. Der Rücken und die Schrägen wurden so fest und geschickt in eine Zimmerecke gedrückt, daß der eintretende Betrachter all die Verstümmelungen und offenen Wunden nicht sehen konnte.

Als die Zeit der Bescherung kam, durften meine Eltern ins Weihnachtszimmer. Auch Vater sagte kein Wort, er schaute stumm und fast so besinnlich wie immer auf die brennenden Kerzen. Meine Mutter mußte ihn wohl vorbereitet und ins Gebet genommen haben – wenn, dann nicht sofort zu explodieren oder zu lachen und damit jeden Ansatz von Weihnachtsstimmung von vornherein zu ruinieren. Wir tauschten Geschenke aus, wünschten uns alles Liebe, wir sangen Weihnachtslieder, und schließlich stellte mein Vater fest: »Der Baum hat irgendwie Charakter!« Selten zuvor war mir so heiß und doch auch so weihnachtlich zumute. Ich war bereit, mich zu bessern, bereit zu Frieden und Versöhnung mit allem und jedem, und war auch fest entschlossen, an alles zu glauben, was die Weihnachtslieder aus dem Radio versprachen.

Von Tag zu Tag liebten wir unseren Weihnachtsbaum mehr. Und, so schloß ich meine Geschichte auf der Krankenstation, dieser Baum – welches Jahr es auch gewesen sein mag – ist der Weihnachtsbaum, dessen Lichter noch heute in meiner Seele brennen. Nie werde ich ihn vergessen!

Die Kinder fanden die Geschichte soweit ganz in Ordnung und machten sich wieder über die Kekse her. Und das wiederum ermutigte mich, noch ein paar Sätze recht allgemeiner Art hinzuzufügen – sozusagen meine Erfahrungen im Umgang mit Menschen wiederzugeben. »Wir alle wissen ja, daß es Jungen und Mädchen, Frauen und Männer gibt, die schön sind und gut gewachsen und somit bei äußerer Betrachtung ganz ohne Fehler. Die haben viele Freunde. Und dann gibt es welche, die sind mit kleinen Unebenheiten auf die Welt gekommen. Dem einen stehen die Ohren ab, eine anderer schielt, oder – wie es euch nun einmal ergeht – jemand wird mit einem kranken Herzen geboren. Meine Erfahrung ist, daß es nicht immer die Wundervollen und Artigen, und Fleißigen, und Klugen sind, die man als Freundinnen oder Freunde suchen muß. Die Schönen und Idealen – natürlich nicht alle –, die können doch sehr mit sich selbst und mit ihrer Schönheit beschäftigt sein. Und das füllt sie aus, und für jeden Gedanken an anderes und an andere bleiben nicht mehr viel Energie und Interesse. Manchmal kann Schönheit sogar ein bißchen langweilig sein. Alles ist so perfekt und so selbstverständlich.«

Und so schloß ich diese Weihnachtsgeschichte: »Denkt irgendwann einmal, erinnert euch gelegentlich an meinen Tannenbaum! Krumm war er und zerzaust, und keiner wollte ihn haben. Und doch: In meinem Leben ist er etwas sehr Besonderes gewesen. Für mich war er das schönste Bäumchen, vor dem ich je das Weihnachtsfest gefeiert habe. Alle anderen sahen irgendwie gleich aus, und ich habe sie bald wieder vergessen.«

Die Kinder fanden auch dies soweit in Ordnung, und wir haben wieder Kekse gegessen und Lieder gesungen. Und daß sie etwa selbst – der kleinen kranken Herzen wegen – nicht die perfekten Bäumchen sein könnten im Sturm des vor ihnen liegenden Lebens, das ist ihnen gar nicht erst in den Sinn gekommen. Denn da ist etwas mit dem Herzen, das stark macht und schön, das man nicht sehen und nicht messen kann. Aber ganz fest spüren.

Musik und große Theorien

War es ein Irrtum? War es ein Traum? Oder war es ein Rausch, noch nicht Gewagtes ausprobieren zu wollen? Die Gedanken gehen zurück in die sechziger und siebziger Jahre. Eigentlich fing es ja schon viel früher an. Schon in der Schülerzeit war der Rock 'n' Roll bis nach Kiel vorgedrungen. Im Kino »Central« an der Holtenauer Straße lief der Film »Saat der Gewalt« – Glenn Ford in der Rolle eines Lehrers, dessen Schüler Messer mit in den Klassenraum brachten. Dazu sang und spielte Bill Haley den »Rock around the Clock«. Abends, zwischen den Vorstellungen, gab es Krawall. Die Polizei rückte an, es kam zu Rempeleien, Fensterscheiben zerbrachen. Am nächsten Morgen stand in der Zeitung, da wachse eine kritische, unruhige Generation heran. Allmählich glaubten wir es selbst.

In einer Welt, deren Gleichgewicht zwischen Ost und West nur von atomaren Waffen gehalten wurde, sang Barry McGuire die Ballade vom Vorabend der großen Zerstörung. Und als die Supermächte ihr Duell um die Weltherrschaft auf dem Rücken von kleineren Ländern in Südostasien austrugen, klatschten und tanzten junge Menschen in San Francisco und New York im Rhythmus des »Peace Train«. Jimmy Cliff aus Jamaika wurde zum Vorsänger eines weltweiten Chors, dessen Botschaft im wesentlichen aus einem Wort bestand: »Vietnam, Vietnam, Vietnam ...« Man weiß, daß Richard Nixon die Jalousien verdunkelte und klassische Musik hörte, wenn die Demonstranten um das Weiße Haus zogen. Mal waren es Tausende, mal war es eine Million. In Washington ging die Nationalgarde gegen sie vor, in Berlin fuhr die Polizei mit Wasserwerfern in den Pulk der protestierenden Studenten. Ich war mal hineingezogen in den Strudel, mal stand ich als Journalist daneben. Mal wuschen mir die Demonstranten das Tränengas aus den Augen, mal gaben mir die Schilde und Fahrzeuge der Polizei Schutz gegen Brandsätze und Steine.

Über alledem schwebten Theorien: gewagte und höchst komplizierte Gedankengewebe über den Staat und seine Grenzen, über Ausbeutung und Entfremdung des Menschen, Unterdrückung und Gegenwehr, über Gewalt in der brenzligen Unterscheidung, ob sie gegen Personen oder nur gegen Sachen gerichtet sei. An den Universitäten wetteiferten die Ideologien. Kaum einer hörte dem anderen zu, ein jeder belehrte seinen nächsten. Auf alten Fotos sehen wir die Vordenker, die auf alles eine Antwort hatten und mit blitzenden Augen argumentierten, aber auch die matten Gesichter derer, die sich nicht trauten, in die Debatte einzugreifen oder zumindest laut einzugestehen, daß sie irgend etwas nicht begriffen hatten. Im Filmclub, einer Hochburg der Avantgarde in Kiel, gab es ein hübsches Mädchen mit dem seltenen Namen Dita – »Dolce Dita« nannten wir sie. Sie war so anschmiegsam und romantisch. Es erregte sie, wenn ihr ein Student beim Tanzen etwas ins Ohr flüsterte, das nur irgendwie kompliziert und politisch klang.

Eine Schlüsselszene in meiner Erinnerung an jene aufregende und aufgeregte Zeit war eine Reportage unserer damaligen Wiener Korrespondentin Renata Erich für die in jeder Richtung freche, im Dritten Programm des NDR ausgestrahlte Sendung »extra drei«. Es war schon Mitte der siebziger Jahre, und an den Hochschulen war wieder einmal grundsätzlicher Streit entbrannt. Worum es ging, daran kann ich mich nicht mehr erinnern. Aber ich sehe noch unsere Korrespondentin vor mir, der es gelungen war, auf dem Campus der Wiener Universität die Sprecher von mindestens fünf miteinander rivalisierenden Gruppen brav nebeneinander aufzureihen. Und dann wanderte sie mit dem Mikrophon von einem Häuflein zum nächsten und stellte immer nur die eine Frage: »Und wo steht's denn ihr?« Darauf schaute – so etwa im Takt von zwei Minuten – immer ein anderes ernstes Ge-

sicht in die Kamera und rasselte in einer mit Fremdwörtern ge-
spickten Sprache etwas Kompliziertes, Ideologisches und total
Unverständliches herunter. Kein untrainiertes Hirn hatte auch
nur die geringste Chance, irgend etwas zu begreifen. Dabei waren
alle, die sich da gegenseitig belehrten, Revolutionäre und Sozialisten in dieser und jener Schattierung. Doch wie in der baby-
lonischen Sprachverwirrung des Alten Testaments redeten alle
aneinander vorbei.

Vielleicht war auch ihre Frechheit die Kraft dieser zersplitter-
ten, aber auf den großen Demonstrationen wieder geeinten Bewegung. Denn sie traf auf einen ziemlich verunsicherten Gegner.
Die Elterngeneration, die ja in den Rathäusern und Parlamenten
den Kurs bestimmte, war den Söhnen und Töchtern immer noch
eine Erklärung schuldig, was denn nun eigentlich ihre Rolle oder
Ohnmacht in der Zeit des Nationalsozialismus gewesen sei. Elend
und Anpassung hatten sie geprägt, Konzentration aller Kräfte auf
den Wiederaufbau und ein tiefsitzender Glaube an die Heiligkeit
des Staates. Viele von denen in den Amtsstuben und Parlamenten hatten irgendwann einfach nicht mehr die Nerven, sich mit
dieser aufmüpfigen Jugend und ihren wirren Theorien auseinan-
derzusetzen. So hat die Bewegung eine noch junge Demokratie
nicht nur kräftig geschüttelt, sondern am Ende auch gestärkt.

In Frankreich wäre Charles de Gaulle von der Studenten-
revolte fast gestürzt worden. In der Bundesrepublik setzte sich
Willy Brandt an die Spitze einer neuen Politik. Sein Ruf traf bei
jungen Menschen auf offene Ohren: »Mehr Demokratie wagen!«
Nicht jedem der unruhigen Geister war das genug. Einige hatten
radikalere Visionen und gingen in den Untergrund. Das Problem
der RAF war wohl nicht nur die Gewalt. Man spürte, um Sartre
umzukehren, die Liebe zum Demokratischen nicht. Ihr Markenzeichen war die Intoleranz.

Ich bin im März 1967 in die SPD eingetreten. Mein Vater ging
stolz mit mir zum Kieler Stadtrat und Vorsitzenden oder Schatz-
meister des Kreisverbandes Renger und sagte: »Er ist nun zur Ver-

nunft gekommen. Er ist einer von uns!« Was irgendwie stimmte und irgendwie auch wieder nicht. Denn mein Demokratieverständnis war eben von jener unruhigen Art.

Schon bald ergriff mich die erste revolutionäre Idee: Alle Autos raus aus der Kieler Innenstadt, dafür kostenloses Fahren für alle mit dem Bus, der Straßenbahn und den Schiffen auf der Kieler Förde! Meinen persönlichen Interessen entsprach dieses Konzept zwar nicht, denn meine Autos waren in jener Zeit immer größer, schneller und teurer geworden. Aber der lästig zunehmende Verkehr sollte sich damit eindämmen lassen; und ärmere Mitbürger würden finanziell davon profitieren. Ältere Genossen gaben zu bedenken, daß das kostenlose Straßenbahnfahren doch ein ziemlich kostspieliges Vorhaben sei; die Stadt brauche ihr Geld schließlich noch für andere Zwecke. Doch dies schien mir wieder eins der üblichen Sachargumente einer ängstlichen, inzwischen überholten Politik zu sein.

Aus einem Stapel alter Manuskripte und jugendlicher Gedanken, die ich schon bald auf dem Kreisparteitag vortrug, springen den heute etwas abgeklärteren Leser wuchtige Sätze an: »Genossen, was ist denn überhaupt sozialdemokratisch an der Kieler Kommunalpolitik? Für Bus, Schiff und Straßenbahn wollt ihr demnächst eine Erhöhung der Tarife auf achtzig Pfennig hinnehmen. Anders seien die Unkosten nicht mehr aufzufangen. Das ist doch keine Politik, das ist reine Buchhalterei! Kein Kieler weiß, ob man mit diesen Argumenten die Fahrpreise nicht schon 1969 auf eine Mark oder gar 1,50 erhöhen wird. Auf solche tollen Ideen kommt die Verwaltung von alleine. Die SPD muß mehr sein als das, was sie durch die Große Koalition in den Augen so vieler Bürger geworden ist – auch nur so eine Art CDU!« Und in dem Ton ging das weiter.

Die meisten Delegierten haben wahrscheinlich wieder einmal nicht zugehört. Die Kieler wären glücklich, wenn sie heute für die damals so drohend an die Wand gemalten DM 1,50 mit dem Bus oder mit den Fördeschiffen fahren könnten. Aber solche Ideen –

von anderen noch radikaler vorgetragen – sind schließlich nicht ohne Wirkung geblieben. Der Direktor der Verkehrsbetriebe trat sehr bald zurück, was das Klettern der Tarife allerdings nicht aufgehalten hat. Und in Kiel tobte sich – als ich schon längst in Hamburg und dann in Amerika war – immer noch viel Protest gerade auf den Schienen der Straßenbahn aus. Zahlreiche Studenten und junge Kieler sind in ihrem Eifer sehr weit gegangen, einige – mit heißem Herzen – entschieden zu weit. Sie zerstörten sich und anderen das Leben.

Dreißig Jahre später, zu Beginn eines neuen Jahrtausends, schauen einige mit Empörung, andere mit ein wenig Stolz zurück auf diese wirre Zeit. Plötzlich tauchen Bilder auf, die einen deutschen Außenminister in Turnschuhen und mit Motorradhelm zeigen. Soweit solche alten Fotos in der Verengung auf eine einzelne Szene die Umstände vollständig wiedergeben, haben drei aufgeregte junge Leute auf einen einzelnen Polizisten eingeschlagen. Der Minister hat sich bei ihm entschuldigt. Es geht ihm da wie einer ganzen Generation, die hin- und hergerissen ist zwischen revolutionärer Nostalgie und einer gewissen Ratlosigkeit über das Ausmaß und die Richtung ihres Zorns.

Wer sie waren und was sie wollten, ist heute nicht mehr so leicht zu erklären. Die meisten Ideen sind ja nicht falsch oder gar schlecht gewesen. Nur die Meinung des anderen stand damals nicht hoch im Kurs. Das ist besonders für uns Journalisten eine Versuchung gewesen. Immer wieder gab es in den Redaktionskonferenzen der siebziger Jahre heftigen Streit, ob man in kritischen Berichten auch abweichende Meinungen berücksichtigen dürfe. Progressive Autoren trugen in ehrlicher Empörung vor: Diese anderen Meinungen seien doch offensichtlicher Unsinn, politisch gefährlich, wissenschaftlich und historisch längst widerlegt.

Doch so mancher aus jener Generation, der irgendwann zur Ruhe kam und es schließlich an die Spitze schaffte, entgeht seiner Strafe nicht. Auch in den Diskussionen von heute kann es passieren, daß plötzlich aus dem Kreis der Jungen etwas besonders Lehrreiches und Wahres vorgetragen wird. Und ein gealterter Rebell stellt mit Entsetzen fest: »Gütiger Himmel, diesen Unsinn habe ich doch erfunden!«

Übrigens: Schon am Frühstückstisch bei uns zu Hause ist es oft hoch hergegangen. Wir waren eine politische Familie, Vater und Sohn in ihren Meinungen zu aktuellen Fragen meist getrennt durch die Mitgliedschaft in derselben Partei. Meine Mutter hörte sich unsere Streitereien manchmal geduldig an, meist aber widersprach sie beiden. Und schließlich – wir haben beide versagt – ist sie in die CDU eingetreten.

Herumtreiben und Anker werfen

E in entscheidender Tag in meinem Leben war der 18. Mai 1963. Wir waren mit einem Fernsehteam des NDR in der Kieler Ostseehalle unterwegs, um für die »Nordschau« über die Eröffnung einer »Hausfrauenmesse« zu berichten. Der Name dieser Veranstaltung war ein bißchen seltsam, und genaugenommen war auch nicht ganz klar, was diese Messe eigentlich bewegen und bewirken sollte. Ein Minister hatte die Sache feierlich eröffnet und dabei die Rolle der Hausfrau in Gesellschaft und Familie hervorgehoben, dann machten wir uns mit ihm als Leitfigur auf den Rundgang durch die Halle. Und an einem der Stände traf ich sie. Stupsnase, große Augen, Haare irgend etwas zwischen blond und braun, drauflosredendes, munteres Temperament: Ute.

Sie jonglierte einen Teller mit allerlei Broten und machte dem Minister die Bedeutung des Schulbrotes klar – für die Gesundheit der Kinder und die erhöhte Aufnahmefähigkeit während des Unterrichts. Ich war auf Anhieb ergriffen und fragte sie, wann wir uns denn abends treffen könnten. Nein, sagte sie schnippisch, heute nicht, da sei sie schon verabredet. Vielleicht morgen.

Das Interesse am Schulbrot hat mich am nächsten Tag wieder in diese Halle gezogen. Erst ließ sie mich herumstehen, als kenne sie mich nicht, und erklärte jedem, nur nicht mir, die Vorzüge des gesunden Brotes. Schließlich erinnerte sie sich doch, daß wir so etwas wie eine vage Verabredung hatten, und als die Messe schloß, holte ich sie ab. Wir zogen gemeinsam durch vier oder fünf Kieler Kneipen und verstanden uns gleich so gut, daß in der »Florida Bar« am Alten Markt der Geschäftsführer besorgt an unseren Tisch trat und uns vornehm darauf hinwies, es habe Beschwerden der anderen Gäste gegeben. Waren wir zu laut? Zu ausgelassen?

Beim Tanzen zu wild oder zu eng? Auf irgendeine Art paßten wir jedenfalls nicht in die schummrige Atmosphäre und wechselten fröhlich das Lokal.

Sie kam aus dem Städtchen Mölln in Ostholstein, war Studentin der Pädagogik und schwänzte die Vorlesungen, um auf jener Messe Geld zu verdienen. Die Familie war aus Berlin, ausgebombt, der Vater verschollen, die Mutter hatte zwei Töchter durchzubringen. Ute finanzierte ihr Studium im wesentlichen selbst, arbeitete in den Semesterferien mal als Verkäuferin bei C&A, mal am Fließband in der AEG-Fabrik und mal als Putzfrau im damals noch hochmodernen Hotel »Astor«. Zum ersten Mal auf sich allein gestellt, genoß sie die Freiheit des studentischen Lebens. So spielte sie auf der Studiobühne der Kieler Universität allerlei mir eher unverständliche Stücke und Rollen. Die Schauspieltruppe probte viel und diskutierte oft bis spät in die Nacht künstlerische Probleme. Wenn man Ute vormittags traf, sah sie meist etwas blaß aus. Was höhere Kräfte bewogen haben mag, gerade uns beide zusammenzuführen, darüber rätseln wir noch heute. Schon am ersten Abend schenkte ich ihr den Mond. Zunächst wollte sie nicht glauben, daß er mir überhaupt gehört.

Heiraten wollten wir nie. Unsere Liebe – oder was immer es war – sollte den Test der Freiheit nicht fürchten müssen. Bis irgendwann nach fünf Jahren ausgerechnet mein Vater immer unruhiger und nervöser wurde. Den Zustand eines festen und doch wieder ungebundenen Miteinanders konnte er sich aus eigener Lebenserfahrung nicht erklären. Freunde und Verwandte fragten ihn immer wieder, was denn nun zwischen seinem Sohn und dessen Freundin sei. Die Sache wurde ihm irgendwie unheimlich. Schließlich überdachten auch wir noch einmal unsere Lebensplanung. Ute war inzwischen Lehrerin in Neumünster, was auf der Strecke zwischen meinem Zimmer in Kiel und meinem Hotel und Arbeitsplatz in Hamburg lag. Eigentlich war es noch immer unklar, wohin das alles führen sollte.

In der kleinen Martinskirche im Kieler Stadtteil Projensdorf haben wir am 26. Juli 1968 geheiratet. Pastor Illert setzte feierlich zu den entscheidenden Fragen an, und schon rief Ute hastig:«Ja, ja, ja!« (Geduld oder gar längeres Zuhören war ihre Stärke nie.) »Nein!« mahnte gütig der Gottesmann, so gehe das nicht. »Ich wiederhole jetzt meine Fragen, und wenn ich damit fertig bin, erst dann sagen Sie ja.«

War es eine gute Idee, einen Journalisten zu heiraten? Ja, nein und schließlich wohl doch wieder ja. Wir haben zusammen die Welt kennengelernt und haben gemeinsam so viel erlebt, um mehrere Leben damit zu füllen. Aber es ist nun einmal so, daß einer von beiden die Chance bekommt, vorwärts zu stürmen. Und die Rolle des anderen ist es, sein Leben darauf einzustellen. Ute wurde nach Hamburg versetzt, und der Lehrerberuf machte ihr Spaß. Die Kinder mochten sie – auch wenn sie gelegentlich aufbrausen konnte und diesem oder jener ihrer Schützlinge mit größerer Heftigkeit und Strenge die Bockigkeiten und Launen auszutreiben suchte, als es die Vorschriften der Behörde erlaubten. Auch das ist eben Ausdruck echter Gefühle und persönlicher Anteilnahme, und die Kinder haben dies wohl gespürt. Ich habe ja schließlich auch von diesem mal einfühlsamen, mal aufbrausenden Temperament profitiert, aber der erzieherische Prozeß – wenn er denn nicht immer erfolgreich war – ist ja noch nicht abgeschlossen.

Wie oft versprach ich, mal früher nach Hause zu kommen, und dann wurde es doch wieder Mitternacht. Und gelegentlich kam ich tatsächlich früh – aber nur, um meine Reisetasche zu packen, während unten das Taxi zum Flughafen wartete. Gelegentlich – nach friedlich beigelegtem Streit – erinnern wir uns daran, daß sie in ihrer Kindheit in den Wäldern rund um Mölln doch eigentlich die feste Absicht hatte, einen Förster zu heiraten. Und daß es mein Glück gewesen sei, daß ihr nie ein attraktiver Förster über den Weg gelaufen ist.

Wir wohnten noch nicht lange zusammen – in einer kleinen, hübschen, wenn auch etwas lauten Wohnung im Hamburger Stadtteil Rissen –, da rief ich eines Abends im Oktober 1971 aus einem Hotel in Glücksburg an und teilte fröhlich mit: »Wir gehen nach Amerika!« Für eine Lehrerin warf das spontan allerlei Probleme auf, aber Ute war sofort angetan von der Idee.

Auch mich hatte die Nachricht aus heiterem Himmel erreicht. Wir filmten in jenem Oktober im Glücksburger Wasserschloß den »Alltag eines Prinzen«. Der Hausherr war ein sympathischer Mann, er öffnete uns alle Säle und Verliese, plauderte über Vorfahren und Tradition und über den Erhalt eines alten Schlosses als wirtschaftliches Unternehmen, als der Kameraassistent zu mir kam und sagte, die Intendanz in Hamburg habe sich am Autotelefon gemeldet und wolle zurückgerufen werden.

Der damalige Intendant Gerhard Schröder war gerade in einer Konferenz, so bekam ich den Chef des Regionalprogramms an den Apparat, der mir eine reichlich verwirrende Geschichte erzählte. Der Norddeutsche Rundfunk wolle das Fernsehprogramm der ARD durch eine neue, zweite Korrespondentenstelle im Studio Washington verstärken, und der Intendant müsse sehr schnell wissen – eigentlich sofort –, ob ich mir vorstellen könne, in die USA zu gehen. Mehr wisse er nicht, sagte der Überbringer der Botschaft, über alle Einzelheiten werde sicher noch geredet werden. Natürlich sagte ich ja und fragte nur schüchtern nach, wie der Intendant, den ich bis dahin persönlich nie getroffen hatte, gerade auf mich gekommen sei. Aber auch darüber wußte der Mann am anderen Ende nichts Bestimmtes. Wahrscheinlich, weil ich ein so toller Journalist sei …

Mit dem NDR waren die Einzelheiten des Abenteuers schnell geklärt. Es waren noch die goldenen Zeiten des Fernsehens. Der Intendant fragte bei unserem ersten Treffen, ob ich schon irgendwelche Vorstellungen hätte über mein Gehalt. In dem Punkt hatte ich mich inzwischen kundig gemacht und wußte, daß Auslandskorrespondenten damals die großen Stars des Fernsehens waren und im journalistischen Gehaltsgefüge einer besonderen Kaste angehörten. Ich nannte eine keineswegs bescheidene Summe. Das fand er durchaus angemessen und fügte hinzu, ich könne mich ja melden, falls es nicht reichen sollte. Die Frage, warum gerade ich, habe ich vorsichtshalber gar nicht mehr angeschnitten.

Im Januar, zwei Monate nach diesem Gespräch, war ich schon jenseits des Ozeans, und Ute führte noch bis in den April hinein ihr viertes Schuljahr zur entscheidenden Versetzung. Fast täglich schrieben wir uns Briefe, weil nun erst mit der Wohnung, den Behörden, Versicherungen und allen anderen Verwurzelungen und Stricken, die den Menschen an einen Wohnort binden, die eigentlichen Probleme einsetzten. Die Vorschriften der Hamburger Schulbehörde beispielsweise ließen Beurlaubungen von Beamten nur für die Dauer eines Jahres zu. Wir aber hatten vor, vier Jahre in den USA zu bleiben. Also beantragte Ute zunächst einmal unbezahlten Urlaub für ein Jahr und überließ es der Zukunft, wie es weitergehen sollte. Jahr für Jahr hat sie dann von Washington aus einen neuen Antrag gestellt, und ein einsichtsvoller Schulrat hat ihn jedesmal unterschrieben. Daß dies nicht so selbstverständlich war, sollten wir im weiteren Verlauf unseres von Umzügen geprägten Lebens noch kummervoll erfahren.

Ute stieg also drei Monate später ins Flugzeug, und die Frage, was sie wohl tun und treiben könnte in einer fremden Welt, war völlig offen. Ihr Mann – soviel stand fest – würde die meiste Zeit auf Reisen sein.

Und so ist es uns im weiteren Leben immer wieder ergangen. Ich reiste vor, Ute zog hinterher. Meine Probleme waren schnell gelöst, ihre waren komplizierter. Sie wurde Lehrerin an der Deutschen Schule in Washington. Nach dreieinhalb Jahren flog sie schon mal zurück nach Hamburg, weil die Behörde nun doch etwas unruhig wurde und ein neues Schuljahr begann. Ich blieb noch vier Monate länger in den USA, um das Ende der Watergate-Affäre und den Rücktritt von Präsident Nixon abzuwarten.

Fast sieben Jahre lebten wir dann zusammen in Hamburg. Das heißt, als Redakteur und später als Leiter der »Weltspiegel«-Redaktion war ich viel unterwegs: mal drei Monate in Asien, mal drei Monate in Afrika, mal eine Rundreise durch Japan, mal ein

Feature in Grönland, dann wieder Stockholm, wo Terroristen der RAF die deutsche Botschaft besetzten und schließlich in die Luft sprengten; dann Wahlen in England oder in den USA, Berichte aus Moskau oder China ...

Eindrucksvoll in Erinnerung geblieben ist mir eine Telefonzentrale in Shanghai. Es war noch zu der Zeit, als China technisch um Generationen hinter der modernen Welt zurücklag. Gespräche ins Ausland – zudem in den kapitalistischen Westen – waren eine politisch strikt kontrollierte Angelegenheit. Ich hatte meinen Wunsch, nach Hamburg zu telefonieren, am Tage vorher bei einem Vertreter des Außenministeriums angemeldet und wurde dann zur Abwicklung dieses Vorhabens in ein wuchtiges Gebäude und dort in einen Saal von den Ausmaßen eines kleineren Theaters geführt. Auf einem Tisch – einsam in der Mitte der Arena – stand das Telefon, auf der Empore saßen in weißen Kitteln und in strammer Haltung fünf oder sechs Techniker, die zunächst die Verbindung herstellten und dann während des Gesprächs die gleichmäßige Tonfrequenz überwachten. Ich ging davon aus, daß hinter den Kulissen noch weitere Experten saßen, die über das politisch Korrekte des Inhalts zu urteilen hatten.

Ute war gerade dabei, Hausaufsätze zu korrigieren, als das Telefon klingelte. Mein Anruf kam in einem günstigen Augenblick. Wir gingen so allerlei Ferienerlebnisse eines fünften Schuljahres durch und tauschten unsere Ansichten über Originalität, lebhaften Stil und gewisse Grenzen des Saloppen und Unbekümmerten aus. Die Chinesen starrten in höchster Konzentration und Gewissenhaftigkeit auf ihre Regler. Was der Geheimdienst später aus diesem Dialog herausgelesen haben mag, wäre der historischen Aufarbeitung wert. Zum Schluß – so etwa nach 20 Minuten – die Frage: » Wann kommst du eigentlich nach Hause?« – »Sonntag früh.« – »Warum erst Sonntag? Wir wollten doch Sonnabend zu Traudchens Geburtstag. Immer dasselbe mit dir!« Peng, den Hörer aufgeknallt!

Erschrecktes Zusammenzucken, Entsetzen auf der Empore der Technik in Shanghai. Die Nervosität meiner Gastgeber war nicht zu übersehen. So winkte ich den Dolmetscher heran und bat ihn, allseits zu verkünden: »Alles in Ordnung! Sagen Sie ihnen, es sei nicht ihre Schuld. Die chinesische Technik ist ganz ausgezeichnet.«

Die Moderation der »Tagesthemen« war dann später schon ein fast häusliches Erlebnis. Jedenfalls für unsere Verhältnisse. Die Sache hatte nur den kleinen Schönheitsfehler, daß ich in den Wochen, in denen ich moderierte, nie vor Mitternacht nach Hause kam. Da schlief eine Lehrerin schon. Am nächsten Morgen war sie dafür schon längst in der Schule, wenn sich der Moderator endlich aus den Federn wühlte. Aber alles in allem erlebten wir doch viel Gemeinsamkeit. Nicht ganz, aber fast wie bei Försters im Walde. Unser Haus lag ja auch am Klövensteen, einem Hamburger Landschaftsschutzgebiet kurz vor der Landesgrenze zu Schleswig-Holstein. Die »Tagesthemen« sendeten damals nur von Montag bis Donnerstag. Am Freitag gab es den »Bericht aus Bonn«, der Sonnabend und der Sonntag waren im Nachrichtenverständnis der späten siebziger und frühen achtziger Jahre noch Tage, an denen die Welt ruhig war.

England war da schon eine größere Herausforderung für die Ehe einer Lehrerin mit einem Journalisten. Selbstverständlich, hatte der Staatsrat der Schulbehörde versichert, könne die Beamtin vier Jahre beurlaubt werden. Solch eine Zeit im Ausland sei schließlich eine Bereicherung für die Bildung eines jeden Pädagogen. Also reichten wir den entsprechenden Antrag ein.

Ich machte mich am 2. Januar 1982 auf den Weg, das ARD-Studio in London zu übernehmen. Der erste Brief fünf Tage später klang wie das Locken des Zugvogels in ein neues Nest: »Hallo, mein Schatz, London wird Dir gefallen! Es ist großstädtisch und doch wieder anheimelnd und gemütlich. Immer wieder Parks und kleine Straßen, teure Geschäfte, viele italienische Restaurants. Die Bürgersteige voller Papier und leerer Cola-Dosen, der Himmel grau wie in Hamburg. Alles etwas umständlich und nicht ganz logisch, völlig anders als die USA. Ich ziehe durch die Straßen und fühle mich, als ob das ganze Land für fünf Jahre mir gehört. Nur abends ist es meist langweilig. Keiner streitet mit mir, keiner klärt mich auf, was ich alles falsch mache. Du fehlst mir!«

Zwei Monate später – der Falkland-Krieg trieb seinem Höhepunkt entgegen – kam der Alarm aus Hamburg: »Die Schulbehörde sagt, es geht nicht! Die Gewerkschaften und der Personalrat machen Ärger und lehnen längere Beurlaubungen von Lehrern ab. Sie wollen, daß die Behörde Platz schafft für neue Planstellen. Entweder ich kündige und hänge meinen Beruf an den Nagel, oder du kommst zurück, oder du bleibst da, und ich bleibe hier!«

Wir haben – wie so oft – die Entscheidung erst einmal hinausgeschoben, dann noch einmal und noch einmal. Schließlich, nach etwa einem Jahr, stellten wir fest, daß wir doch eigentlich die perfekte Ehe führten. Jeder – vor allem ich – konnte arbeiten, solange er oder sie wollte. Ute war inzwischen Beratungslehrerin an ihrer Hamburger Schule, um für sämtliche Klassen im Problemdreieck zwischen Schülern, Lehrern und Eltern nach Ursachen für sinkende Leistung oder auffälliges Verhalten zu forschen. Der Londoner Korrespondent, frei von aller Rücksichtnahme und Regelmäßigkeit, feuerte aus allen Rohren und erhöhte die Produktionsstatistik des Studios. Er brauchte nie zu Hause anzurufen und mitzuteilen, wenn es wieder einmal später wurde. Er konnte viel reisen – »Rund um Big Ben« –, denn es machte ja keinen Unterschied, ob er abends von London, von Edinburgh oder von Belfast aus am Wolfrunweg in Hamburg-Rissen anrief.

Die Telefongesellschaften haben von dieser Form der Ehe profitiert, und die Lufthansa auch. Denn das Wochenende gehörte uns gemeinsam. Meist in Hamburg, dann wieder in unserem Mews-Häuschen im Londoner Stadtteil South Kensington. Wenn wir zusammen waren, dann klingelte auch kein Telefon – jedenfalls nicht für den Korrespondenten. Dann hüteten Walter Helfer und später Luc Jochimsen Großbritannien und Irland ein, und Ute und ich hatten alle Zeit füreinander. Jede Krise konnte warten bis Montag früh.

Wir lebten in zwei Welten: als Pendler zwischen London und Hamburg. Ich verließ freitags gegen 17 Uhr das ARD-Studio in der Great Chapel Street in Soho. Vom Piccadilly Circus rumpelte die Underground, die U-Bahn, siebzehn Stationen ab, deren Namen und Reihenfolge ich bald vorwärts und rückwärts auswendig konnte: erst dicht gedrängt im Feierabendverkehr, ab Acton Town mit Chancen auf einen Sitzplatz, die Lufthansa-Maschine startete pünktlich um 19.15 Uhr. Ankunft in Hamburg 21.50 Uhr, weil die Uhrzeiger während des Fluges eine Stunde vorgestellt wurden. Um Viertel nach zehn stürmischer Empfang am Wolfrunweg. Montag früh zur gewöhnlichen Lehrer-Weckzeit aus dem Bett, 8.15 Uhr ab Hamburg, eine Stunde zurückgewonnen, manchmal über London gekreist, weil die Transatlantik-Flüge Vorrang hatten, kurz vor 9 Uhr Londoner Zeit Landung in Heathrow. Ich war montags meist einer der ersten im Studio.

So ging das fünfeinhalb Jahre. Dann kamen wieder die Möbelpacker und malten erneut Washington auf die Umzugskisten. Am Wolfrunweg spielten die Jailhouse Jazzmen zur Abschiedsparty. Alle Freundschaften in Hamburg und London wurden stillgelegt. Die Schulbehörde und auch die Gewerkschaften waren zu der neuen Erkenntnis gekommen, daß auch Beurlaubungen Raum schaffen können für das Einstellen neuer Lehrer.

Ich hatte übrigens andere Ziele und Ideen und lag mit meinem Intendanten darüber im Streit. Und diesmal war es Ute, die die Entscheidung traf: Für den Journalisten sei es doch eine neue Herausforderung, für fünf Jahre das größte Studio der ARD zu übernehmen. Für sie selbst bedeutete dies den Abschied von ihrem Beruf. Aber das wußten wir zu diesem Zeitpunkt noch nicht. Wieder einmal wurden alle Wurzeln gekappt, um nachzuschauen, wer von den alten Freunden noch in Washington sei. Wir ahnten, daß die Zahl nicht groß sein würde und daß es wieder einmal auf die Frau ankommen werde, die Fundamente des Persönlichen und Privaten von Grund auf neu zu legen.

Diesmal sollte es kein klarer Hin- und Rückflug werden, es gab keine Heimkehr nach Hamburg ins hübsche Häuschen am Wald. Nach viereinhalb Jahren klingelte wieder einmal das Telefon; wir waren gerade aus Hawaii zurückgekommen, die Koffer standen noch auf dem Flur, und ich war dabei, mich an den Sicherheitscode der Alarmanlage zu erinnern, den man immer sofort eindrücken mußte, wenn die Tür frisch aufgeschlossen und geöffnet worden war. Klaus Bresser meldete sich aus dem Auto: Wie wär's mit Mainz und dem »heute journal«? Ich sagte ja. Ute riet zu. Und doch, wieder hatte der Journalist das große Los gezogen; für eine Hamburger Lehrerin bedeutete dies das Aus in ihrem Beruf. Die Zahl der Jahre, für die man nach dem Hamburger Beamtenrecht eine Lehrerin beurlauben konnte, war endgültig erreicht.

Wie immer flog ich vor und lebte ein halbes Jahr im Hotel, Ute wollte noch den Frühling in Washington genießen. Schließlich hatte sie ja die Erfahrung gemacht, daß ihr Mann in den ersten Monaten nach jeder Versetzung besonders arbeitswütig war und nie pünktlich nach Hause kam – was immer er versprach. Doch nach all dem Hin und Her sind wir nun beide fest entschlossen, die Wurzeln auch einmal etwas tiefer wachsen zu lassen. Irgendwann muß die Herumtreiberei ein Ende haben, und Jüngere sollen sich auf die Reise machen.

Wenn wir zurückschauen, wollen wir auch nicht klagen. Wir kennen Korrespondenten, deren privates Leben noch weit komplizierter verlief. Da war zum Beispiel ein Kollege, der von Israel nach London zog, dann weiter nach Washington, und die Familie blieb – immer der Kinder wegen – bis zum Ende von schulischen Abschnitten zurück. Kaum waren alle glücklich vereint in den USA, trieb es ihn – der Karriere wegen – wieder nach Deutschland, und die Familie blieb der Kinder wegen wieder zurück im englischsprachigen Schulsystem. Wir trafen ihn gelegentlich am Flughafen, mal in Washington, mal in Frankfurt. Was für uns nur der Sprung über den englischen Kanal gewesen war, war für ihn ein Pendlerleben über den Ozean.

Ein besonders trauriges Schicksal der Herumtreiberzunft ereilte einen Kollegen des Hörfunks. Er war Korrespondent in Hongkong, und er war dort glücklich. Bis der Familienrat entschied, man müsse der Zukunft der Tochter wegen heim. Sie solle, sie müsse nach allerlei Schulen in Asien nunmehr einen deutschen Abschluß machen, das Abitur. Der Vertrag für Hongkong sollte verlängert werden, schweren Herzens lehnte der Kollege ab. Daheim, das wußte er, erwartete ihn beruflich nichts. All die Seßhaften in der Zentrale hatten ja jede Öffnung und Bewegung im System aufmerksam im Auge behalten. Für plötzlich heimkehrende Korrespondenten findet sich oft noch ein Stuhl, aber kaum ein eigenes Zimmer oder gar eine interessante Aufgabe oder Position. Unser Kollege jedenfalls hat der Tochter wegen diese trostlose Heimkehr in Kauf genommen. Die Möbel waren verladen, die Intendanten der ARD hatten für Hongkong den Nachfolger gewählt, da eröffnete die Tochter dem Familienrat, die Eltern mögen beruhigt reisen, sie wolle und werde in Hongkong bleiben: Sie habe in China den Mann ihres Lebens kennengelernt, sei volljährig und wolle nun über ihre Zukunft selbst bestimmen. So startete ein Flugzeug nach Deutschland, zwei unglückliche Passagiere an Bord. Den Anlaß für ihre traurige Heimkehr ließen sie in einer Stadt in Asien zurück, die ihnen inzwischen wohl auch ein Stück Heimat geworden war.

Gelegentlich stellen wir uns heute noch die Frage, wo denn für uns die Heimat ist. Nehmen wir Ostpreußen und die Kindheit einmal aus dieser Betrachtung heraus. Unsere Erinnerungen und unsere Freunde sind in aller Welt zerstreut – am Potomac, an der Elbe und der Kieler Förde, an der Themse und am Rhein. Keiner hat diese Zerrissenheit je treffender beschrieben als Freddy, der Sänger von der Waterkant. In seinen Liedern hatte er, wenn er auf St. Pauli war, Heimweh nach dem Meer; und war er auf dem Meer, dann hatte er Heimweh nach St. Pauli.

Es war im Oktober 1999 im Schatten des Kölner Domes, in einem Studio des WDR. Man hatte wieder einmal den Preis verliehen, der an Hanns-Joachim Friedrichs erinnert, Journalist und Gentleman, der in einem unordentlichen Beruf Tugenden verkörperte, die wir selbst an uns beschwören. Innere Unabhängigkeit vor allem und persönlichen Stil, ein nüchternes Urteil und unaufgeregte Sachlichkeit. Aus irgendeinem Grund war man in jenem Jahr auf mich gekommen. Ich hatte versucht, es der Jury auszureden.

Aus Berlin kam Bundeskanzler Gerhard Schröder eingeflogen, um über meine Kollegin Tina Hassel und mich freundliche Worte zu sagen. Er sprach von einer Explosion der Digitalisierung, von Marktgesetzen auch in der Kommunikation, vom schweren Stand der Information gegenüber den unterhaltenden Elementen. Ilse Friedrichs überreichte die schwere Ledermappe mit dem Lob für einen Moderator: Mit einfachen Sätzen gelinge es ihm, Ordnung und Qualität in die Fülle der Nachrichten zu bringen …

Dann war es an mir zu danken. Meinen Kollegen vom »heute journal«, der Jury, dem Bundeskanzler »und einer besonders – Ute, dir! Mit einem Journalisten verheiratet zu sein und die viele Herumtreiberei in der Welt, das ist schon ein schweres Schicksal. So viel persönliches Leben, so viele persönliche Ziele gehen dabei verloren …« Und an dieser Stelle ist es passiert. War es ein Kloß im Hals, war es ein feuchter Schleier vor den Augen? Vielleicht war es auch nur einer der Momente, in denen ein Moderator sich einmal selbst zuhört. Die Kamera schwenkte hastig vom Redner weg, weil der für den Augenblick die Kontrolle verloren hatte, und suchte nach der Frau, die diese Ute sein konnte. Der Regisseur suchte ebenfalls, aber er fand sie nicht. Dann hatte der Preisträger sich wieder gefangen. Er klopfte drei- oder viermal mit der Faust auf das Rednerpult – wie um sich selbst zu wecken. Und ohne weitere Störung lief die Sendung zu Ende.

Amerika, »immer noch das beste Land der Welt«

Heute kommt es uns so vor, als hätten wir an Amerika, dem Kongo oder an Indien alles Wichtige längst begriffen. Jedes Erdbeben wird uns sofort gemeldet; in jedem Bürgerkrieg werden uns die Opfer und die Täter klar geordnet präsentiert; Tausende von Kilometern entfernte Skandale können live auf unsere Fernsehschirme durchgeschaltet werden und müssen dann mit heimischen Enthüllungen um unsere Aufmerksamkeit konkurrieren. In Festvorträgen und Seminaren streiten sich Medienforscher und Journalisten, was denn im Tagesangebot der Sensationen überhaupt der Maßstab sei. Wir reisen preiswert und schnell und kommen nicht immer dazu, uns vorher auch noch klarzumachen, wo genau das eigentlich liegt, wohin wir fliegen, oder wo wir im letzten Urlaub gewesen sind. Wir erwarten vom Hotel denselben Komfort wie daheim, der Preis darf ruhig etwas niedriger sein, aber der Koch in Thailand oder Tansania sollte schon wissen, was der Gast aus Deutschland unter einem Frühstück oder einem Abendessen versteht.

Ja, das war noch ein etwas anderer Blick auf die Welt, als Peter von Zahn und seine »Reporter der Windrose« sie uns in ihrer ganzen Exotik und Farbenpracht erklärten, als Hans Walter Berg gemächlich wie ein Maharadscha mit der Kamera-Karawane durch Indien zog und ein junger Reporter namens Gerd Ruge aus dem winterlichen Moskau schilderte, wen er dort alles traf oder gern noch getroffen hätte und wie schwer es war, am sowjetischen Geheimdienst vorbei, auf eigene Faust, das ganz Alltägliche zu erkunden. Und dann war da noch Thilo Koch, der in den frühen sechziger Jahren an jedem Sonntagabend in der »Tagesschau« seinen »Brief aus Amerika« präsentierte. Er tat es schlicht und deshalb auch so eindrucksvoll: Koch stand einfach zwischen den Wolkenkratzern in New York oder in den Weiten der Prärie und erzählte etwa fünf Minuten lang, was Amerika in jenen Tagen bewegte. Und dann endete er an jedem Sonntagabend mit dem Satz: »Guten Abend drüben in Deutschland!« Das war der Kern der Botschaft: wir – sein Publikum – auf dieser Seite, er da drüben in einer anderen Welt. Wir wußten noch nicht, wir wollten noch wissen, wie die anderen lebten. Kaum einer war schon überfüttert mit den Sorgen und Krisen fremder Länder. Was Karl May und Billy Jenkins und all die anderen Helden märchenhaft angestoßen hatten, das holte ein Fernsehreporter in den Bereich des Möglichen und Realen. Dort zu stehen wie er, drüben in Amerika … Ein bißchen Glück, und ich könnte es schaffen!

Was ich in meiner jugendlichen Schwärmerei natürlich nicht bedachte, war die Herausforderung, die gerade der Platz Washington für einen in dieser Liga noch unerfahrenen Journalisten bedeutete. Es ging ja nicht nur darum, sich geistig aus einer norddeutschen Heimat zu lösen und sich den Cowboys und Indianern zuzuwenden. Die Gesellschaft, Politik und Wirtschaft, der Stand der Raumfahrt und Technologie und auch die kulturelle Szene eines Landes, mehrfach größer als Deutschland, erfordern nicht nur Neugier, sondern auch eine Vorbereitung, die in ihrer Ernsthaftigkeit und Intensität dem Pauken zu einem Staatsexamen keineswegs nachstehen sollte. Und ich hatte damals allenfalls vier Wochen, mich vorzubereiten.

Alle Stränge der Weltpolitik liefen in der Hauptstadt der USA zusammen: der Nahostkonflikt mit all den verbrüderten und untereinander doch so zerstrittenen Feinden Israels; der Krieg in Indochina, in den drei kleine Länder in Asien und drei Weltmächte verwickelt waren; Unruhen in Polen oder Nordirland; unversöhnliche Feindschaft zwischen Indien und Pakistan; Fidel Castros Kuba, wie ein Flugzeugträger der Sowjetunion nur ein paar Meilen vor der amerikanischen Küste; schließlich die Sowjetunion selbst; und die »chinesische Karte«, die eine festgefahrene Partie um die Herrschaft der Welt wieder lockern und durcheinanderbringen konnte.

Ach ja, und da war ja auch noch Deutschland! Die Heimat ließ den Korrespondenten eben doch nicht los. Delegationen aller Parteien gingen in Washington ein und aus und suchten im Kongreß, im Weißen Haus und im Pentagon für ihre aktuellen Streitigkeiten und Konzepte den Segen der Führungsmacht USA. Bonn erschien – von Washington aus betrachtet – wie eine von Amerikas zahlreichen Filialen in Europa. Meist hielten sich die Deutschen ja an die Direktiven der Zentrale; gelegentlich war aber doch die Versuchung spürbar, bei aller globalen Strategie auch die eigenen Interessen nicht ganz zu vernachlässigen.

Im nachhinein betrachtet, kann ich das Vertrauen des Intendanten Schröder nur bewundern, das er spontan und instinktiv in einen jungen Reporter aus dem Regionalprogramm setzte. Die übrigen Intendanten der ARD nahmen so etwa im Dezember 1970 zur Kenntnis, daß der NDR beabsichtige, das Studio Washington ab 1. Januar 1971 um einen zweiten Fernsehkorrespondenten aufzustocken. Ohne Widerspruch passierte der Name, den jenseits des norddeutschen Raums wohl kaum einer schon mal gehört haben dürfte, auch diese hohe Runde. Daß mein schnelles, begeistertes Ja ein Kopfsprung in verführerisch lockendes, aber auch haiverseuchtes Gewässer war, das lernte ich dann in der Praxis.

Erster Korrespondent im wichtigsten Studio der ARD war ein namhafter und erfahrener Journalist, geradezu ein Star in der Medienszene jener Tage: Klaus Bölling. Er war eine vornehme, feinnervige Erscheinung. Zuschauerinnen schwärmten vom dunklen Klang seiner Stimme. Auch im Stil, in seinen oft glanzvollen Formulierungen, hob er sich ab. In einer Zeit, in der die Kommentare von einer geradezu festen Liturgie politischer Floskeln überquollen, hatte er den Mut, auch mal Fritz Reuter oder Hermann Hesse zu zitieren. Er war zuvor schon Chefredakteur im Hörfunk gewesen, hatte den Draht zu den inneren Zirkeln der

SPD und der Regierung und genoß den entsprechenden Respekt der politischen Redaktionen daheim. Es war nur eine Frage der Zeit, bis er selbst in höhere Ämter und in den engeren Kreis der Macht aufsteigen würde. Daß wir beide uns – bei all seinen glänzenden Eigenschaften – schon bald in die Haare gerieten, kann somit nur an mir gelegen haben. Meine Arbeit machte das nicht leichter.

An einem kühlen Tag im Januar schwebte ich mit einer Lufthansa-Maschine über New York ein. Von dort brachte mich die United Airlines zum National Airport in Washington. Schon meine Hotelunterkunft im »Georgetown Manor«, zwei Straßenecken vom ARD-Studio entfernt, war so anders als all die Unterkünfte daheim. Sie bestand aus Wohnraum, Schlafzimmer, Küche und einem großen Flur, hatte zwei Farbfernsehgeräte – was damals in Deutschland noch etwas sehr Seltenes war –, drei Schrankwände, zwei Kühlschränke und drei Telefone, eins davon links neben der Toilette im Badezimmer. Als Klaus Bölling mich zum Abendessen abholte, amüsierte er sich, daß ich noch schnell die Runde machen wollte, um all die Lichter und Geräte auszuschalten. Ich erfuhr, daß man in den USA einfach alles brennen ließ, was nichts kostete, und daß der Krach aus möglichst vielen Fernsehapparaten es einem Einbrecher schwerer mache, abzuschätzen, ob jemand zu Hause sei oder nicht. Eine Woche später stand dieses schöne Apartment schon für ein paar Tage leer, weil der Bewohner in ein Flugzeug nach Los Angeles geklettert war.

Und noch etwas brachte mich in Verwirrung: Ich mußte im Januar und Februar vor oder nach dem Frühstück immer mal kurz vors Hotel, um zu prüfen, ob ich für den bevorstehenden Gang durch den Stadtteil Georgetown zu leicht oder zu warm angezogen war. Es konnte die Sonne scheinen und die Luft eiskalt sein; es konnte aber auch im Winter 20 Grad warm sein, das wechselte manchmal von Tag zu Tag. Ich lernte, daß Washington so etwa auf demselben Breitengrad liegt wie Athen, daß die großen Gebirgszüge in Amerika von Norden nach Süden verlaufen und daß es daher keine Wetterscheide gibt, die das Klima in den kritischen Jahreszeiten kalkulierbar strukturiert. Vom Frühjahr bis zum Herbst werde es sehr heiß und schwül werden in der Hauptstadt, kündigten mir die Kollegen an. Und sie behielten recht.

Im übrigen ging es mir wie den meisten Fremden beim ersten längeren Aufenthalt in den USA. Im ersten halben Jahr durchläuft der Europäer drei Phasen in dieser neuen Welt: die des Staunens und der traumwandlerischen Begeisterung, die Phase der Verwirrung und des kulturellen Schocks und schließlich die der neu aufflammenden Begeisterung, nunmehr natürlich ohne das Staunen. Phase eins hat viel mit der Leichtigkeit des amerikanischen Lebens zu tun – vorausgesetzt, man hat ein wenig Geld. Ich lernte freundliche, hilfsbereite Menschen kennen, die mir offen und neugierig entgegentraten, die mir schon nach ein paar Minuten unserer Begegnung alles aus ihrem Leben, auch sehr Privates, erzählten und die ebenso alles von mir wissen wollten: Aus welcher Stadt in Deutschland? Verheiratet oder nicht? Wie viele Kinder? Und wenn keine, warum nicht? Welcher Beruf, welche Firma und welches Jahreseinkommen? Selbst bei den Behörden und in Ministerien trat man dem Journalisten unverkrampft gegenüber. Auf klare Fragen bekam ich klare Antworten. Es machte keinen Sinn, sich bei irgendwelchen heiklen Themen vorsichtig und diplomatisch auszudrücken. Wenn ich versuchte, mich einem komplizierten Anliegen umständlich zu nähern, kam sehr schnell die ungeduldige Frage: »What's the point?« Worum geht's? Was wollen Sie denn wirklich wissen?

In den ersten Wochen kam ich wenig zum Schlafen, versuchte am Tag soviel Neues und Amerikanisches in mich aufzusaugen wie nur irgend möglich und zog des Abends allein oder mit Kollegen durch die neue Gemeinde. Im Hotel liefen dann noch lange nach Mitternacht die Fernsehapparate. Was immer ich sah – Nachrichten oder den größten Klamauk –, ich verbuchte es vor mir selbst als Intensivkurs in Kultur und Sprache. Das schnelle Tempo faszinierte: Fliegen, ein Auto mieten, alles praktisch, modern und unkompliziert, die Geschäfte bis in die Nacht geöffnet, kaufen, schnell verbrauchen, morgen neue Abenteuer, ein neuer Themenbereich, die nächste Reise, Kennenlernen einer anderen Stadt.

Die Phase zwei hat dann sicher auch mit Heimweh zu tun. Die Küche – na ja, sie begann ein wenig eintönig zu werden … Ich konnte für fünf Stunden ins Flugzeug steigen und stieß bei der Landung auf dieselbe Mixtur von Kettenrestaurants. Die Speisekarte glich der in Washington Punkt für Punkt. Beim Frühstück im Drugstore – zwischen Putzmitteln und Arzneien – die Plastikteller über den Tresen geschoben, der schon gebutterte Toast und die Marmelade irgendwo auf die Rühreier und die viel zu fetten Bratkartoffeln geknallt. Beliebig viel Kaffee, aber ich als Europäer hatte schon bald meinen Durst nach diesem Getränk gestillt. Natürlich hätte ich diese schnellen Gerichte salzen oder mit Ketchup übergießen können. Doch kommt es einem in der Amerika-kritischen Phase so vor, als sei das ganze Land ohnehin schon mit Ketchup übergossen. Es fällt plötzlich auf, daß die Bank aussieht wie eine Kathedrale oder wie ein griechischer Tempel; dafür erinnert die nächste Kirche mit ihren riesigen Parkplätzen davor an ein McDonald's-Restaurant. Überdimensionierte bunte Reklametafeln überall, wobei die Lieblingsfarbe der Werbung ausgerechnet ein metallisches Rosa zu sein schien. Das Pompöse kann abrupt an das Schäbige grenzen. So etwas wie Geschmack war damals, in den frühen siebziger Jahren, ein elitärer, undemokratischer Begriff. Und wenn dem heimwehkranken Europäer irgendwo das Wort »Café« entgegenleuchtete, dann ahnte er, es werde ja doch nur wieder ein Schnellimbiß sein.

Die Phase der Depression kann in schlimmen Fällen bis zu sechs Wochen andauern, dann lichtet sich die dunkle Stimmung wieder. Ich hatte inzwischen einen amerikanischen Führerschein und war durch einen Stapel Kreditkarten als vollwertiges Mitglied der amerikanischen Gesellschaft ausgewiesen. Und da ich einen Arbeitgeber hatte, der mich gut bezahlte, hatte ich auch bald ein Apartment gefunden. Am Swimmingpool schloß ich schnelle Freundschaft mit jedem, der sich dort tummelte; es wurde mal bei diesem und mal bei jenem im Freien gegrillt, und irgendwo war immer eine Party. Ob man eingeladen ist oder nicht, das spielt in den USA keine allzu große Rolle. Man sollte nur nicht langweilig sein. Kurzum, so etwa nach drei Monaten kann sich der Zugvogel aus Europa gar nicht mehr vorstellen, irgendwo anders zu leben als in den USA.

Nichts paßt so gut zu diesem Land wie der Beruf eines Journalisten. Wir flogen zu den Goldgräbern nach Colorado und zu den Jugendbanden und religiösen Sekten nach Kalifornien. Ute war mit dabei und wurde jeden Tag neu bekehrt. In Wounded Knee in South Dakota wurde der letzte große Indianeraufstand noch einmal geprobt und niedergeschlagen. Kampfjets donnerten über die Stellungen der rebellischen Indianer, die Nationalgarde führte uns mit vorgehaltenem Gewehr aus den gesperrten Gebieten. In Wyoming ernannte mich der Sheriff von Cheyenne zu seinem Gehilfen, der Bürgermeister von Yuma im Süden von Arizona machte mich zum Ehrenbürger. Wir flogen zu den Eskimos ans Polarmeer, mit dem Präsidenten Richard Nixon nach Moskau und mit seinem Nachfolger Gerald Ford zum Staatsbesuch nach Mexiko. Es war der Rausch eines Reporterlebens.

Wir gewöhnten uns an, an jeder Tür zu klingeln, und wenn wir dem Hausherrn oder der Hausfrau erklärten, das deutsche Fernsehen arbeite gerade an einer Dokumentation über die Stimmung und die wirtschaftliche Lage im Lande, ist es uns eigentlich nie passiert, daß einer die Tür wieder zugeknallt hätte. Amerikaner finden es wichtig, in eine Fernsehkamera zu erzählen, wie gerade ihre Stimmung ist. Und sie haben das Talent, es geradeheraus und völlig unverkrampft zu tun. Es ist, als seien sie für die Fernsehkamera geboren.

Den größten Triumph mit dieser Überfallmethode hatte ich einmal in der Salzwüste in Kalifornien. Es war eine Landschaft wie in einem Traum – unter stahlblauem Himmel eine schneeweiße Kulisse. Der Kameramann hatte eindrucksvolle Bilder eingefangen, alle Menschen, die wir trafen, waren freundlich und hilfsbereit … Nur hatte die Geschichte keine Höhepunkte, keinerlei verblüffende Struktur. Unser Bericht versprach schön, aber irgendwie langweilig zu werden. Es fehlte ein kantiger Held. Wir begaben uns auf die Suche nach Motiven. Plötzlich hörte die Straße auf. Es ging einfach nicht weiter, die Welt war zu Ende. Wir parkten unsere Autos, holten einen Kasten Bier vom Wagen und hielten Rat. Da tuckerten in einem kleinen Laster zwei Cowboys heran, von wer weiß woher, und leisteten uns Gesellschaft. Und irgendwann kam mir eine Idee. Es war ein Versuch, ein Schuß ins Blaue: »Hier wohnt doch irgendwo dieser verrückte Typ … Wie heißt er noch mal? Also hier, am Rande der Mojave-Wüste, sagen die Leute, soll er doch wohnen …«

Die beiden hatten keine Ahnung, von wem die Rede sein könnte. Sie dachten nach, doch es fiel ihnen keiner ein, der verrückter sein könnte als ein deutsches Fernsehteam, das in der Wüste sitzt und nicht weiß, was es eigentlich sucht. Und so tranken wir friedlich weiter und schauten zu, wie die Sonne vom gleißenden Weiß in ein leichtes Rosa überwechselte. Unvermittelt richtete sich einer der Cowboys auf, kratzte sich unter seinem riesigen Hut und rief: »Ach, der … Aber mit dem würde ich mich nicht einlassen, der hat drei scharfe Hunde und liebt keine Besucher.« Und schon erinnerte sich der andere auch: »Mit dem hat eigentlich keiner Kontakt, und der soll ziemlich seltsam sein.« Wir tranken aus, und sie zeigten uns den Weg.

Die Hunde machten ein Riesenspektakel, als plötzlich Fremde in ihrem Revier auftauchten. Der Weg endete vor einem eisernen Tor, das mit einer Kette verschlossen war, daneben ein riesiges Schild, das vor der Bissigkeit der Hunde warnte. Das Ganze schien wie eine Fata Morgana – so eine Art Oase mitten in einer bizarren Gegend. Unter ein paar angetrockneten Palmen und allerlei Sisalgewächsen sah man eine Hütte. Eine Tür öffnete sich, und eine Stimme brüllte, was wir hier suchten. Ich brüllte zurück, daß wir vom deutschen Fernsehen seien, um über die allgemeine Stimmung im Lande zu berichten, und dazu hätten wir gern seine Meinung. Pause. Dann dröhnte es, wir sollten warten. Nach fünf Minuten kam der Inhaber der Stimme zum Tor, die Hunde winselten freundlich, der Mann ließ uns ein und teilte uns etwas ziemlich Überraschendes mit. Er habe mit seiner Gewerkschaft telefoniert, und die habe nichts dagegen, daß er uns seine Meinung über Amerika sage. Vorausgesetzt, der Sender sei nicht kommerziell und der Film laufe nicht in Kinos. Ich fing an, ihm die ARD zu erklären. Nach höchstens dreißig Sekunden winkte er beruhigt und gelangweilt ab.

Es stellte sich heraus, daß der Eremit in der Wüste Pferde dressierte. Immer wenn im etwa hundert Meilen entfernten Hollywood ein Western gedreht wurde und der Regisseur oder die Drehbuchschreiber irgendwelche Einfälle hatten, die von einem Pferd besondere Kunststücke verlangten, wandten sich die Studios an ihn. Und selbstverständlich – wie alle in Hollywood – war auch dieser Spezialist straff organisiert und hielt sich an die Regel, nur das zu tun, was seine Gewerkschaft abgesegnet hatte.

Wir hatten nun bei ihm freie Bahn. Er zeigte uns, wie er wohnte und was sein bester Hengst an Dressurakten beherrschte. So konnte er verblüffend lange auf den Hinterbeinen stehen und dabei mit den Vorderfüßen in die Luft schlagen wie ein Boxer. Dann sprach sein Meister bei langsam untergehender Sonne folgende Worte in unsere Kamera und an das Publikum im fernen Deutschland: »Amerika ist immer noch das beste Land der Welt. Hier kann jeder leben, wie er will. Das sehen Sie an mir. Ja, es gibt wohl in der Politik das eine oder andere Problem. Aber das werden wir lösen. Das Land ist groß, und hier ist Platz für jeden. Wer sich anstrengt, der schafft es auch, sich seinen Traum zu erfüllen. Ich jedenfalls kann mir gar nicht vorstellen, irgendwo anders zu leben.«

White House Correspondent

Im Weißen Haus regierte damals Richard Nixon. Ein Held und ein Schurke von überzeitlichem Zuschnitt, kaum noch in einen typisch amerikanischen Rahmen zu pressen – fast schon eine Figur, die nach einem Shakespeare ruft, um ihn in seiner Einsamkeit zu porträtieren. In der Außenpolitik war er genial und stellte die Weichen zur Beendigung des Kalten Krieges. Charakterlich war er voller Gegensätze: brillant, neurotisch, unbeugsam, in größeren Konzeptionen denkend, mißtrauisch und zutiefst verletzlich – ein Präsident hin- und hergerissen zwischen Größen- und Verfolgungswahn. Er stürzte über eine völlig unsinnige Affäre. Am 9. August 1974, knapp zweieinhalb Jahre vor Ablauf seiner regulären Zeit, schied er in Unehren aus dem Amt.

Drei Monate später sollte auch mein erster Vertrag als Auslandskorrespondent enden. Ich verließ Washington in dem Gefühl, ein historisches Kapitel Politik und Journalismus miterlebt und abgeschlossen zu haben. Präsident Nixon wird nicht als Vorbild und doch als eine der dramatischen Gestalten in die amerikanische Geschichte eingehen, soviel war mir klar.

Es dauert immer Monate, bevor ein neuer »White House Correspondent« Zutritt zur Zentrale der Macht erhält. Der Secret Service nimmt die Fingerabdrücke des Kandidaten und geht mit ihm sein Vorleben durch. Daheim in Deutschland – oder aus welchem Land der Erde ihn seine Zeitung oder Organisation nach Washington entsandte – fahren Geheimdienstler alle wichtigen Stationen dieses Lebens noch einmal ab und klopfen an die Türen von Menschen, denen er schon einmal über den Weg gelaufen ist. Hat er Vorstrafen? Nimmt er Drogen? Und vor allem: War er irgendwann politisch radikal? Erst wenn diese strenge Prüfung keinerlei Auffälligkeiten ergeben hat, erhält der Journalist seinen »White House Pass«. Der hängt an einer kleinen Kette und ist ständig um den Hals zu tragen, sobald man am Eisenzaun in der Pennsylvania Avenue die Sicherheitsschleuse betritt. »White House Press« ist unter Amerikas Journalisten die höchste Kaste. Jeder Sheriff zwischen Florida und Alaska wird es sich lange überlegen, ob er dem Träger einer solchen Plastikkarte mit dem Siegel des Präsidenten bei seiner Arbeit unnötigen Ärger oder Schwierigkeiten bereitet.

Wenn man auf das Weiße Haus zugeht, liegt rechts von der Auffahrt mit den griechischen Säulen in einem flachen Anbau das Pressezentrum. Tritt man ein, steht man vor einer Reihe von unbequemen Bänken; links eine Plattform mit fest vergebenen Kamerapositionen, rechts die Plattform und das Pult für den Redner: den Pressesprecher, einen Berater des Präsidenten oder den Präsidenten selbst. Gleich dahinter öffnet sich die Tür zu einem langen Flur, durch den die Kameraleute und Journalisten – wenn der Secret Service entsprechende Weisung hat – direkt ins Oval Office, ins Arbeitszimmer des Präsidenten, hasten. Die Prozession artet eigentlich jedesmal in ein Rennen und Gedränge aus, weil jeder bei diesen Fototerminen und Fragen-Zubrüll-Gelegenheiten einen strategisch günstigen Platz erobern möchte. Durch die Glastür an der linken Seite des Presseraums sieht man den berühmten Rosengarten, in dem der Präsident gelegentlich seine Gäste vor die Kameras führt.

Die Nachrichtensendungen der großen Fernseh-Networks schalten mindestens einmal am Abend zum Rasen vor dem Weißen Haus. Manchmal übernachten Korrespondenten – wie auch die Kollegen von den großen Zeitungen und Agenturen – sogar in jenem Flachbau, der im Untergeschoß noch über allerlei Arbeitsfläche verfügt. Ständig laufen dort die Kaffeemaschinen, piepsen Handys und klingeln Telefone. Und besonders hektisch geht es zu, wenn eine Krise oder Affäre die Lichter im Zentrum der Macht nicht erlöschen läßt.

Der Beruf des »White House Correspondent« ist so etwas wie eine Mischung aus Weltpolitik und familiärer Fixierung auf die handelnden Personen. Und für einen Präsidenten, der so dicht neben einem Horchposten des Journalismus wohnt, ist dieser Pulk der ewig Aufgeregten ein fester Teil seines Lebens. Sie selbst gaben sich den Spitznamen »Zoo«. Es sind immer dieselben Gesichter, die sozusagen Wand an Wand mit der Ersten Familie kampieren. So etwas wie Privatleben ist einem amerikanischen Präsidenten nun einmal kaum vergönnt. Er sieht diese fest akkreditierten Journalistinnen und Journalisten daheim in Washington, und sie begleiten ihn auf jeder seiner Reisen: ob nach Texas, Asien oder Europa. Im Grunde lebt diese Schicksalsgemeinschaft wie in einem Kokon oder unter einer Käseglocke. Wenn der Präsident verreist, verschiebt sich nur die äußere Kulisse. Irgendwelches Japan oder Rußland drumherum sind pure Zufälligkeiten. Als wir mit Richard Nixon mal für einen Tag und eine Nacht in Belgien zwischenlandeten, waren König Baudouin und Königin Fabiola auf dem Flughafen erschienen. Nixon begrüßte sie in Belgien und dankte ihnen für ihr Erscheinen, und mein Kollege Jan Reifenberg von der »FAZ« flüsterte mir zu: »Auf die Idee, daß er hier der Gast ist, kommt der gar nicht!«

Watergate – wie soll man diese Lawine in aller Kürze beschreiben? Der Skandal war die erste große Geschichte in meinem Reporterleben. Als alles vorbei war, sollte Hans Abich, der Programmdirektor des Ersten Deutschen Fernsehens, im Jahrbuch der ARD unter »Programmhöhepunkte 1974« unter anderem den Eintrag machen: »Lojewski und Watergate ...« Es begann als eine mysteriöse kleine Meldung auf den Lokalseiten der Washingtoner Zeitungen. Ein Wachmann hatte in einem Hotel- und Apartment-Gebäude am Potomac fünf Strolche auf frischer Tat beim Einbruch erwischt. Niemand kannte diese Leute, und in der Kriminalrubrik der Hauptstadt gab es tagtäglich Schlimmeres und Brutaleres zu registrieren als Einbrüche, bei denen Personen nicht zu Schaden kamen. Nur eines entzündete die Phantasie der Lokalreporter: Mieter dieses Apartments im sogenannten Watergate-Gebäude war die Demokratische Partei. Tatzeit war der 17. Juni 1972, morgens um halb drei. Knapp fünf Monate später – Anfang November – standen Präsidentschaftswahlen an. Der Republikaner Richard Nixon bewarb sich um eine zweite Amtszeit, sein demokratischer Herausforderer war Senator George McGovern.

Der Anfangsverdacht lag schnell auf der Hand: Dahinter könnten doch nur die Republikaner stecken – die Partei des Präsidenten –, die mal in den Regalen der politischen Konkurrenz nach strategischen Konzepten oder irgendwelchen brisanten Unterlagen kramen wollten. Was Benjamin Bradlee, den Chefredakteur der »Washington Post«, bewogen haben könnte, jede allzu schnelle Verzückung seiner auf den Fall angesetzten Lokalreporter Carl Bernstein und Bob Woodward zu bremsen, muß einfach der gesunde Menschenverstand gewesen sein. Denn George McGovern, der Demokrat und Herausforderer des Präsidenten, hatte nicht die geringste Chance, die bevorstehende Wahl zu gewinnen. Es schien einfach selbstzerstörerisch und idiotisch, im Lager der sicheren Sieger zu irgendwelchen faulen Tricks zu greifen.

Richard Nixons Herausforderer war eine aufrechte, ernste, etwas sektiererische Erscheinung. Nach amerikanischem Maßstab war er schon fast ein Sozialist. Und die große Mehrheit in den USA war für allzu soziale Programme noch nie besonders empfänglich. Im November hat George McGovern dann auch hoch verloren, und seitdem hat man nicht mehr viel von ihm gehört. Präsident Nixon dagegen war in diesem Wahljahr auf dem Zenit seiner außenpolitischen Erfolge. Zu Jahresbeginn hatte der Held der Konservativen einen kühnen Schritt getan und war als erster amerikanischer Repräsentant ins kommunistische China gereist. Nixon, der seine politische Karriere einst als Kommunistenjäger begonnen hatte, mußte keine Sorge haben, als zu weich oder gar als kommunistenfreundlich eingestuft zu werden. Und plötzlich hatte ausgerechnet er Henry Kissinger in geheimer Mission nach

Peking geschickt, hatte vor den Kameras der Welt Tschou En-lai die Hand geschüttelt und mit dem alternden Mao beim Tee zusammengesessen. Er hatte es geschafft, im Kräftefeld der drei mächtigsten Staaten den ewigen Feind in Moskau an die Wand zu spielen. Eine über Jahrzehnte politisch vereiste Welt begann an den Rändern aufzutauen. Prompt warb auch der sowjetische Generalsekretär Breschnew um die Gunst dieses genialen Amerikaners und nahm – trotz des fortdauernden Krieges in Vietnam – Abrüstungsgespräche mit dem Klassenfeind auf.

Wozu da noch, um wiedergewählt zu werden, ein so drittklassiges Gaunerstück wie den Einbruch ins Watergate-Gebäude? Wer immer dahintersteckte, er mußte ein Trottel sein. Kaum vorstellbar, daß die Zentrale einer Weltmacht, daß die Mannschaft eines in allen Meinungsumfragen unschlagbar führenden Präsidenten mit dieser Kriminalklamotte etwas zu tun haben könnte ... Und doch: Es stellte sich heraus, daß der Kopf der Bande – ein gewisser Howard Hunt – noch vor kurzem ein Büro im Weißen Haus gehabt hatte. Name für Name machte seinen Weg ans Licht der Öffentlichkeit wie in einem Stammbaum oder Organisationsschema der politischen Sünde: Gordon Liddy, James McCord ... Die Reporter Woodward und Bernstein sollen im inneren Zirkel der Macht einen anonymen Informanten gehabt haben, dem sie seiner tiefen Stimme wegen den von einem Sexfilm jener Tage entlehnten Decknamen »Tiefe Kehle« gaben. Feder für Feder zupften sie am Gefieder des Adlers, Mann für Mann nahmen sie die Regierung auseinander.

Der Reporter des Ersten Deutschen Fernsehens war regelmäßiger Gast in ihrer Redaktion, denn die nun auch in Europa immer berühmter werdenden Kollegen waren stets bereit, ihre Enthüllungen und Informationen zu teilen und breit zu streuen. Die Spur führte zu einem »Komitee zur Wiederwahl des Präsidenten«, das sich sozusagen in freier Mitarbeit eine kleine kriminelle Einsatzgruppe angegliedert hatte, die zunächst von einem Motel auf der gegenüberliegenden Straßenseite des Watergate-Komplexes die

Telefongespräche der Demokraten abhörte, bevor sich die Gano-
ven in jener Nacht zum 17. Februar zum Einbruch entschlossen.
Sie nannten sich »die Klempner«.

Hier hätte die Wahrheit wie ein scharfes, aber heilendes Skal-
pell wirken können. Richard Nixon, der Präsident, hatte diese
abenteuerliche Aktion ja nicht persönlich angeordnet. Auch vom
Verdacht einer Mitwisserschaft waren er und sein hohes Amt
weit entfernt. Aber dann verwirrte sich sein sonst so sicherer Instinkt und verleitete ihn zu jenem »cover up«, zu einem geradezu akribischen Verlangen, die Angelegenheit zur Chefsache zu
machen und zu vertuschen. Watergate wurde für ihn zur Besses-
senheit. Wie eine Krebskrankheit wucherte eine Verschwörung
durch die Zentrale der Macht und setzte immer neue Metasta-
sen. Von den »Männern um den Präsidenten« wurde einer nach
dem anderen davon erfaßt und trat schließlich zurück. Zunächst
handelte es sich um Namen, die in den Weiten des Landes keiner
kannte und auch keiner vermißte: Dwight Chapin, Charles Col-
son, John W. Dean III – ein junger alerter Anwalt, der plötzlich
Zugang zum Büro des Präsidenten bekam, um mit ihm abzustim-
men, wie das Licht der Wahrheit denn nun endlich zu stoppen
und zu löschen sei. Ein Präsident, der als oberster Repräsentant
des Staates geschworen hatte, Recht und Gesetz zu schützen, begann wie ein regionaler Mafia-Boß zu agieren und ging mit seinen
engsten Beratern, die sich auch um anderes hätten kümmern sollen, Möglichkeiten durch, wie Beweise zu beseitigen, Zeugen zu
bestechen und Spuren zu verwischen seien.

Der Justizausschuß des Repräsentantenhauses nahm sich der
Watergate-Affäre an, der Senat schaltete sich ein und hielt unter
dem Vorsitz des väterlichen Sam Erwin Anhörungen, die live im
Fernsehen übertragen wurden. Der Präsident seinerseits berief
einen Sonderermittler und feuerte ihn wieder, als der ihm zu un-
parteiisch und zu aufsässig wurde. Der Strahl der Wahrheit führte
gnadenlos immer weiter nach oben. Aus einem kleinen Gaunerstück war eine weltpolitische Krise geworden.

Die »Tagesschau« bestellte Tag für Tag einen Bericht von ihren Korrespondenten. Günter Müggenburg hatte inzwischen die Studioleitung übernommen, und wir verstanden uns auf Anhieb prächtig und teilten uns die Arbeit. Die Heimat war geradezu süchtig nach täglich neuen Enthüllungen in diesem bizarren Skandal. Heute war »Mügge« im Programm, morgen ich, an den meisten Tagen beide.

Es gab bereits Nachrichtensatelliten, die für die schnelle Übertragung von Bildern in die Heimat sorgten. Die Preise für den Weg über den Weltraum waren hoch, aber der Nachrichtenwert, das Interesse und das Erstaunen in aller Welt rechtfertigten alle Kosten. Der »Weltspiegel« stieg ein, »Brennpunkt«-Sendungen wurden aus aktuellem Anlaß ins Programm genommen. In Moskau und in Peking waren die Machthaber verwirrt. Sie verstanden überhaupt nicht, was das für ein Problem sein sollte, das den harten Mann im Weißen Haus plötzlich so klein und ängstlich machte.

Wir flogen mit dem Präsidenten nach Moskau, wo Richard Nixon und Generalsekretär Leonid Breschnew den komplizierten Prozeß der nuklearen Abrüstung vorantreiben wollten. In Jalta beschwor Henry Kissinger vor uns Journalisten die historische Chance und die Gefahren einer Verschleppung des historischen Prozesses. Es könne nicht mehr lange dauern, so sagte er im Sommer 1974, und die nuklearen Arsenale auf beiden Seiten seien derart vollgestopft, daß kein Politiker und kein Unterhändler mehr intellektuell in der Lage sei, die Zahl und Wirkungsweise all dieser Angriffswaffen und Abwehrsysteme zu überschauen und Pläne auf den Tisch zu legen, wie man diesen Wust und Dschungel ausgewogen reduziert. Es hat nichts genützt. Breschnew und Nixon haben Bootsfahrten unternommen und festliche Reden gehalten. Doch die Sowjets hatten das Vertrauen in die Stärke des Gesprächspartners verloren. In der Sache kam bei diesem Gipfeltreffen nichts heraus. Und wir – die zwischen Moskau und Jalta hin- und herpendelnden, mit unseren Gedanken immer in

Washington gebliebenen Journalisten – riefen dem Präsidenten nur immer die gleichen Fragen zu: nach Watergate.

Die größte Schwierigkeit war es, in Deutschland Abend für Abend all die Namen und deren Funktion in Regierung und Skandal in Erinnerung zu bringen und noch halbwegs verständlich einzuordnen. Auch das war für den Korrespondenten wie für den Zuschauer eine intellektuelle Herausforderung. Der innenpolitische Berater des Präsidenten, John Ehrlichman, trat zurück. Ebenso Bob Haldeman, der Stabschef des Weißen Hauses. Dann John Mitchell, der Justizminister und persönliche Freund des Präsidenten. Sie alle mußten später wegen Behinderung der Justiz oder wegen eidlicher Falschaussagen ins Gefängnis. Es war nur noch eine Frage der Zeit, daß Watergate den Mann an der Spitze selbst erreichen und verschlingen würde.

Im April 1974 war etwas Technisches, etwas geradezu Atemberaubendes an die Öffentlichkeit geraten: In allen Zimmern des Weißen Hauses standen seit Jahren Tonbandgeräte, die automatisch oder per Hand eingeschaltet wurden, wenn der Präsident den Raum betrat. Vom Tag seines Amtsantritts an war Richard Nixon davon besessen gewesen, der Nachwelt jedes Wort zu erhalten, das er im Weißen Haus sprach. Wahrscheinlich hatte er selbst inzwischen diese historisch einmalige Installation vergessen. Als die Nachricht von der Existenz all dieser Tonbänder bei einem der vielen Hearings wie nebenbei herauskam, forderte der Justizausschuß des Abgeordnetenhauses sofort Kopien an, um endgültig Klarheit zu bekommen, ob Richard Nixon sich denn nun wie ein Präsident verhalten hatte oder wie ein kleiner Gauner. Hier war dokumentiert, was er wußte, wie er reagierte und ob er im Gespräch mit seinen Mitarbeitern auch wirklich darauf gedrungen hatte, der Wahrheit ans Licht zu helfen.

Die Regierung sträubte sich, die Bänder herauszugeben, machte Geheimhaltung sensibler Staatsgeschäfte geltend und focht für die Unversehrbarkeit und Würde des Präsidentenamtes. Aber schließlich gab sie nach. Unter der Aufsicht zweier Abgeordneter wurden Abschriften sämtlicher Gespräche eines Präsidenten gemacht, bei denen Watergate das Thema war. Das Ergebnis war erschreckend und ernüchternd. Ernüchternd auch, weil den Amerikanern eine Illusion abhanden kam. Natürlich hatte niemand vorher angenommen, daß Politiker im engen Kreise ihrer Vertrauten so pathetisch miteinander reden wie bei ihren öffentlichen Auftritten oder in ihren Fernsehansprachen auf der Kanzel der Nation. Aber daß der Ton in den heiligen Gemächern des Staates über weite Passagen so billig, so zynisch und kalt berechnend sein könnte, das hätten zuvor nur hartgesottene Skeptiker oder fanatische Gegner dieses Präsidenten behaupten können. Nun aber belegten es hunderttausend dicke, gleichsam offizielle Berichte der Staatsdruckerei. Einige der Flüche und obszönen Floskeln waren nur mit dem Satz vermerkt: »Ausdruck im Protokoll gestrichen.« Aber da, wo es zum Verständnis des Zusammenhangs erforderlich war, wurde im Wortlaut wiedergegeben, was genau Richard Nixon gesagt hatte. Und das reichte, um der Würde des hohen Amtes seinen Glanz und seinen Zauber zu nehmen.

In diesem Stadium der öffentlichen Debatte heuerte das Weiße Haus einen Geistlichen an, der die Funktion haben sollte, dem Präsidenten in einem von Religiosität geprägten Land eine Art Absolution zu erteilen. Gott, so predigte nun Pater John McLaughlin einer erstaunten Öffentlichkeit, sehe in die Herzen der Menschen. Er wisse um ihre Begrenztheit und um die besondere Anspannung derer in hohen Ämtern. Und so werde Gott in der Beurteilung von uns Menschen Milde walten lassen, wenn die Motive unseres Handelns edel seien und jemand in seiner Ratlosigkeit und in schwieriger Situation Wörter gebrauche, die er sonst nicht benutzt. Wir alle seien nicht frei von Sünde, erinnerte der Geistliche die Amerikaner und schloß: Der Mensch dürfe nicht strenger sein als sein Schöpfer.

Eines Tages spazierte ich mit Pater McLaughlin über den Rasen des Weißen Hauses, und wir diskutierten die neuesten Aspekte des Watergate-Skandals aus ebenjener theologischen Sicht. Da trat Richard Nixon aus dem Weißen Haus. Er humpelte an uns vorbei auf das alte Verwaltungsgebäude zu. Denn in jenen für ihn so schweren Tagen litt der Präsident auch noch an einer Venenentzündung im Bein, und alle großen Zeitungen hatten schon den Rat ihrer Experten eingeholt, ob die Ursachen einer solchen Erkrankung rein medizinischer oder möglicherweise auch psychologischer Natur sein könnten. »Sehen Sie«, flüsterte mir der Pater erregt ins Ohr, »er humpelt schon deutlich weniger als noch vor Tagen …«

Ich konnte sein Urteil nicht teilen. Da zog ein grauer, gebückter Mann an uns vorbei, vor dem die Welt ja immer noch zitterte, weil seine Gegner warnten, er könne notfalls noch schnell einen Krieg anzetteln, um Watergate aus den Schlagzeilen zu drängen und seiner Amtsenthebung zu entgehen. Es war ganz still um uns herum, und der Präsident sah nicht links und nicht rechts. Mit zerquältem, steinernem Gesicht schaute er seinen Füßen beim Gehen zu.

Shakespeare hatte damals wieder einmal seinen Weg in die Kolumnen der politischen Kommentare gemacht. Da war im alten England ein König, der zufällig auch Richard hieß. Die Auftrittsverse von Richard III. hatte ich mir in der Fassung von Schlegel besorgt, um sie auch auf deutsch zitieren zu können, falls sich eine Gelegenheit dazu böte. Man dürfe, so erinnerte ich mich an meine Kieler Schulzeit, nicht zuviel Pathos in die Stimme legen, man müsse den Text im Rhythmus des Stolperns und Humpelns lesen. Und tatsächlich humpelte hier einer der Großen seiner Zeit dem Ende seiner Macht entgegen. In der Seele eines jungen Reporters begleiteten ihn Shakespeares Verse: »Bin ich gewillt, ein Bösewicht zu werden und feind den eitlen Freuden dieser Tage …, die Hunde bellen, hink' ich wo vorbei …«

Wie oft habe ich Ute versprochen, doch endlich mal die alten Papiere auszumisten und das meiste wegzuwerfen. Ich verspreche es ihr immer wieder. Entweder ist meine Sammelleidenschaft zu groß, oder ich trenne mich zu schwer. Ein guter Psychologe wird gewiß die tieferen Gründe dafür finden, warum einer, der so oft Abschied nahm, derart festhält an verstaubten Trophäen und Souveniren.

Zwischen meinen Büchern steckt das »Königlich-Bayrische Wanderbuch« des Bäckergesellen Johann Christian Beck aus Kulmbach. In einem Wiesbadener Antiquariat fiel es mir in die Hand, und irgendwie fühlte ich mich spontan seinem längst verstorbenen Träger verbunden. Dieses »Wanderbuch« wurde ihm am 26. November 1840 ausgestellt und gestattete das Reisen »auch ins Ausland – mit der Ausnahme von Frankreich«. Ausland, das war im 19. Jahrhundert schnell erreicht. Doch den Bäckergesellen aus Kulmbach hat es im Laufe der nächsten zwölf Jahre auf dem Flickenteppich europäischer Fürstentümer und Königreiche bis nach Konstantinopel verschlagen.

Die 64 malerisch gefüllten Seiten, in Italien kunstvoll in Leder gebunden, sind eine imposante Sammlung von Stempeln und markigen Handschriften seiner Meister und der behördlichen Sekretäre. Das einzige Visum ist ein eingeklebter langer Lappen in arabischer Schrift, der die Einreise in die Türkei erlaubte, alles andere – auf italienisch, französisch und deutsch – sind Zeugnisse über »treues und fleißiges Betragen«, woraufhin dann jedesmal die »ortsobrigkeitliche« Erlaubnis zur Aus- und Weiterreise erteilt wurde. Vorgebunden sind die Instruktionen und das »Allerhöchste Rescript«, also die nachhaltige Ermahnung des Königs, daß Handwerksgesellen, die nach ihren Wanderbüchern die vorgeschriebene Zeit nicht in wirklicher Arbeit verbracht haben, sondern »mit bloßem Herumvagieren«, nicht zur Meisterprüfung zugelassen werden.

Was einem Zeugnis meiner Wanderjahre am nächsten käme, sind sieben alte, entwertete Reisepässe, und so blättere ich in den Protokollen meiner eigenen Wanderschaft. Sie mögen wohl Nachweise wirklicher Arbeit sein, aber die mischte sich eben auch auf eine glückliche Art mit dem sündigen Herumvagieren. Und das verbindet den Journalisten mit dem wandernden Bäckergesellen, daß beiden gestattet, ja geradezu von allerhöchster Stelle verordnet ist, die Welt kennenzulernen, bevor sie in der Heimat Meister werden sollten. Der Paß Nummer vier beispielsweise weist unter dem 9. November 1974 den Einreise-Stempel der Bahamas aus. Das war der etwas verlängerte Heimweg eines jungen Reporters von einer vierjährigen Dienstreise in die USA.

Nirgendwo auf der Welt ist das perfekte Wetter garantiert. Ich habe auch auf den Bahamas schon Wolkenbrüche erlebt, die so heftig waren, daß Flugzeuge vor lauter Wasser auf der Startbahn nicht abheben und nicht landen konnten. Und einmal auf den benachbarten Turk- und Caicos-Inseln haben Ute und ich eine Woche lang in einen Regen geschaut, den ein vorbeiziehender Hurrikan unermüdlich herangeschaufelt hatte. Aber in jenem Spätherbst 1974 war das Wetter auf diesen Inseln so, wie Prospekte es zeigen. Ich habe in jenem trüben Monat, da in unseren Breitengraden die Tage immer kürzer werden, einen alten Skipper unter Vertrag genommen, ein oder zwei Stunden täglich mit mir durch das türkisblaue Wasser am Korallenriff zu segeln. Ich lag mit dem Kopf über dem Bug vor dem Mast und schaute zu, wie wir langsam über eine märchenhafte Landschaft glitten. Die Sonne schien so hell, und das Wasser war so klar, daß mir die sanfte Fahrt über die Korallen vorkam wie der Flug über ein Gebirge. Felsmassive türmten sich auf, und plötzlich stürzte der Blick hinunter in die Tiefe. Alles gleichmäßig im Licht. Tausende bunter Fische schwebten in dieser Meereslandschaft wie exotische Vögel. Gelegentlich sprang ich über Bord und tauchte ein in dieses helle Blau, und die Fische hatten nicht den geringsten Respekt vor dem etwas klobigen Besucher. Ich schaute sie voller Bewunderung an, sie schauten erstaunt, aber zutraulich zurück. Mir kam es so vor, als hätte ich sie mit den Händen greifen können.

Auf einem dieser Tauchgänge habe ich mir eine Conch vom Meeresboden gepflückt. Das ist fast schon ein Wappentier der Bahamas: eine handgroße, manchmal sogar kopfgroße Muschel. Dieses Prachtexemplar unter den tropischen Schalentieren sieht gewunden wie ein Füllhorn aus, weiß mit rotbrauner Musterung, und hat nach außen steinerne Zacken. Auf der Unterseite ist die Schale glatt und glasiert wie Porzellan. Mein bahamaischer Segelboot-Kapitän hat später an Land das feste, auf den Inseln gern in einer Suppe gekochte Fleisch aus dem Gehäuse gezogen, die Schale mit Benzin gereinigt und mir als Gebrauchsanweisung mit auf den Weg gegeben: »Wo immer Sie auch sind, halten Sie die Conch fest ans Ohr, und Sie hören die Wellen der Karibik rauschen!« Als ich stolz mit meiner Beute in einem naßkalten, nebelgrauen Hamburg gelandet war, rümpfte Ute die Nase und stellte fest: »Die stinkt!«

Dagegen war schlecht zu argumentieren. Der gesamte Inhalt meines Koffers stank, aber diese Muschel sollte nicht umsonst gestorben sein. Den ersten Winter verbrachte sie noch auf dem Balkon, seitdem hat die Conch einen festen Platz in Utes Arbeitszimmer auf dem Vorsprung eines Bücherregals. Immer morgens ging ich hinaus, um den Ozean rauschen zu hören. Ich brauchte diese Stärkung. Denn die ersten Wochen wieder in der Heimat waren für mich eine Phase ziemlich trüber Gedanken. Deutschland erschien mir nicht nur eng, sondern auch äußerst kompliziert. Auch kam es mir so vor, als seien die Menschen schlechter gelaunt als auf der anderen Seite des Ozeans. Wohin ich auch ging, ich packte es falsch an, drückte mich falsch aus, hatte die Unterlagen nie vollständig parat und sah überhaupt nicht ein, warum man selbst die einfachsten Dinge des Lebens mit soviel Ernst und Grundsätzlichkeit betreiben müsse.

In den USA war alles so locker und leicht gewesen. Ja, wenn nun irgendwo »Café« dranstand, dann war es auch wieder ein Café; und ja, der Kaffee war zudem aromatischer und stärker. Drüben hatte der Elektriker möglicherweise nicht viel von seinem Handwerk verstanden, der Klempner war vielleicht noch vor drei Wochen ein Kellner gewesen und der schnell angeheuerte Kameramann ein Taxifahrer. Doch freundlich und fröhlich hatte ich sie in Erinnerung. In Hamburg stellte mir jeder Handwerksmeister oder Schuhverkäufer plötzlich fachliche Fragen, die ich so völlig korrekt nicht beantworten konnte. Sie schüttelten die Köpfe, sie redeten mal nachsichtig und mal vorwurfsvoll auf mich ein. Alle möglichen Zuständigkeiten, Richtlinien und Kriterien oder gleich die ganze Notwendigkeit des Verfahrens wurden von mir in Frage gestellt oder doch falsch eingeschätzt. Ein von der Leichtigkeit des amerikanischen Lebens irgendwie Verwöhnter hatte den Eindruck, den simpelsten Anforderungen des bundesrepublikanischen Alltags nur unter strenger und ständiger Belehrung durch seine Umwelt gewachsen zu sein. Als ich in jenen Tagen im Autoradio die Stimme von John Denver hörte, zwang mich eine heimwehähnliche Regung, sofort rechts ranzufahren, um meine sentimentalen Gefühle in Ruhe auszukosten: »Take me home, country roads, to the place I belong. West Virginia, mountain mama, take me home, country roads …«

Auch im Beruf lief die Sache nicht so, wie ich mir das vorgestellt hatte. Der Sender war voller tüchtiger Kollegen, die eine feste Entschlossenheit ausstrahlten, alle Positionen, die mir auf Anhieb gefallen hätten, auf längere Zeit, wenn nicht auf ewig in Besitz zu halten. Inzwischen war Martin Neuffer Intendant des NDR. Als ich bei ihm zum Kaffee erschien, um mich wie nach siegreichem Feldzug zurückzumelden und die Perspektiven in der Heimat auszuloten, war auch der neue Senderchef seinem ehemaligen Amerika-Korrespondenten ein wohlwollender Gesprächspartner. Neuffer hat mir dann später so manchen Weg geebnet und so manches Tor geöffnet, er hatte Humor, wir kamen prächtig miteinander aus. Nur in jenem ersten Gespräch stellte sich heraus, daß meine Probleme im Vergleich zu den seinen nicht so drängend und sicher weniger dramatisch waren.

Im Grunde war mein Ehrgeiz überzogen. Ich weiß nicht mehr, was mir eigentlich vorschwebte, aber das, was man mir anbot, schien mir für einen erfolgsverwöhnten Journalisten im tatkräftigen Alter von 37 Jahren wenig erregend: stellvertretender Leiter der »Weltspiegel«-Redaktion. Doch siehe da, nach kurzer Zeit war mein Kummer verflogen. Denn Leiter dieser Redaktion und stellvertretender Chefredakteur war ein noch bunterer Zugvogel, als es mein ostpreußisch-norddeutsches Temperament hergab: Dieter Kronzucker. Wo er war, war immer was los. Und wenn nichts los war, dann fiel ihm etwas ein. Und plötzlich hatte auch ich noch die eine oder andere Idee.

Wir haben im Ersten wie im Dritten Kanal über jedes Land und zu jedem Thema Sondersendungen ins Programm gebracht. Andere Kollegen kamen hinzu und schwärmten wieder aus: Horst Hano, die Inderin Navina Sundaram, Christian Herrendörfer, Wilrun Diek. Alles, was wir betrieben, begann als spontaner Einfall, weitete sich zu Betriebsamkeit und Chaos und endete meist als vorzeigbare, zumindest aber als originelle Sendung.

Nach dem Organisationsschema oder Weltenteilungsplan der ARD gehörten Asien, Afrika und Skandinavien und jeweils für vier Jahre im Wechsel mit dem WDR auch die USA zum Hoheitsgebiet des Norddeutschen Rundfunks. Wir waren viel unterwegs, um bei unseren Korrespondenten auszuhelfen. Und wir halfen ihnen selbst dann, wenn die Kollegen vor Ort eigentlich gar keine Hilfe wollten.

Dieter Kronzucker zog es immer wieder nach Lateinamerika, wo er vor seiner »Weltspiegel«-Zeit Korrespondent gewesen war. Christian Herrendörfer und ich waren regelmäßige Gäste in Afrika und Asien. Bei mir kam dann noch der Wunsch hinzu, immer mal wieder in meiner alten Heimat USA nach dem Rechten zu sehen. Die meisten afrikanischen Stempel in meinen Wanderbüchern sind aus dem Sommer 1975, als unser Korrespondent Rolf Seelmann-Eggebert zwei Monate Urlaub in Europa machte. Kenias Hauptstadt Nairobi war der Sitz des Studios und Ausgangspunkt jeder Safari. Von dort ging es ins benachbarte Tansania oder in das damals international geächtete Rhodesien und heutige Simbabwe, über den Viktoria-See nach Uganda, wo der Diktator Idi Amin auf bizarre und brutale Weise herrschte, und schließlich nach Angola, wo damals gleich drei Freiheitsbewegungen untereinander einen Bürgerkrieg ausschossen. Ein Jahr später machte unser Asien-Korrespondent Winfried Scharlau seinen langen Sommerurlaub. Das führte mich nach Indien, Thailand und Singapur, und aus irgendeiner Laune des Zufalls heraus bekamen wir als erstes westliches Fernsehteam nach dem Vietnam-Krieg eine Einreise- und Arbeitserlaubnis für das »befreite« und nunmehr kommunistische Laos.

Über Idi Amin und seine Mordlust wäre viel zu erzählen. Wir erlebten ihn in einem ausgehungerten und von seinen Truppen terrorisierten Land als Gastgeber einer Konferenz für Afrikanische Einheit. Fast täglich lief er uns über den Weg und wollte interviewt werden, bis einem jungen Reporter die Fragen ausgingen. Auch über den Krieg in Angola, der eigentlich immer noch nicht zu Ende ist, berichteten wir – oder über jene Studenten in Laos, die während des Vietnam-Krieges so leidenschaftlich gegen die Amerikaner demonstriert hatten. Wir durften sie auf einer Sträflingsinsel im Umerziehungslager besuchen, weil sie in ihrer Begeisterung für den Sozialismus nun auch mit den Siegern diskutieren wollten, statt nur gehorsam in die Hände zu klatschen.

Um nicht zu sehr in alten Schlachten zu schwelgen, will ich einfach nur die Geschichte von Susy erzählen. Sie gibt Einblick in die Zeit und in die Atmosphäre, auch in die Welt und Arbeitsweise der höchsten Reporter- und Journalistenkaste, der Auslandskorrespondenten. Die Satellitenübertragung und die digitale Nachrichtentechnologie mögen ihren Alltag beschleunigt und ihm so einiges von seinem Zauber und seiner Exotik genommen haben, aber die meisten von uns, die einmal in diese Umlaufbahn gerieten, blieben dem Ruf der freien Wildbahn verfallen und gelten im eigenen Land als schwer resozialisierbar. Es gibt Experimente, sie mit Chefredakteurs- oder mit Moderatorenposten wieder an die Heimat zu binden. Aber das klappt nicht immer. Peter Scholl-Latour, Gerd Ruge und Winfried Scharlau sind nur ein paar Namen, die mir spontan einfallen – Kollegen, die in der Ferne einfach glücklicher waren.

Also, ich glaube, daß sie Susy hieß. Sie war eine kleine schwarze Katze mit ein paar weißen Flecken da und dort. So ganz allgemein habe ich ihr nie gezeigt, daß ich Katzen mag. Dies wiederum war für Susy eine Herausforderung, sich besonders um mich zu bemühen. Auf dieser Basis kamen wir gut miteinander aus. Mein Freund Winfried dagegen, Susys Herr und Meister, war ihr größter Fan und Verehrer. Wer Winfried Scharlau kennt, der kennt ihn als einen Mann des klaren Verstandes, als einen der schärfsten Analytiker des weltpolitischen Geschehens. Er ist ein Intellektueller, Gelehrter, herausragender Journalist. Er hat viele Kriege miterlebt, viel menschliche Dummheit und viel menschliches Leid. Und so richtig in Verzückung zu geraten ist nicht seine Art. Nur wenn Susy mit hochgestrecktem Schwanz durch die Studierstube strich, dann zerfloß sein realistischer Sinn zu nichts.

Die Geschichte spielt in Hongkong, also im Sommer 1976, als mir Winfried für drei Sommermonate sein Studio, seine Wohnung, ja eigentlich ganz Asien zum journalistischen Herumstreunen überließ, um seinen bereits erwähnten und wohlverdienten Urlaub anzutreten. Es war eine wunderschöne Zeit. Hongkong erstrahlte in technologischer Hektik und in fernöstlichem Zauber. Und wenn es dem Reporter und seinem Kamerateam langweilig wurde, schwärmten sie nach Indien, Laos oder sonstwohin aus. Zum Wäschewechseln kam ich dann stets nach Hongkong zurück, wo auch Susy mal freudig und mal leicht gekränkt auf mich wartete.

Beim Lesen kam sie auf meinen Schoß, allerdings blieb sie nie sehr lange ruhig, weil es sie doch störte, wenn meine Aufmerksamkeit mehr den Büchern oder den Zeitungen galt als ihr. Sie wollte spielen, ich nicht. Dann krallte sie sich an mir fest, der eine oder andere Pullover und diese oder jene Hose nahmen erkennbar Schaden, aber ich habe mich meist durchgesetzt. Morgens lag sie in meinem Bett, und mir war nie klar, wie sie bei verschlossener Schlafzimmertür dorthin gekommen war. Oft weckte sie mich viel zu früh durch ein vorwurfsvolles Miau.

Eines Tages – von irgendwoher zurückgekehrt – fiel mir auf, daß ich viel zu lange geschlafen hatte. Keine Susy im Bett, von nirgendwoher das Miauen. Die nette chinesische Amah, die dem Korrespondenten die Hemden wusch und das Essen kochte, hatte das Frühstück angerichtet, den Kaffee auf eine Warmhalteplatte gestellt, ließ sich aber nicht blicken. Es herrschte im Prinzip jene so oft ersehnte, wohltuende Stille; doch irgendwie war diese Stille auch bedrohlich.

Im Studio, eine Etage tiefer, waren die Kollegen seltsam wortkarg und zurückhaltend an diesem Morgen, bis schließlich Britta Nielsen, die den Laden schmiß, damit herausrückte: »Susy ist verschwunden!« Wie sie aus einem Hochhaus verschwinden konnte, das war ebensowenig herauszufinden, wie zuvor das Rätsel zu klären gewesen war, daß sie durch geschlossene Türen in mein Schlafzimmer schlich. Sie war einfach weg. Alle denkbaren Verstecke waren schon durchsucht. Vergeblich! Das war die Lage.

Mir war klar, daß Winfried mir dies nie verzeihen würde – ganz egal, wer nun schuld war an Susys Verschwinden. Die Verantwortung hat ja letztlich immer der Korrespondent. Die Situation war sehr ernst, und irgendwie begann ich nun auch, Susy zu vermissen. Nachts eine leere Wohnung, morgens kein Miauen, der Gedanke, daß sie nun einsam und ohne Schutz durch die Millionenstadt Hongkong stromern könnte, beunruhigte uns alle. Sie war es ja nicht gewohnt, sich gegen ein rauhe Umwelt durchzusetzen. Und als ein jüngerer Mitarbeiter die Geschmacklosigkeit besaß, uns aufzuklären, Katzen landeten doch in Hongkong ziemlich schnell im nächsten Kochtopf, als er sogar noch längere, taktlose, wahrscheinlich frei erfundene Ausführungen folgen ließ, auf welche Art der Chinese Katze zubereitet, sprach für den Rest des Tages keiner mehr ein Wort mit ihm.

Jegliches journalistische Schaffen für die »Tagesschau« oder für andere wertvolle Sendungen wurde erst einmal eingefroren. Wir hielten nun täglich Krisensitzungen ab. Asiens Politik, Kriege und Sorgen reduzierten sich auf das Schicksal einer kleinen Katze. Die Idee, in der »South China Morning Post« eine Anzeige aufzugeben und eine Belohnung von hundert oder mehr Hongkong-Dollar auszusetzen, wurde wieder verworfen. Hier war die Sorge zu groß, es könnten plötzlich Scharen von Menschen mit irgendwelchen Katzen vor unserem Studio stehen. Schließlich kamen wir zu der Erkenntnis: Irgendwann nachts sei Susy weggelaufen, irgendwann nachts – wenn überhaupt – werde sie zurückkehren und dürfe dann die Türen nicht verschlossen finden.

Drei Nächte lang wurden Kollegen abkommandiert, im Schichtdienst mit dem diensthabenden Hausmeister rund um das Gebäude zu laufen und auf deutsch, auf englisch und chinesisch alle möglichen Laute und Geräusche zu machen, auf die eine Katze reagieren könnte. Ich schlief wenig und schlecht in den kommenden drei Nächten. Und plötzlich am vierten Morgen: »Miau…« Susy, wie immer mit hochgestrecktem Schwanz, streifte munter durch das Schlafgemach.

Sie hatte tatsächlich in der dritten Nacht – so plötzlich, wie sie fortgelaufen war – auch wieder vor der Tür gestanden. Freudig sprang ich aus dem Bett, um sie zu greifen und zu streicheln. Das war natürlich taktisch ein Fehler. Susy spürte meine plötzlich erwachte Leidenschaft und nutzte schamlos die Situation. Ohne mir auch nur den Kopf zuzuwenden, strich sie achtlos an mir vorbei und verschwand in der Küche.

Der Proporz und sein geheimnisvolles Wirken

Es wird gelegentlich viel Nettes über uns Journalisten gesagt, aber irgendwie traut man uns ja doch wieder nicht über den Weg. Das gilt besonders für uns Leute vom Fernsehen, die im Einklang mit einem weitverbreiteten Mißtrauen wohl nur in genauer Dosierung zu ertragen sind. So schwebt denn auch über den öffentlich-rechtlichen Anstalten immer so ein wachsamer Geist oder ein Schutzengel, der dafür sorgt, daß zumindest in den gehobenen Positionen die Strömungen fein ausgewogen bleiben. Im Prinzip ist das geistige Spektrum ja überschaubar: Da gibt es die Linken, und da gibt es die Rechten.

Auch ich hatte in diesem geheimnisvollen Wirken meist einen klaren Verrechnungswert. Bestimmte Positionen wurden mir angeboten und bestimmte nicht. Es wäre albern gewesen, die Frage nach dem Warum zu stellen. Das vergnüglichste Beispiel, um aus meinem eigenen Erleben den sogenannten Proporz zu erklären, sind zwei Interviews, die ich im Abstand von ein paar Jahren den Kollegen vom »Stern« gegeben habe. Sie endeten beide mit der Frage, was denn nun mein nächster beruflicher Wunsch, mein Traumjob sei. Beim ersten Mal sagte ich: »Surflehrer auf Kos!«, und prompt bekam ich zwei Wochen später einen Brief von der griechischen Insel, daß ich sofort anfangen könne. So antwortete ich beim nächsten Mal: »Intendant des Bayrischen Rundfunks!« Wochen vergingen, der Postbote kam und ging, kein Brief aus München war dabei. Seitdem sei mir klar, sage ich nun jedem, der zu diesem heiklen Thema gewisse Vermutungen hat, daß es zur Stabilisierung der Demokratie wohl zwingend gewesen sei, für die Stelle jenes Surfers auf Kos nach einem Linken Ausschau zu halten. Ein Rechter hätte da alles durcheinandergebracht.

Aber manchmal ist es Journalisten eben doch gelungen, die Mauern in den Köpfen zu durchbrechen. Zum Beispiel hat es Mitte der siebziger Jahre im Fernsehen des NDR eine kleine Revolution gegeben. Und wie so oft in den Anstalten der ARD wurden Revolutionen erst einmal in den Dritten Programmen geprobt. Es ging um die wöchentlichen Magazine. Da gab es bei uns im Norden eines für die Landespolitik, eines für die Wirtschaft und schließlich eine Sendung, in die so gut wie alles paßte – solange es nur im Ausland geschah. Auf die Dauer erschien uns ein solches Schema zu steril. Es war ja nicht so sehr aus Rücksicht auf den Zuschauer so festgelegt worden, weil der etwa die Welt nur in vorsortierten Portionen genießen könne, es paßte eher in eine Art behördliche Organisations- und Denkstruktur. Die drückte sich in kleineren und größeren Kästchen aus, in denen die Namen der Redaktionsleiter standen, so daß Leute, die Verantwortung trugen für die Seelen der Menschheit, genau erkennen konnten: Das ist einer von uns, einer von denen, ein Rechter, ein Linker und so weiter.

Das Fernsehen des Norddeutschen Rundfunks hatte den unerschütterlichen Ruf, ein eher linker Haufen zu sein. Der Chefredakteur Peter Merseburger war bekennender Linker. Allerdings hatte die SPD keine Kontrolle über ihn. Herbert Wehner wurde damals mit den Worten zitiert, die Journalisten von »Panorama« – dem Magazin, das Merseburger moderierte – seien »freischwebende Arschlöcher«. Dieter Kronzucker war stellvertretender Chefredakteur und freischwebender Rechter. Dann gab es noch drei oder vier Redaktionsleiter. Die meisten von denen hielten ihr Segel leicht steuerbord, die anderen leicht backbord in den Wind. So hatte alles seine Ordnung, und die Welt hing stabil im Trapez.

In der medienhistorischen Debatte, wer eigentlich der Erfinder von »extra drei« gewesen sei, kursieren mehrere Theorien. Die eine besagt, es sei Dieter Kronzucker gewesen, es passe einfach zu ihm. Er hat mir mal ein paar Kassetten von Sendungen gezeigt, die er und seinesgleichen im WDR produziert hatten, und die waren wirklich verrückt. Die andere Vermutung läuft auf Peter Merseburger zu. Als leidenschaftlicher Taktiker habe er sich an Mao Tse-tung und der chinesischen Kulturrevolution orientieren wollen, um gemeinsam mit der journalistischen Basis die Ressortleiter zu entmachten. Vielleicht war aber auch Rudi Lauschke einer der Betreiber, der zu lange in der Landespolitik Stellvertreter war und möglicherweise neue Abenteuer suchte. Ich – soweit ich mich erinnere – war es nicht. Auch wenn von vornherein feststand, daß ich das neue Magazin moderieren sollte. Diese Entscheidung hatte keiner in irgendwelchen höheren Etagen getroffen, sie wuchs einfach unter den Journalisten.

Das Konzept der neuen Sendung war ziemlich simpel: Man löst all die vielen Magazine auf und gründet ein gemeinsames neues. Also nicht mehr 45 Minuten lang nur Landespolitik oder 45 Minuten nur Wirtschaft und dann 45 Minuten lang nur Ausland, sondern ein Magazin, bunt gemischt wie das Leben. Natürlich sollten die Ressortleiter für alle Berichte aus ihrem Bereich die fachliche Kompetenz und die Oberhoheit behalten. Aber die glitt ihnen bald aus der Hand. Daß dadurch etwa der Einfluß des Chefredakteurs gewachsen wäre, war ebenfalls nicht festzustellen. Es strömten einfach Journalisten in einem großen Raum zusammen, die Stimmung dort war kreativ, und wenn jemand eine Idee hatte, dann sagten Rudi Lauschke oder sein Partner Gerhard Quack: »Mach das doch!«

Es war eigentlich nie beabsichtigt, aus »extra drei« eine Satire-Sendung zu machen; es kann nur die gute Laune der Autoren gewesen sein, die das Magazin gelegentlich in diese Richtung trieb. Rechts oder links wurden jedenfalls zu Kategorien von gestern. Mal beschwerten sich die einen, weil ein uns von »Panorama« zugelaufener Autor den Kommunisten Max Reimann in einem Nachruf einen aufrechten Demokraten nannte; mal brandete die Empörung von der anderen Seite gegen die Tür der Redaktion, weil eine Art Mode-Beraterin mit vornehmem Klang in der Stimme Auskunft gab, welche Farben, welcher »Look« auf

dem Marsch zum Kernkraftwerk Brokdorf »out« seien und welcher
modische Trend in jener Saison den Typ des engagierten Demonstranten vorteilhaft unterstreichen könne. Aus allen möglichen
Abteilungen kamen die Autoren zu uns. So betrachtet, waren wir
durchaus marktwirtschaftlich positioniert. Wer kräftig zupackte,
war viel im Programm, und wer nur klug redete, an dem ging das
Leben vorbei. Gelegentlich unterlief uns auch dieser oder jener
Fehler. Aber Lauschke und Quack waren erfahrene Redakteure,
meist rettete uns ihr Instinkt vor leichtsinniger Recherche.

Die Sendung erwarb sich als eine der ersten in Deutschland
den zweifelhaften Ruf, »Kult« zu sein. Studenten sahen sie gerne,
und auch die Zuschauer in der DDR. Eduard von Schnitzler stellte uns regelmäßig in seinem »Schwarzen Kanal« als Beispiel für
die Verderbtheit des Klassenfeindes vor. Das wiederum half uns
gelegentlich an anderen politischen Fronten. In der Chefredak-
teurskonferenz trugen die Besonnenen und Besorgten hin und
wieder vor, sie hätten überhaupt nicht verstanden, was in der letzten Sendung dieser oder jener Beitrag sollte – was denn das Thema, was die Klage, was die Botschaft an den Zuschauer gewesen
sei. Wir gewöhnten uns an, solche Kritik geradezu herauszufor-
dern und zum Maßstab des Erfolgs zu machen. Immer wieder wurde von verunsicherten Kollegen die Frage aufgeworfen: Was ist
denn das Konzept der Sendung? Dann beugten sich alle vorwurfsvoll Angeschauten unter ihre Stühle, hoben die Teppiche an,
kramten im nächststehenden Regal herum und versicherten dem
jeweiligen Bedenkenträger: Hier irgendwo müsse es doch sein!
Aber keiner konnte sich schließlich erinnern, dieses Konzept je
gesehen zu haben.

Ein Fan der Sendung war übrigens Martin Neuffer, der Intendant. Er war schon als Oberstadtdirektor von Hannover als
Förderer von Kunstwerken aufgefallen, die nicht jeder Hanno-
veraner auf Anhieb verstand. Zugegeben, einige unserer Sendungen – oder nur Teile davon – waren ganz sicher ohne sozialen
Wert, aber manchmal sprühten eben aus dem Chaos auch ein

paar Funken des Genialen. Jedenfalls kam es uns so vor. »Extra drei« war das Munterste und Frechste, an dem ich je als Journalist beteiligt war.

Zum Ende des Jahres 1978 gab es einige Veränderungen. Wir verloren Dieter Kronzucker an das ZDF, wo er in seiner Eigenschaft als guter Journalist und mutmaßlicher Rechter eine neue Nachrichtensendung aus der Taufe hob: das »heute journal«. Dieter versuchte mich mitzulocken, aber das Team stand schon fest: Klaus Bresser auf dem linken Flügel, Gustav Trampe war der Libero. Die ARD reagierte mit den »Tagesthemen«. Die erste Mannschaftsaufstellung der Moderatoren las sich so: Klaus Stephan vom Bayrischen Rundfunk, Ernst-Dieter Lueg vom WDR, Alexander von Bentheim vom SFB und Barbara Dieckmann auf Vorschlag des Hessischen Rundfunks. Barbara war vom ersten Tag an der Star. Sie strahlte etwas Selbstsicheres und Kämpferisches aus, das die Männer anzog und mit dem sich die weiblichen Zuschauer identifizieren konnten. Die »Bunte Illustrierte« schrieb über diese Moderatorin, man halte sie fälschlicherweise für eine schlimme Linke. Dagegen mache sie doch eher den Eindruck einer hingebungsvollen »Spiegel«-Leserin und wähle bestimmt F.D.P.

Der NDR war vorerst noch nicht an der Besetzungsliste beteiligt. Ich wurde Leiter des »Weltspiegel«, den der neue stellvertretende Chefredakteur Hans Wilhelm Vahlefeld mit sonorer Stimme moderierte. Wir waren sehr unterschiedlich im Temperament und ergänzten uns daher prächtig. Als Chefredakteur hatte man Winfried Scharlau aus Asien gelockt, der das Amt mit großem Ernst betrieb. Schon bald allerdings gingen Bentheim und Lueg den »Tagesthemen« verloren, und Scharlau oder Neuffer – oder auch beide – kamen auf die Idee, der ARD ein NDR-Talent als neuen Moderator anzubieten: mich. Leider waren Scharlau und auch Vahlefeld bei der ersten Lesung im Kreise der vielen anderen Chefredakteure nicht dabei, Ludwig Schubert trug den Vorschlag aus dem Norden vor. Die Sitzung nahm einen etwas verblüffenden Verlauf. Denn aus irgendeinem Grund hatte sich eine graue Eminenz, der Programmdirektor des stets besonders einflußreichen WDR, Heinz-Werner Hübner, in diese Sitzung verirrt. Wir waren später die besten Freunde, nur zu diesem Zeitpunkt leider noch nicht. Als Hübner meinen Namen hörte, fuhr er aus der Haut und hielt den versammelten Chefredakteuren eine Standpauke über das dramatisch sinkende Niveau speziell in der Riege der Moderatoren. Und als es schließlich zur Abstimmung kam, hob unser Mann tapfer seine Hand, alle anderen Chefredakteure stimmten dagegen.

Am nächsten Tag bat mich Scharlau zur Krisensitzung und erklärte mir die Spielregeln der ARD. Im Grunde, so sagte er, sei ja noch nichts passiert. Eine solche erste Runde sei nur ein Stimmungstest, um die Chancen eines Bewerbers auszuloten. Der NDR könne meinen Namen jetzt zurückziehen, und ich könne ohne jeden Makel aus dieser Niederlage hervorgehen. Das fand ich etwas unsportlich und gab zu bedenken, daß ein empörtes Nein der ARD-Chefredakteure meinem journalistischen Selbstbewußtsein viel besser täte als so ein verstohlener Rückzug. Das leuchtete Scharlau ein. Zur nächsten ARD-Konferenz ging er nun selbst. Und siehe da: Alle Chefredakteure fanden es plötzlich eine gute Idee, daß ich die »Tagesthemen« moderieren sollte.

Die Aufgabe war eine Herausforderung. Die Redaktion war neu, überwiegend jung und nach irgendeinem Schlüssel der ARD aus allen Teilen Deutschlands zusammengewürfelt. Die Konferenzen zogen sich manchmal in die Länge, alle Debatten wurden mit Leidenschaft geführt. Die einzelnen Ressorts kämpften gegeneinander um die Themen, die Sender legten großen Ehrgeiz hinein, mit ihren Reportern und ihren Berichten bei uns vertreten zu sein. Chefredakteur aller Sendungen von ARD-aktuell war Dieter Gütt – ein erfahrener, aufbrausender und gleichzeitig äußerst sensibler Journalist. Er war uns Jüngeren ein Idol, übte seinen Beruf geradezu fanatisch aus, und es war zu beobachten, wie diese Flamme sich verzehrte. Er konnte Mannschaftsaufstellungen aller großen Fußballspiele der Vergangenheit auswendig hersagen; er spielte Bridge und Skat; er kannte sich in europäischer Geschichte aus wie kein zweiter. Zu seinen besonderen Wissens- und Forschungsbereichen gehörten die Stammbäume sämtlicher Königshäuser. Doch im übrigen war er ein Linker. Das widersprach sich nicht, an Gütt war einfach vieles extrem. Er litt an Deutschland, da war er auch nicht zu trösten. Er konnte humorvoll und im nächsten Augenblick tieftraurig sein. Als er Jahre später seinem Leben ein Ende setzte, wurde es in einem großen Fernsehspiel dramatisiert.

Günter Müggenburg war sein Stellvertreter und Chef der »Tagesschau«. Wir drei kannten uns aus gemeinsamen Zeiten in den USA. Dort hatten wir gelegentlich am Rande von Krisen und Konferenzen Skat gespielt, und nun taten wir es mit Regelmäßigkeit – täglich zwischen 17 und 18 Uhr in einer Kammer neben Gütts Büro. Dort stand der Kopierer, daneben ein kleiner Tisch und drei oder vier Stühle. Eines Tages klopfte Britta Nielsen, die es aus Hongkong in Gütts Sekretariat verschlagen hatte, zaghaft an die Tür und störte die Heiligkeit der Stunde. Der ARD-Vorsitzende von Sell sei am Telefon, und die Sache sei äußerst dringend. »Wir rufen zurück«, knurrte Gütt sie an, und Britta hat nie wieder gewagt, zwischen fünf und sechs an diese Tür zu klopfen.

Das »heute journal« war unser täglicher, stets respektierter Konkurrent. Es war der Vorteil der ARD, in jedem Bundesland nicht nur durch ein Studio, sondern durch ganze Sendeanstalten mit Tausenden von Mitarbeitern vertreten zu sein. Wo immer der Sturm über die Deiche oder durch die Wälder brauste, wo immer in einem Land ein politischer Skandal ausbrach, konnten gegen zwei oder drei Kamerateams vom ZDF notfalls zwanzig oder dreißig des jeweiligen Landessenders aufgeboten werden. Aber Größe kann auch ihre Nachteile haben. So war allein die Zahl der Chefredakteure in der ARD ebenso eindrucksvoll wie bedrohlich. Um 14 Uhr mußten wir in einer Schaltkonferenz immer acht oder neun solcher Chefs unsere Programme vortragen. Und wenn dieser oder jener Themenvorschlag, den ein Sender für den Tag eingebracht hatte, nicht auf dieser Liste erschien, konnte die Konferenz in ein ziemlich anstrengendes Gefeilsche und in allerlei scheinheiliges Argumentieren ausufern, um endlich mit einer überzeugenden journalistischen Entscheidung oder auch mit einem lauwarmen Kompromiß zu enden. Es gilt wohl für alle Berufe, aber für den des Journalisten besonders: Vorgesetzte – so nett sie auch sein mögen – stören ja irgendwie doch. So ist es schon ein Vorteil, wenn sich die Zahl der Ratgeber in überschaubaren Grenzen hält.

Und dann war da noch etwas, um das ich die Kollegen vom »heute journal« von Anfang an beneidet habe. Wenn wir mal telefonierten, vergaß Dieter Kronzucker selten, mir stolz und fröhlich zuzurufen: »Wir haben unsere eigenen Reporter!« Spätestens in solchen Augenblicken stand mein Entschluß fest: Im nächsten Leben gehe ich zum ZDF!

Aber zunächst hatte das Schicksal noch anderes mit mir vor. Die Existenz des NDR stand auf dem Spiel. Die Länder Niedersachsen und Schleswig-Holstein – beide damals CDU-regiert – fühlten sich von den Linken in Hamburg dominiert und unverstanden; Schleswig-Holstein kündigte den Staatsvertrag, der die damalige Drei-Länder-Anstalt zusammenhielt. Ein Verwaltungsrichter hat den Norddeutschen Rundfunk schließlich gerettet, der in dieser Kündigung eines Landes nicht die Auflösung des ganzen Senders, sondern nur den Austritt eines der Partner sah. Und da Schleswig-Holstein allein keinen eigenen Sender gründen wollte, ging der damalige Ministerpräsident Stoltenberg reuevoll in den Verband zurück. Ich sehe ihn noch vor mir, wie der »große Klare aus dem Norden« mit Haltung vor die Kameras trat und gelassen konstatierte: »Vor Gericht und auf hoher See sind wir alle in Gottes Hand.«

Wäre das Urteil damals anders ausgefallen, wäre ich nach Bremen gegangen. Mein Förderer und Fan Gerhard Schröder war inzwischen bei Radio Bremen Intendant und hatte mir den Posten eines Chefredakteurs offengehalten. Am Tag, an dem sein alter Sender gerettet war, telefonierten wir, und ich sagte ab. Der wiederauferstandene NDR bekam nun einen konservativen Intendanten: Friedrich-Wilhelm Räuker. Sein Stellvertreter wurde Jobst Plog, und mein Freund Rolf Seelmann-Eggebert, der ARD-Korrespondent in London war, erhielt das überraschende Angebot, Programmdirektor zu werden. Eine seiner ersten Programmideen war, mir das Studio London anzubieten.

Natürlich nahm ich schweren Herzens Abschied von den »Tagesthemen«, und doch wollte ich wieder an die frische Luft. Die Politik in Deutschland war inzwischen ein so festes, sich ständig wiederholendes Ritual geworden, daß es für den Journalisten nur noch wenige Überraschungen gab. Alle Parolen der Parteien waren hundertmal ausgetauscht, für jedes Argument gab es ein festes Arsenal an Gegenargumenten. Ein Politiker trat durch die Tür, und du wußtest, was sein Lieblingsthema war und was er sagen würde. Hatte er es gesagt, dann war klar, wer als nächster zur Pressekonferenz erscheinen würde. Und auch dessen Ideen und Rezepte waren hinlänglich bekannt. Überhaupt: Immer häufiger hörte ich mir zu, wie ich Fragen stellte und nicht mehr gespannt auf die Antworten war. Der Kalte Krieg zwischen Ost und West hatte bis in die kommunale Politik hinein unser Denken eingefroren. So tauschte ich einen Moderatorenstuhl für die Hoffnung auf endlich mal etwas Neues.

Über die sogenannte Chemie

Als ich im Januar 1982 in London eintraf, lag schon ein Brief auf meinem Schreibtisch: Premierministerin Margaret Thatcher gebe sich die Ehre, zu einem Mittagessen in Number 10 Downing Street einzuladen. Dies verdankte ich Helmut Kohl, der damals noch Bonner Oppositionsführer war und seinen Besuch bei einer politisch befreundeten Regierung machte. Die Unionsparteien stellten zwar inzwischen im Deutschen Bundestag die größte Fraktion, aber noch hielt die Koalition von SPD und FDP unter Bundeskanzler Helmut Schmidt. Kohl sprach in seiner Tischrede von einer Verfälschung des Wählerwillens in Deutschland und machte längere Ausführungen über seine Jugend als begeisterter Europäer und über Churchill, als dessen Enkel er sich empfand. Dem Gesicht der Gastgeberin war anzumerken, daß sie ersteres nur eine begrenzte Zeit interessierte und daß letzteres ihr mißfiel.

Margaret Thatcher war damals schon fast drei Jahre im Amt, und im Umgang mit Männern hatte sie sich mehr und mehr den Ton einer Lehrerin oder auch Gouvernante zugelegt: aufmunternd, gütig, aber auch streng. Das galt nicht so sehr den Gästen aus Deutschland. Eher schon war ihr anzumerken, daß sie speziell in der Zuwendung an ihre eigenen Parteifreunde und Minister dieses forsche, anspornende Tempo genoß. Aus ihren Memoiren war dann später auch überaus deutlich herauszulesen, daß mehrere dieser Gentlemen in den dunkelgestreiften Anzügen zwar im Gehabe und Getue laut und raubaukig aufgetreten, aber, wenn es darauf ankam, eingeknickt seien. Mit der »Eisernen Lady« war im Königreich ein neuer Typ von Konservativen an die Macht gekommen. »Maggy« sah ihre Aufgabe keinesfalls nur darin, den britischen Gewerkschaften und all den anderen im gegnerischen Lager Beine zu machen, sondern vor allem auch ihrer eigenen Partei und jenem Club der »Old Boys«, der sich mit Politik nur die Zeit vertrieb. Als der Kaffee serviert wurde, gab sie mit schneidender Stimme das lange erwartete Signal: »Jetzt dürfen Sie rauchen, wenn Sie unbedingt müssen!«

Auch das Gespräch mit einem deutschen Oppositionsführer, der nach dem rauhen britischen Mehrheitswahlsystem längst Kanzler gewesen wäre, litt unter einer atmosphärischen Besonderheit. Denn es gab in jenen Tagen tatsächlich Männer, zu denen Frau Thatcher mit Bewunderung aufschaute. Und zu denen gehörte ausgerechnet Helmut Schmidt. Den hatte vor den Wahlen im Mai 1979 noch die Vorgänger-Regierung unter dem Labour-Premier James Callaghan nach London eingeladen – in der völlig unrealistischen Erwartung, auch diese Wahl durch irgendein Wunder noch einmal zu gewinnen. Und so kam Schmidt als erster offizieller Besucher in die von neuen Mietern besiedelte Downing Street. Man hatte wohl zunächst daran gedacht, diesen Besuch zu verschieben. Doch dann rollte man doch den roten Teppich aus, und – siehe da – die beiden Regierungschefs verstanden sich prächtig. Frau Thatcher hatte schon nach dieser ersten Begegnung Schmidts »tiefes Verständnis« für internationale wirtschaftliche Zusammenhänge erkannt und pries bei jeder sich bietenden Gelegenheit den deutschen Kanzler, der besser als so mancher Konservative in Großbritannien den Wert einer festen und letztlich eben auch konservativen Finanzpolitik erkannt habe – obwohl, wie sie einräumte, sich dieser Deutsche ja wohl als Sozialist verstehe. Mit dem Nicht-Sozialisten Helmut Kohl dagegen stimmte von vornherein die sogenannte Chemie nicht so recht. Sooft ich die beiden in den kommenden fünf Jahren beobachtete, war nie etwas von Herzlichkeit oder gar Seelenverwandtschaft zu spüren. Was auch immer ihre Probleme oder Themen waren: Er sprach lange, pathetisch und in den praktischen Details etwas unbestimmt; sie war meist knapp, hart und selten unklar in dem, was sie wollte und was nicht – bis hin zum schroffen: »Nein, nein, nein!«

Vielleicht – bevor wir mit Margaret Thatcher in den Falkland-Krieg ziehen – ist dies die Gelegenheit, ein paar Worte über den Gast zu sagen, der schließlich doch zu einem der großen deutschen Politiker wurde. Ich traf Helmut Kohl vorwiegend auf seinen Auslandsreisen und beobachtete sein Bonner Wirken meist nur aus der Ferne. So fühle ich mich nicht als Experte, um über seine historische Leistung, seine Stärken und Schwächen, Triumphe oder auch seine Tragik Endgültiges zu sagen. Meine Beobachtungen sollen sich nur auf das Verhältnis des Politikers Kohl zu uns Journalisten beschränken. Und da habe ich meine großen Zweifel, ob er in all den Jahren unsere Stärken und Schwächen, unser Wesen und Wirken und vor allem unsere Instinkte auch nur halbwegs erspürt oder begriffen hat. Manchmal konnte er mit uns zutraulich und bis an die Grenze der Ermüdung geduldig sein, und dann wieder sah er in Leuten mit Schreibblock, Mikrophon und Kamera nichts als eine Meute von Wegelagerern.

Zugegeben, wir haben ihn auch nicht immer richtig eingeschätzt. So mancher der wenn schon nicht zur Objektivität, dann doch wenigstens zu etwas Realismus Verpflichteten hielt ihn schlichtweg für plump, primitiv und ungehobelt und setzte darauf, er werde schon bald über seine eigenen Füße stolpern. Denn dieser Politiker hat sich nie bemüht, Journalisten zu faszinieren. Doch schließlich hat er es geschafft, ihnen seine Spielregeln zu diktieren. Er hatte die Macht, und die ist nun einmal ein sehr überzeugendes Argument, und schließlich erstreckte sich das »System Kohl« auch in Bereiche, in denen eine Regierung eigentlich nichts zu suchen hat. Er telefonierte oft und gern und umgab sich mit Leuten, die im vertraulichen und geheimen ebenfalls viel telefonierten. Zudem hatte Kohl unter den Journalisten seine Lieblinge; mit denen wanderte er durch die Weinberge in der Pfalz. Und er hatte seine klar ausgemachten Feinde; die verachtete er und hielt sie auf Distanz. Solange er stark war, funktionierte das.

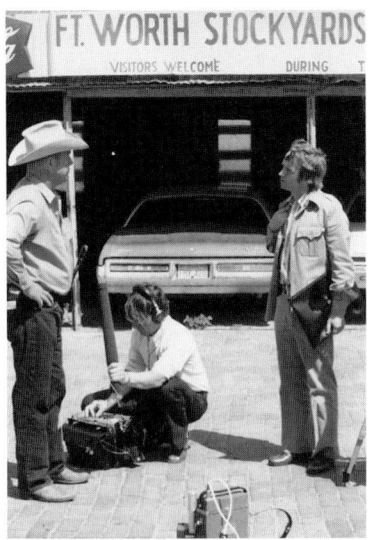

25 *(oben links)* Impressionen aus
den USA: Rindermarkt in Fort Worth
(Texas) 1972
26 *(oben rechts)* New York: Reportage
über Jugendbanden in der Bronx

27 *(unten)* Vor dem Weißen Haus: live
nach Deutschland

28 *(oben links)* Mit Winfried Scharlau
in Indien: Getreidemarkt im Punjab
29 *(oben rechts)* »Weltspiegel«-Zeit: 1976
kreuz und quer durch Asien

30 *(unten)* Mit dem Team in Laos:
Kameramann Seelbach (l.) und Ton-
mann Sievers

31 *(oben links)* Für die Sendung
»Rund um Big Ben« Kurs Nord/Nord-
west: mit dem Katamaran zu den
Hebriden
32 *(oben rechts)* In Londons Oxford
Street

33 *(unten)* Manchester: Filmset der Serie
»Coronation Street«

34 Surfen –
den Wind in den Händen halten

35 Wieder in den USA:
bei den Cowboys in Arizona

36 *(oben links)* Mit Cutterin Hella
Vietzke in Camp David, dem Landsitz
des Präsidenten
37 *(oben rechts)* Rote Lampen, grüne
Lampen ... Mit dem White House auf
Reisen

38 *(unten)* Mit Ute: Betriebsausflug
des ARD-Studios Washington auf dem
Potomac

39 *(links)* Interview mit dem Dalai Lama

40 *(unten)* »Doch, doch, euch Deutschen kann man trauen!« Das ARD-Team zu Besuch bei Ronald Reagan (links meine Kollegin Thea Rosenbaum)

41 »Und nun das ›heute journal‹«

Meine erste Begegnung mit dem frisch gewählten Parteivorsitzenden der CDU fand im Sommer 1973 im Washingtoner Watergate-Hotel statt. Wir saßen zu viert in einer schummrigen Ecke des Restaurants: Helmut Kohl, seine Frau Hannelore, Jan Reifenberg von der »FAZ« und ich. Der neue Hoffnungsträger aus der Heimat redete in einem unendlichen Schwall. Schließlich langweilte mich das, und ich wandte mich Frau Hannelore zu. Mit ihr konnte man sich recht lustig unterhalten – vor allem über die Trotteligkeit von Männern, die immer alles verlegen und vergessen oder in irgendwelchen Koffern verstauen, die dann verlorengehen. Vor dem Flug nach Washington hatte sie das Gastgeschenk für jemanden im Weißen Haus einem Referenten in Mainz in die Hand gedrückt und ihm befohlen, es so lange im Arm oder auf seinem Schoß zu halten, bis sie ihm in Washington sagen würde: »Jetzt geben Sie es wieder her!« Wir waren uns einig: Nur unter der Obhut von Frauen seien Männer zu etwas nütze. Ihr Gemahl bekam von solchen Albernheiten nichts mit, er war hoch über den Wolken im tiefen Gespräch mit sich selbst.

Im Ausland war er eigentlich immer zugänglich und auskunftsfreudig. Probleme hatte meist nur meine Cutterin, irgendwelche Interviews oder Redeausschnitte auf eine für die »Tagesschau« erträgliche Länge herunterzukürzen. Dabei wird es einem Korrespondenten schon mal verziehen, wenn sich sein Auftritt mit dem Bundeskanzler vor dem Weißen Haus oder in der Downing Street über die eherne Schwelle der »Einsdreißig« hinausbewegt, also über die klassische Länge für jeden Bericht von einer Minute und dreißig Sekunden. Es war so schwer, in den Ausführungen des Politikers Kohl die Stelle, den Punkt, jenes Ende eines Gedankens zu finden, um irgendwo endlich Schluß zu machen und zu schneiden. Kaum hoffte man, jetzt sei das glückliche Ende gekommen, da hob sich die Stimme wieder, und der Gedanke wurde mit einem weiteren wichtigen – meist historischen – Einschub angereichert, der dann seinerseits noch mehrere Kurven ziehen konnte, bevor das Ganze irgendwo zur Landung kam. Und wenn man in seiner Verzweiflung schon zum Hörer greifen wollte, um die Kollegen in Hamburg davon zu überzeugen, der Bericht sei nur in einer gewissen Überlänge halbwegs zu verstehen, dann kamen dem Korrespondenten schon wieder Zweifel, ob das Senden dieses Ganzen denn wohl beim Zuschauer mehr Klarheit schaffen würde als ein mutiger, brutaler Schnitt.

Einmal – bei einem Gipfeltreffen im Schloß von Dublin – war es spät geworden, und der Kanzler trat vor die Presse, als es in Deutschland so etwa fünfzehn Minuten vor Beginn der »Tagesschau« war. Für irgendwelche Interviews war es längst zu spät, und so bat ich ihn, im ersten Satz einfach das Wichtigste zusammenzufassen, und dies werde dann gleich in Deutschland in die Wohnzimmer strahlen. Es unterstreicht die Ernsthaftigkeit seines Charakters und das völlige Unverständnis für die Nöte der Medien, daß Kohl daraufhin seine Ausführungen mit noch weiterem Ausholen begann: »Ich bin gebeten worden, das Wichtigste unserer Verhandlungen zu Beginn in einem Satz zusammenzufassen. Aber, meine Damen und Herren, das ist nicht so leicht bei der Komplexität der Materie. Lassen Sie mich Ihnen deshalb vorweg noch einmal deutlich machen …« Ich riß dem Kameramann die Kassette aus dem Apparat und rannte zum Übertragungswagen, um einfach nur festzustellen, die Verhandlungen seien sehr lang und sehr schwierig gewesen, aber schließlich sei man sich nähergekommen. Von der Sache selbst verstand ich herzlich wenig, und für ihn, der Ministerpräsident in Rheinland-Pfalz gewesen war, ist es wahrscheinlich die große Chance gewesen, einer müden Meute von Journalisten endlich mal einen längeren Vortrag über eins seiner Lieblingsthemen zu halten. Es ging um neue europäische Richtlinien für den Weinanbau.

Ein anderes Mal standen wir in der Downing Street, als die britische Premierministerin in irgendeiner Sache wieder einmal einen insularen und patriotischen Standpunkt vertrat und mit dem Rest der Europäischen Gemeinschaft den Kampf aufnahm. Helmut Kohl reiste als Vermittler von Hauptstadt zu Hauptstadt.

Es lief überall ganz ausgezeichnet, nur in London nicht. Die Tür von Downing Street 10 öffnete sich. Kamera ab! Frage des Reporters der »Tagesschau« an Helmut Kohl, ob denn das Gespräch mit Frau Thatcher die Gegensätze habe abbauen können oder auch nicht. Ausführlich klärte mich der Bundeskanzler zunächst über die Bedeutung der Angelegenheit für das zusammenwachsende Europa auf, um dann ebenso gründlich darauf einzugehen, wen er gerade in den letzten Tagen in Rom, Paris und Brüssel getroffen habe und wie harmonisch es dort überall gelaufen sei. Spätestens als wir Brüssel erreichten, brach ich dieses Interview ab und dankte ihm für diese so gründliche Einweisung eines Londoner Korrespondenten in das Spektrum europäischer Zusammenhänge. Allerdings, so gab ich zu bedenken, der Zuschauer der »Tagesschau« wisse dies alles sicher schon. Denn wenn der Bundeskanzler in den letzten Tagen in Rom, Paris und all den anderen Metropolen in einer so wichtigen Sache unterwegs gewesen sei, dann sei das bestimmt auf jeder dieser Stationen in den Nachrichtensendungen in Deutschland bereits hinlänglich erklärt und gesendet worden. Wir hätten doch überall Korrespondenten. Nun aber seien wir in London, nun müßten wir über Margaret Thatcher reden. Das sah er ein, und wir nahmen einen neuen Anlauf.

Manchmal erkläre ich mir den etwas weltfremden Umgang dieses Politikers mit der Presse damit, daß es seinen vielen Beratern entweder an Mut gefehlt habe, ihren Chef über ein paar simple Zwänge, Gewohnheiten oder auch Tricks der anderen Seite aufzuklären, oder sie sind eben auch nie so recht zu Wort gekommen. Als ich mit Kanzleramtsminister Friedrich Bohl einmal darüber sprach, ob er seinen Chef nicht wenigstens hin und wieder zum sogenannten Schaltgespräch mit dem Moderator des »heute journals« überreden könne, war die Antwort nur: »Sie wissen ja, wie er ist!«

Die letzte große Pressekonferenz mit Bundeskanzler Helmut Kohl habe ich in trauriger Erinnerung. Es war in der Nacht vom

8. zum 9. Mai 1998, um 2 Uhr, in einem öden Saal in Brüssel. Wir vom ZDF hatten ein eigenes Studio auf dem Platz vor dem EU-Gebäude aufgebaut und berichteten in mehreren Live- und Sondersendungen über die schwere Geburt des Euro. Da gab es in den letzten Stunden vor dem endgültigen Ja der Staats- und Regierungschefs zur gemeinsamen Währung einen Streit, der später schnell wieder vergessen war. Der Niederländer Wim Duisenberg wurde für eine Amtszeit von acht Jahren zum Präsidenten der Europäischen Zentralbank gewählt. Allerdings hatte der französische Präsident Chirac der Versammlung das Zugeständnis abgepreßt, daß Duisenberg nicht die vollen acht Jahre abdienen, sondern schon vorher freiwillig und »aus Altersgründen« zugunsten des Franzosen Jean-Claude de Trichet zurücktreten solle. Das war ein bißchen komisch und wurde in der europäischen Presse als Blamage für den »Vater des Euro«, Helmut Kohl, gewertet. Für die neue Währung war es nicht gerade ein gutes Omen. Aber eine Katastrophe war es auch wieder nicht. Daß der Reisende ab 2002 zwischen Spanien und Schweden kein Geld mehr tauschen muß, wird in den Geschichtsbüchern Europas ein fettgedruckter Eintrag bleiben.

Wir hatten – bevor diese Krise um Duisenberg und Trichet alles tief in die Nacht verschob – ein Interview mit dem Bundeskanzler ausgemacht. Diesmal nicht drei oder vier, sondern mit Rücksicht auf das historische Ereignis mindestens fünfzehn Minuten. Wenn das Gespräch spannend sei, dann eben auch eine halbe Stunde. Meine Kollegen und die Mitarbeiter des Presseamtes suchten einen passenden Raum und klärten Details mit allerlei Sicherheitsdiensten ab. Und dann kam das Problem: die Stühle. »Also«, flüsterten Helmut Kohls Berater. »Sie kennen ihn ja, er sitzt nicht gerne, er steht lieber. Da sieht er vorteilhafter aus.« Das, sagte ich, lasse sich schon irgendwie regeln. Aber eine halbe Stunde im Stehen, das werde ein ziemlich gequältes Spektakel werden. Hinzu komme seine wuchtige Größe, daneben ich mit gerade 1,70 … Ein Kopf am oberen, einer am unteren Rand des Schirmes – das sei eine Inszenierung wie von Loriot. Die unterschiedlichen Konzepte waren nur schwer auf einen Nenner zu bringen. Es war einfach keiner da, der es auf sich nehmen wollte, mit Helmut Kohl über Stühle zu reden – auch sein Staatssekretär nicht. Man spürte fast körperlich die Angst. Schließlich haben meine Kollegen zur Auswahl drei Sorten von Stühlen in diesen Raum gestellt, und ich habe den Leuten aus dem Kanzleramt versichert, keiner von ihnen müsse mit ihrem Chef über Stühle debattieren. Ich traue mir zu, ihm die Sache schonend beizubringen, er werde das schließlich verstehen, und sie könnten dann am Monitor in der Regie kontrollieren, daß das Bild im Sitzen viel hübscher sei als jede Herumsteherei.

Am Ende kam die Sendung nicht zustande, weil sie nachts um drei wohl kein Publikum mehr gefunden hätte und für den heraufziehenden Tag die Kollegen von »Bonn direkt« den Stab der zusammenfassenden Information übernahmen. Aber der nächtliche Auftritt des Kanzlers vor der Presse war ein einziges Gemetzel. Der Euro war ja nun geboren, und seine Rolle als Europäer wird Helmut Kohl so leicht keiner streitig machen. Und doch spürte man in jener historischen Stunde keinen Lufthauch, nicht das leiseste Rauschen des Mantels der Geschichte. Jede Frage aus dem Saal war voller Häme, und jedesmal polterte und raunzte es vom Podium zurück. Ich habe in meinem Leben schon viele Pressekonferenzen erlebt, diese war ein Tiefpunkt: Auf beiden Seiten Feindschaft, auf beiden Seiten Haß!

Es hatte natürlich auch damit zu tun, daß ein Troß von so oft Gebändigten und Gebeutelten spürte, wie einem ehemals Starken die Macht allmählich entglitt. Und als er nicht mehr Bundeskanzler war, nahm das Schicksal bittere Rache. Die eigene Herde stieß ihn aus, und alle machten Jagd auf ihn. So mancher von uns Journalisten, der nun plötzlich mutig wurde, hätte die Fährte eigentlich schon viel früher aufnehmen können. Daß es mit der Demokratie in seiner Partei nicht zum besten stand, das wußte jeder. Und daß so manches Leben und so manches Talent an seinem Wege vereinsamte und verdorrte, das wußten wir auch.

Der ehemalige amerikanische Präsident Jimmy Carter, ein Linker im Vergleich zu Helmut Kohl, hat einmal etwas Bitteres über uns Journalisten gesagt: »Wenn du stark bist, dann knien sie vor dir nieder. Wenn du stürzt, dann treten sie dir nach!« Und vielleicht ist es sogar zum Wohle der Demokratie, in dieses Verhältnis keine zu hohen Erwartungen und keine großen Gefühle hineinzulegen. Für eine wahre Freundschaft sind die Interessen zu unterschiedlich. Wer sich als Journalist zu stark für einen der Akteure oder seine Sache engagiert, wird am Ende nur Assistent der Politiker bleiben.

Margaret Thatcher im Krieg

M it dem Namen Falkland verbinde ich eine bittere Lehre. Das erste Mal, daß ich je von diesen Inseln hörte, muß 1980 oder 1981 gewesen sein. Ich war damals noch Leiter der Hamburger »Weltspiegel«-Redaktion und glaubte, ein Fachmann in außenpolitischen Fragen zu sein. Unser Lateinamerika-Korrespondent Thomas Reimer hatte sich gemeldet und ein sogenanntes Schlußstück angeboten: Pinguine, einsame Strände kurz vor dem Eissockel des Südpols, dazu Wracks alter und moderner Schiffe, die bei dem Versuch gestrandet waren, in Sturm und rauher See Feuerland zu umrunden. Wir waren uns einig, die Zuschauer hätten es verdient, nach der üblichen Dosis an Kriegen und Krisen auch mal in die äußersten Ecken dieser Welt zu schauen und frei von aller Politik in atemberaubend schönen Bildern zu schwelgen.

Als der Bericht eintraf, war ich wütend und enttäuscht. Ja, man sah wohl auch ein paar Pinguine und da und dort ein Schiffswrack vor der Küste. Aber der Rest schien mir eine alberne und journalistisch etwas gequälte Geschichte. Da stand ein kleines Flugzeug auf einem traurigen Landeplatz, und am Heck sah man ein argentinisches Wappen. Dazu erfuhr ich, daß dies – einmal wöchentlich – die einzige Verbindung zum südamerikanischen Festland sei. Die Passagiere seien meist Touristen, die es aus sentimentalem Grund auf diese abgelegenen Inseln trieb. Sie behaupteten freundlich, aber fest, diese Falklands gehörten zu Argentinien und hießen eigentlich Malvinas. Der Kaufmann in dem kleinen Laden fand diese Theorie höchst abenteuerlich. Er verstand die Sprache dieser seltsamen Kundschaft nicht, verhökerte ihnen aber Woche für Woche allerlei Ramsch als Souvenirs. Dann sah man eine ländliche Tankstelle, und die Kamera schwenkte auf das Markenzeichen einer argentinischen Ölgesellschaft. Nur im Pub ging es lebhaft und überaus britisch zu. Die Leute tranken nicht Wein, sondern Bier, nicht Kaffee, sondern Tee, an der Wand hing das Bild der Königin. Das Ganze erinnerte mich an meine frühen Jahre als Reporter im Regionalprogramm: so etwas wie Alltag auf nordfriesischen Inseln nach Ende der Saison.

Ich schickte unserem Korrespondenten diesen Bericht zurück nach Buenos Aires. Der NDR werde ihn weder senden noch die teure Expedition bezahlen. Doch schließlich telefonierten wir und schlossen einen Kompromiß: Diese langweiligen Touristen und all der Unsinn mit Argentinien raus, dafür mehr Schiffswracks und Pinguine, und dann – Höchstlänge drei oder vier Minuten – könne man ja sehen, ob mal ein Platz im »Weltspiegel« frei werde … Ich habe mich später bei Thomas Reimer entschuldigt. Sein Film in der von mir abgelehnten Fassung ist eine Glanzleistung prophetischen Journalismus gewesen. Und daß ausgerechnet ich so kurz darauf mit der Nase auf diese britisch-argentinische Tragödie gestoßen wurde, war eine gerechte Strafe.

Das Unglück begann, als ich knapp drei Monate Korrespondent in London war. In den Wochen davor hatte ich über das Rosten der »Eisernen Lady«, das magere Abschneiden Margaret Thatchers in den britischen Meinungsumfragen berichtet, über diesen und jenen Streik und über das Glück des damals frisch verheirateten Thronfolgers Charles mit seiner schönen und populären Prinzessin Diana. Ende März 1982, an einem Montag, machte mich mein Kollege Robert Green auf einen rätselhaften Bericht in den 18-Uhr-Nachrichten der BBC aufmerksam. Da wurde eine leere Kaimauer gezeigt, und dazu hieß es im Text, es sei der Liegeplatz eines der atomar angetriebenen U-Boote Ihrer britischen Majestät. Vor ein paar Tagen habe das hochmoderne Kriegsschiff noch friedlich vertäut an diesem Kai gelegen, nun sei es plötzlich in den Südatlantik ausgelaufen – zu Inseln unter britischer Flagge, von denen selbst die Briten nur vage Vorstellungen hatten.

Es gab einfach noch zu viele dieser Klecke auf dem Globus, die wie die letzten Ladenhüter eines ehemaligen Weltreichs schwer abzustoßen waren. In Belize in Mittelamerika beispielsweise drohten die feindlichen Nachbarn mit einer Invasion, sobald die letzten britischen Truppen abziehen sollten; auf St. Helena, dem Felsen mitten im Südatlantik, auf den Napoleon einst verbannt worden war, hätten die Insulaner ohne Hilfe von außen Hungers sterben müssen; und auch das stets unruhige Nordirland war den Kolonialherren von gestern keine Freude mehr, sondern eher eine Last. Über dieses 12 000 Kilometer von London entfernte Falkland hatte es schon diplomatische Kontakte mit Argentinien gegeben, um die wirtschaftlich an Großbritanniens Tropf hängenden Inseln Schritt für Schritt an ein Land zu übergeben, das geographisch näher lag. Nur sträubten sich die Insulaner gegen solche Pläne und schwenkten störrisch die britische Flagge.

Das Ganze war eher ein Fall für die Psychologie als für die Politik. In Argentinien war gerade durch Folter und Gewalt eine neue Generation von Militärdiktatoren an die Macht gekommen, die eine miserable Wirtschaftslage und den Unmut ihrer Landsleute durch ein patriotisches Abenteuer zu überdecken suchten. In Großbritannien war verletzter Stolz der Motor trotziger Gefühle. Daß es am Südpol Öl geben könnte, war weit weg in England kein bewegendes Moment. Mit dieser vagen Perspektive wäre beim Wähler keinerlei Emotion oder Zustimmung zu einem Krieg zu wecken gewesen. Aber das, was die Argentinier nun planten, verstieß gegen alle Sitten und englischen Rechtsgefühle, es war sportlich wie moralisch nicht fair und verletzte die Seele einer abgestiegenen Weltmacht. Ein in den Augen der Briten kaum gleichstarkes Land wollte ihnen einfach etwas wegnehmen, basta! Was immer es war, das ging den Briten zu weit.

Uns Deutschen waren Instinkte dieser Art längst ausgetrieben worden. Der Kollege der »Tagesschau« jedenfalls nahm es mit Humor und prustete voller vergnüglicher Laune am anderen Ende des Telefons, als ich ihm damals die Geschichte von dem leeren U-Boot-Kai erzählte. Wir einigten uns schließlich auf einen Bericht von einer Minute und fünfzehn Sekunden Länge für die Ausgabe um 17 Uhr. Krieg zwischen Großbritannien und Argentinien um ein paar Inseln am Südpol? Das schien einem aufgeklärten Geist des zu Ende gehenden 20. Jahrhunderts eine der drolligsten Vorstellungen, die eine seriöse Nachrichtensendung ihren Zuschauern je vorzutragen wagte. Um 20 Uhr durfte so etwas jedenfalls nicht in Deutschlands gute Stuben. Das war im März.

Im Juni hatte es jeder begriffen. Sämtliche Großmacht- und Weltpolitik war zum Stillstand gekommen, weil sowohl die alten Männer im Kreml als auch der Krisenstab im Weißen Haus gebannt und völlig verunsichert auf eine resolute Frau in London starrten. All die üblichen Krisen dieser Welt hatten für ein paar Wochen und Monate Pause. Was lohnte es denn, im Nahen Osten den ganz besonderen Irrsinn zu entfachen, wenn keine Zeitung, keine Fernsehsendung mehr Raum fand, dies gebührend zu registrieren? Wir hatten mit den Kollegen der aktuellen Sendungen inzwischen ein stillschweigendes Übereinkommen getroffen: Wann immer neue Bilder aus Falkland kommen, fliegen andere Berichte aus dem Programm; selbst Bonner Bedeutsamkeiten werden nicht verschont. Eine argentinische Expedition, zu der Tausende junger Wehrpflichtiger abkommandiert waren, hatte die Insel mit der Hauptstadt Port Stanley besetzt; die britische Kriegsflotte war in den Gewässern rundherum in Stellung gegangen. Alles wartete auf die große Schlacht, und dennoch hofften alle, es könne der Diplomatie noch in letzter Sekunde gelingen, die Katastrophe abzuwenden.

In dieser Situation war die britische Regierung zu der Überzeugung gelangt, es sei wohl an der Zeit, bei den europäischen Verbündeten und in den USA um Verständnis für etwas Dramatisches zu werben, das unmittelbar bevorstand. Und so marschierte ich – fünf Monate nach jenem ersten Mittagessen mit Helmut Kohl und Margaret Thatcher – zum zweiten Mal durch die kleine, von hohen Gebäuden eingekesselte Straße der Macht und durch die schwarze Tür mit der Hausnummer 10, die kein Schloß hat, weil Tag und Nacht Bobbys davor Wache halten. Der 3. Juni 1982 war ein schwüler, gewittriger Tag. Dumpfer Donner grollte, als wäre es das Schießen aus dem fernen Falkland. Der Diensthabende vor »Number Ten« hatte seine Uniformjacke abgelegt. Sehnsüchtig wartete London auf Regen. Drinnen im Halbdunkel der britischen Machtzentrale wirkte alles gedämpft, fast wie eingeschlafen.

Ein Fernsehteam der BBC hatte sich im Haus der Premierministerin eingefunden, ein Team der kommerziellen britischen Nachrichtenorganisation ITN kam dazu, dann ein Kollege der »Washington Post« und wir, ARD-German Television. Jeder litt unter diesem schwülen, unbritischen Wetter. Margaret Thatcher war ganz in Schwarz erschienen, in den üblichen blau- und graugestreiften Anzügen ihr Mitarbeiterstab. In einem Zimmer im Erdgeschoß hatten die grellen Lichter des Fernsehens die Hitze des Tages noch um mehrere Grad in die Höhe getrieben. Nach jedem Gang vor eine Kamera gönnte sich die Dame des Hauses ein paar Minuten Pause, und die Lichter wurden ausgeschaltet. Schmal, blaß und sehr angespannt stand sie, wie von Sekundanten umringt, in einer Teeküche des historischen Hauses. Jedesmal wenn ein Interview zu Ende war, ging sie mit ihren Mitarbeitern noch einmal durch, was sie geantwortet hatte. Daß die Argentinier in diesem Krieg die Angreifer waren – ja, sie hatte es gesagt. Daß es auf jenen abgelegenen Inseln keine Ureinwohner gegeben habe, niemanden, den die Briten kolonisiert, unterdrückt, vertrieben oder gar ausgerottet hatten, wie die Vorfahren der Herrscher in Argentinien mit den Indios umgesprungen seien ... Ganz präzise, alles erwähnt! Manchmal war Margaret Thatcher selbst nicht ganz sicher, aber dann waren die Gentlemen um sie herum geradezu leidenschaftlich gewiß: Die Chefin habe nicht den geringsten Fehler gemacht und sei wieder einmal besonders klar und deutlich gewesen.

Die Fragen von uns Reportern, mal kürzer und mal etwas umständlicher formuliert, waren eigentlich immer die gleichen: Ob es denn in modernen, aufgeklärten Zeiten nicht andere Lösungen eines Konflikts geben müsse als die große, blutige Schlacht. Die Frau im schwarzen Kleid sprach langsam und leise. Es war, als müsse sie Kindern vor Augen führen, daß man im Leben nicht immer nur die angenehmen Dinge haben kann. Die Argentinier haben angegriffen, die Argentinier müssen sich zurückziehen! Sollte in den nächsten 36 Stunden ihr Rückzug gemeldet und bestätigt werden, dann werde es kein Blutvergießen geben.

Als das deutsche Team an der Reihe war, ergab sich ein Problem. Margaret Thatcher saß nun schon zum dritten Mal unter den heißen Lampen, um diesmal mich mit gütiger Strenge anzusehen, und wartete auf die Fragen, die sie ja inzwischen schon kannte. Doch Dierk Dreves, mein Kameramann, schaltete die Kamera nicht ein und schaute beunruhigt im Zimmer herum. In einem Bild hinter der Premierministerin hatte das Auge des gründlichen Deutschen einen Lichtreflex entdeckt, der den Kameraleuten von BBC und ITN wohl entgangen war. Mir, muß ich gestehen, war das ziemlich egal. Da drohte im Südatlantik eine Schlacht, und sie, die das Kommando zum Angriff geben würde, saß vor uns auf dem Stuhl: Reflex hin oder her, wir sollten jetzt wirklich anfangen, bevor wir vor Hitze zerfließen!

Aber Dierk mit seinen Bedenken hatte die Chefin der britischen Regierung auf seiner Seite. Sie stand auf und versuchte, das Bild von links nach rechts zu arrangieren. Höher, tiefer, was sie auch tat, mein Kameramann war nicht glücklich. Man wurde sich schließlich einig, aus welcher Ecke des Bildes der Lichtreflex in die Kamera glitzerte, und Margaret Thatcher – unter dem ratlosen Blick ihrer Berater – tauschte schließlich das große, hochkantig aufgehängte Bild gegen ein kleineres, querformatiges aus, gegen irgendeinen Stich, der ohne Glas im Rahmen hing. Zufrieden setzte sie sich wieder auf den Stuhl, um nun auch für die Zuschauer in Deutschland die Frage zu beantworten, warum den in

Port Stanley eingeschlossenen jungen Argentiniern kein anderer Ausweg bleibe als Rückzug, Gefangenschaft oder Tod.

Und wieder ging es nicht los! Dierk schaute durch sein Objektiv und stellte fest, daß jetzt über oder neben dem Kopf der Premierministerin ein Rechteck weißer, fast neuer Tapete leuchtete, das an der Unterkante mit einem dunklen, dreckigen Strich abschloß. Das alte, hochkantige Bild war einfach größer gewesen und hatte im Lauf der Jahre die Tapete geschont, während die Wand drumherum dem Licht, dem Staub und dem Vergilben ausgesetzt gewesen war. Meine Stimmung wurde allmählich verzweifelt. Ich fürchtete, daß die Premierministerin nun bald die Lust verlieren oder sich wieder schnell dem Krieg zuwenden würde, statt ihre Zeit mit dem deutschen Fernsehen und dem Hin- und Herhängen von Bildern zu verplempern.

Aber Margaret Thatcher sprang wieder hoch, von irgendwoher schleppte sie Papiertaschentücher und eine Karaffe mit Wasser heran, und dann machte sie sich daran, jene Wand abzuschrubben, bis der Kameramann endlich zufrieden war. Ihren Beratern gab sie dabei zu Protokoll, daß Wand und Bilder mal gründlich zu restaurieren seien, und alle versprachen, sich sofort darum zu kümmern. Das Interview – es war inzwischen heiß wie in einer Sauna – verlief dann in gewohnter Disziplin.

»Ist Ihnen bewußt«, fragte ich sie, » daß es bei Ihren europäischen Nachbarn eine gehörige Portion Unbehagen auch an der Haltung der britischen Regierung gibt?« – »Nein!« sagte sie gütig und fest. »Wenn es Kritik bei unseren europäischen Verbündeten geben sollte, etwa an der Art, wie wir den Krieg führen, dann sicher nur deshalb, weil wir die Argentinier nicht schon viel früher von den Falkland-Inseln vertrieben haben!«

Zehn Tage später war es soweit. Der Angriff auf Port Stanley begann. Tausende junger Argentinier starben einen sinnlosen Tod. Ihre Generäle in den weißen Operettenuniformen und sicher in Buenos Aires hatten jeden Bezug zur Realität verloren und weigerten sich, ihre Soldaten von den Inseln der Pinguine zurückzubeordern. Fern in London rief eine Siegerin ihren Landsleuten zu: »Wir haben einen Schlußpunkt gesetzt, eine Nation auf dem Rückzug zu sein! Großbritannien hat ein neues Selbstbewußtsein gefunden – geboren aus den ökonomischen Schlachten daheim und geprüft 8000 Meilen entfernt. Freut euch und seid stolz auf unsere Truppen!«

Sie wurde wiedergewählt und wiedergewählt, und wiedergewählt. Bis schließlich das Land sogar das Selbstbewußtsein fand, das Leben auch ohne seine strenge Erzieherin zu meistern.

Vielleicht ist es ein Traum, den Journalisten nie zu träumen wagen. Eine stets unterdrückte Sehnsucht, einfach jedem alles zu glauben. Und die Geschichten, die er oder sie erzählen, geduldig hinzunehmen – hemmungslos naiv und gnadenlos gegen jeden Protest der Logik und des Verstandes. Und wenn es ein Land gibt, wo sich auffallend viele diese kleine Schwäche oder eben die menschliche Größe leisten, auch den Spleenigen und Eigenbrötlern mit Respekt zu begegnen, dann ist es Großbritannien. »Der ist wirklich verrückt!« kann auch in England oder Schottland ein herbes Urteil sein. Aber mindestens genausooft auch ein Ausruf höchster Bewunderung.

Lernen kann man diese Gelassenheit nicht, wahrscheinlich muß man in solch ein Milieu hineingeboren sein oder durch eine Kombination von Zufällen hineingezogen werden. Politik ist ganz sicher nicht die Einstiegsdroge. Zu verbissen sind die Gladiatoren. Und zu sehr darauf konzentriert, sich gegenseitig schlechtzumachen. Sie reden zwar gern von Toleranz, sie strahlen sie aber nicht aus. Glaubt man dem einen, dann muß der andere notwendigerweise ein Verführer, ein Lügner oder ein Stümper sein.

Mein Schlüssel zu einer seltsamen Welt war die Sendung »Rund um Big Ben«. Welcher Dozent an einer Hochschule für Politik oder Medienwissenschaft könnte zum Beispiel seinen Studenten die professionellen Kriterien der Herangehensweise an folgende Geschichte beibringen: Alter englischer Lady erscheint regelmäßig im Traum Frédéric Chopin; der 1849 gestorbene Pianist klagt über die Vielzahl der Klavierkonzerte, der Ideen und Melodien, die er mit ins Grab nehmen mußte nach einem viel zu kurzen Leben; er spielt ihr vor, diktiert ihr im Traum die Noten, und sie schreibt alles am frühen Morgen nieder und trägt es in gut besuchten Konzerten einer stattlichen Gemeinde von noch Lebenden vor.

Da gibt es die herrschende Theorie, daß eine solche Geschichte Unsinn sei. Ein Journalist, der sich auf so etwas einlasse, sei kein Journalist. Dagegen ist schwer zu argumentieren, und schon hat sich das Problem erledigt. Dann gibt es die Möglichkeit, seinem Publikum die Schrulle als einen Fall der typisch englischen Versponnenheit beizubringen. Und um keinen Schaden am eigenen Ruf zu nehmen, bietet sich die sichere Methode an, gleich zu Beginn klare Verhältnisse zu schaffen und hinter dem Schutzschild launiger Distanz und großer Heiterkeit in der Stimme keinerlei Zweifel zu lassen, daß der Autor oder die Autorin an solchen Unsinn selbstverständlich nie glaubt. Allerdings: Dann ist die Geschichte auch nur von gebremstem Charme. Sie ist zu Ende, bevor sie überhaupt beginnen konnte. Demonstrativ gescheite Autoren gibt es genug.

Die Alternative ist schließlich, sich offen und freundlich auf alles einzulassen. Das strapaziert natürlich das Selbstwertgefühl des Journalisten. Die Gefahr ist nicht zu unterschätzen, daß man ihn nun selbst für einen Spinner hält. Da sitzt also eine nette ältere Dame im Kreise ihrer Verehrer an einem Flügel und bringt Klavierkonzerte zum Vortrag, die ihr der tote Chopin in einer dieser Nächte anvertraute. Das hört man sich eine Weile an, irgendwie klingt es ja wie Chopin. Aber ganz Großes ist nicht unter dem, was der Meister zu Lebzeiten zu komponieren vergaß. Doch dann die Hintergründe: Warum wandte sich Chopin gerade an sie als seine Botschafterin im Diesseits? Und wie immer die Erklärung auch ist, nun kommt es auf die Ausstrahlung der Heldin an. Ist sie verspannt und kompliziert – und leuchtet ihr das Entrückte schon aus den Augen, dann landet die Kassette als einer der vielen gescheiterten Versuche auf dem Regal. Ist sie aber – und in England ist die Wahrscheinlichkeit hoch – von jener liebenswürdigen Seelenlage wie Miss Sophie, die Gastgeberin im

»Dinner for One«, dann wird die Frage, ob Chopin noch lange nach dem Tode weiterkomponiert, zur spießigen Pedanterie. Ach übrigens, er war doch Pole und Franzose. Da stellt sich die Frage: Wie ist denn sein Englisch? »Oh, very much improving!« Es wird besser von Traum zu Traum.

Und damit sind wir wieder beim Konzept einer Sendung. Von Rolf Seelmann-Eggebert, meinem Vorgänger im ARD-Studio in der Great Chapel Street im lebendigen Londoner Stadtteil Soho, hatte ich diese Sendung »Rund um Big Ben« geerbt, die nach ihrem Titel, ihrem erzieherischen Auftrag und durch ihre noch frische Tradition in jeder Richtung formbar war. Es hatte aus dieser Serie erst eine Ausgabe gegeben, und Rolf hatte allerlei Königliches hineingepackt und dieses oder jenes Amüsante. So waren er und sein Team in Schottland gewesen – dem sagenhaften Ungeheuer von Loch Ness auf der Spur. An Nessie kann man ebenfalls nur glauben oder eben nicht. Das tut dem Interesse an dieser gigantischen Wasserschlange keinen Abbruch. Da trat zum Beispiel ein Geistlicher an das Ufer jenes sagenhaften Gebirgssees und versicherte dem deutschen Zuschauer auf Ehre und Gewissen: »Es war am späten Nachmittag, so gegen 16 Uhr, und ich hatte an dem Tag noch nicht einen einzigen Sherry getrunken ...« Man ahnte ja, was der Reverend in diesem Zustand totaler Nüchternheit urplötzlich erlebt und gesehen hatte. Und wem sollte der Mensch denn noch glauben, wenn nicht ihm?

Man konnte also links oder rechts um jenen berühmten Glockenturm von Westminster fahren, man durfte sich in vornehme oder in anrüchige Kreise begeben, rund um Big Ben war einfach alles. Und Rolf hatte mir bei der Übergabe des Studios noch ein paar Vorzüge dieser Sendung erklärt: »Es ist eine Unterhaltungssendung. Harald Vock ist der Unterhaltungschef und gleichzeitig der Redakteur. Der Etat ist praktisch unbegrenzt!« Dies aus dem Munde meines zukünftigen Programmdirektors machte mir Mut. Doch Rolf setzte noch eins drauf: Der besondere Charme der Unterhaltung sei es, daß kein Chefredakteur und kein Politik-Koordinator auf solche Sendungen Zugriff habe. Wann immer die ARD aus aktuellem Anlaß das Programm ändern wolle und einen »Brennpunkt« oder sonst irgendeine Sondersendung beschließe, könne – wie mir ja wohl bekannt sei – alles mögliche an fest Verplantem und fertig Produziertem kurzfristig wieder aus dem Programm fliegen. Aber nicht »Big Ben«!

Zunächst gab mir Harald Vock Zeit, mich in meiner neuen Gemeinde einzuleben. Und schließlich war da ja auch noch der Falkland-Krieg. Aber irgendwann wurde es ernst. Meine Kollegen und Producer Andrew Carnegie und Robert Green hatten mir immer schon mal was zum Lesen auf den Schreibtisch gelegt: »Understanding Britain« oder »The English Difference«. Da waren so allerlei seltsame Bräuche der Insulaner beschrieben, und je länger ich die Erklärungen dazu las, desto weniger verstand ich. Auch im englischen Alltag kam mir vieles seltsam und verschroben vor, und als ich meinen Kollegen eines Morgens schlecht gelaunt erklärte, das ganze Land sei doch verrückt, sah ich in stolz leuchtende Augen.

Allmählich kamen auch die deutschen Kollegen mit allerlei ulkigen und ausgefallenen Themenvorschlägen in mein Büro, und wenn ich sie wieder hinausbugsierte, dann wiesen sie mich mahnend auf den nun doch herannahenden Sendetermin hin. Heidi Döhl, die alles verbuchte, was wir im Studio so trieben, hatte schon die Kosten der zweiten Ausgabe von »Rund um Big Ben« kalkuliert – ohne daß der Autor auch nur einen einzigen Einfall gehabt hätte, was eigentlich Thema und Inhalt der Sendung sein könnten. In der Rubrik »Hubschrauber erforderlich oder nicht« hatte sie beispielsweise schon mal »ja« angekreuzt, aber wohin dieser Hubschrauber uns denn fliegen sollte, stand noch nicht fest.

Wir begannen die Dreharbeiten mit einer »Jack-the-Ripper-Tour«. Dieser berühmte Mörder aus viktorianischer Zeit hatte im Londoner East-End junge Frauen auf sadistische Weise getötet und seziert. Wer er war, hat Scotland Yard nie herausgefunden.

Die Liste der Verdächtigen reicht vom verrückten Chirurgen bis zum Prinzen aus dem Königshaus. So richtig überzeugt vom Humor dieser Geschichte war ich allerdings nicht. Bis ich Mary, die Führerin durch diese menschlichen Abgründe, traf. Sie hatte ein Talent, all die Scheußlichkeiten so liebevoll und genau zu schildern, daß jede skeptische oder gar moralische Distanz völlig ins Leere gelaufen wäre. Auch ihre Gemeinde war derart hingerissen, wißbegierig und detailversessen, daß es ein Graus und eine Freude war.

Das East-End rund um den alten Londoner Hafen war damals eine recht gemischte Kulisse. Es gab die alten Hafenbecken noch, auch wenn dort schon seit Jahrzehnten keine Schiffe mehr anlegten. Um einzustimmen in das etwas triste Milieu und das Revier des berühmtesten britischen Massenmörders, begann der Film mit einem Mann, der irgendwie geschäftig vor einer düsteren Mauer stand. Harald Vock, der zur Abnahme nach London kam, war rundum begeistert von unserem Werk. Nur dieser Mann an der Mauer machte ihm zu schaffen. »Was ist mit dem?« fragte Irmgard Hintze, unsere Cutterin, ganz lieb. »Der steht doch da und pinkelt!« Allgemeine Zustimmung, auf deutsch und auf englisch Anerkennung des Londoner Studios für den sicheren Blick eines Hamburger Redakteurs. Harald schaute etwas irritiert in die Runde und gab zu bedenken: »Auch noch so lange …« Antwort unseres Kameramannes: »So lange dauert das eben, diese Leute dort trinken viel!« Schließlich haben wir uns geeinigt, die Szene um fünf oder sieben Sekunden zu kürzen, und von den Zeitungskritikern in der Heimat wurde »Rund um Big Ben« auf Anhieb begeistert aufgenommen. Das ermutigte uns zu immer mehr Zweifelhaftem.

Es ist nicht leicht und vielleicht auch überflüssig, aus der Erinnerung alles herauszukramen, was der Zuschauer in den kommenden Folgen noch ertragen mußte. Und vor allem die Briten. Denn an deren gutem Ruf hat die Sendung schließlich gekratzt. Ob es sozial und kulturell ein präzises Gemälde des britischen Alltags war, das will ich nicht beschwören. Vielleicht, so kommt es mir heute vor, hat sich unter der strengen Erziehung durch Margaret Thatcher eine gewisse Subkultur ein Ventil verschafft und meine Kollegen und mich dazu angestachelt, ein durchgehend freches und skurriles Bild von den europäischen Nachbarn zu zeichnen. Gelegentlich hat die BBC die eine oder andere Geschichte wiederholt. Der Titel der Sendung war »Do they really mean us?«, und das Echo war von robuster Fröhlichkeit. Denn wenn wir vielleicht ein wenig übertrieben, dann richteten die britischen Kollegen von »Meinen die wirklich uns?« das Bild schon dadurch wieder zurecht, daß sie unerschütterlich und stolz davon ausgingen, irgendwelche Nicht-Briten könnten Briten ohnehin nicht verstehen.

Wir zogen zum Mäusezüchterklub und ließen uns alles über Felldichte und Farbenpracht erzählen und über die Besessenheit des Züchters, dem lieben Gott bei Erschaffung neuer Arten und Rassen ins Handwerk zu pfuschen. Wir filmten die niedlichen Tierchen in Schwarz und Weiß, in Creme und Schokolade, in Zimt, Perle und Champagner. In siebzig verschiedenen farblichen Kombinationen wurde uns von ihren stolzen Züchtern die moderne Rassemaus vorgeführt – vom lilafarbenen Rücken bis zum leichten Braunton unter dem Bauch. Seit 1892 gibt es in Großbritannien solche Clubs, und als wir einen von ihnen in der Nähe von Bradford besuchten, konnten wir uns am Ende doch nicht die Frage verkneifen: Warum züchtet der Mensch in seiner Freizeit Mäuse? Die Antwort war so schlicht wie überzeugend: »Wenn wir das Geld dazu hätten, würden wir selbstverständlich Rennpferde züchten!«

Ich habe versucht, einem deutschen Publikum Cricket zu erklären, und bin kläglich daran gescheitert. In Plymouth hatte einer eine Flugmaschine mit Fahrradpedal und Propeller entwickkelt, und als wir ihn wieder aus dem Hafenbecken fischten, erklärte er uns genau, was an der Feineinstellung der hinteren Leitwerke noch zu verbessern sei und warum es beim nächsten Versuch zweifelsfrei klappen müsse. Wir besuchten Reg Mellor in Yorkshire, der bissige Frettchen in seine Hose steckte und im Aushalten von Schmerz an besonders sensibler Stelle den Weltrekord hielt. Barbara Cartland setzte sich für unsere Kamera auf ihr Sofa und diktierte, mit ihrem Hündchen im Arm, das Happy-End eines rosaroten Liebesromans. Im Pub »Zum Delphin« in Plymouth plauderte die Malerin Beryl Cook über selbstbewußte Molligkeit.

Die Triumphe und Niederlagen des Dampfmaschinen-Bastlers Fred Dibnah aus Bolton haben wir über zwei Ehen verfolgt, haben Wettbewerbe im Schafehüten übertragen und den letzten Erben des Herrenhauses Calk Abbey in Deryshire vorgestellt. Henry Harper Crew schuldete dem Finanzamt dreißig Millionen. Wehmütig ging er mit uns durch seine hundert Zimmer, bevor der National Trust das Haus übernahm und zum Museum machte. Seine Vorfahren hatten eine Scheu davor gehabt, irgend etwas wegzuwerfen. Immer wenn ein Zimmer voll war, schlossen sie es einfach zu. Möbel, Kleider und Spielzeug aus 150 Jahren waren achtlos über die Räume verstreut. Der Besucher bestaunte Zinnsoldaten und koloniale Uniformen und stieg über allererste Trichter-Grammophone und ausgestopfte Krokodile.

Ich will nur noch eine Geschichte erzählen, und das ist die von Robin Pitt. Er war zu Margaret Thatchers Zeiten Fraktionsführer der Konservativen im Londoner Großbezirk Lambeth. Er war Familienvater, Unternehmer und Mitglied im Kirchenvorstand. Und eines Tages war er verschwunden. Es ging das Gerücht um, daß er neue Horizonte suche. Eine jüngere Frau soll wohl auch der Anstoß zum radikalen Schnitt gewesen sein. Schließlich stand in einer Londoner Abendzeitung, er habe Freunden anvertraut, daß er wie Robinson Crusoe auf einer unbewohnten Insel der Hebriden ein neues Leben beginnen wolle. Davon gibt es vor der schottischen Küste im Nordatlantik etwa 500. Mein Kollege Robert Green brauchte Monate, um herauszufinden, auf welche sich unser Held zurückgezogen hatte.

Wir flogen nach Glasgow, von dort ging es im Auto weiter nach Norden und an die Küste. Im Städtchen Oban bezogen wir Quartier. Dort gab es eine Verbindung zum verschwundenen Politiker, und das war ein gewisser Dave Rockley. Der hatte Funkkontakt zu dem Zivilisationsflüchtling und schaute so alle zwei Monate mal mit seinem Katamaran auf der Insel vorbei. Mit einem Schiff oder Motorboot, so erfuhren wir, sei Robin Pitts neue Heimat nicht zu erreichen. Der Fels sei zu steil, um irgendwo anzulegen, und die Zufahrt von der windabgelegenen Seite voller Untiefen und Steine. Auf die Idee mit dem Hubschrauber sind wir diesmal nicht gekommen. Vielleicht gab es auch weit und breit keinen. Jedenfalls vertrauten wir uns schließlich Daves Katamaran an, diesem flachen und schnellen Segler auf zwei Kufen.

Es war Winter, und es war kalt. Sehr früh – bei sternklarem Himmel – verließen wir den Hafen. Erst ging es mit dem Motor durch einen Kanal oder Fjord, dann zog Dave Rockley die Segel hoch. Es war eine wunderschöne Fahrt, und nach zwei Stunden tauchten vier Felsen aus dem Meer. Dave nahm Kurs auf den zweiten von links. Dort stand eine Gestalt auf einem der Steine, und als sie immer größer wurde, sah sie aus wie Lederstrumpf. Der Mann hatte eine Pelzmütze auf, und hinten baumelte so eine Art Biberschwanz. Dave setzte das Beiboot aus, vorsichtig schoben wir uns durch die Steine an Land.

Wir spazierten über den Fels und sprachen über Pilze und wilde Beeren, über die Politik, über Frauen und über den Sinn des Lebens. Alles, was der Mensch nur von einem neuen Dasein erträumen kann, hatte Robin Pitt auf diese Insel gelockt. Aber nicht alles, was er suchte, hatte er gefunden. Die neue Frau hatte es beispielsweise nur sechs Wochen dort ausgehalten, und Robin hatte Verständnis dafür. Er las viel, er dachte nach. Er baute eine feste Unterkunft, jagte Kaninchen und zog Kartoffeln und Rhabarber. Das, so hatte er herausgefunden, waren die einzigen Pflanzen, denen die Kaninchen eine Chance gaben, auszureifen.

Wir sprachen über Hektik und Krach und allerlei andere Übel dort in der Ferne, jenseits des Wassers. Von vier Menschen, die er damals in London traf, hätten drei keinen glücklichen Eindruck gemacht. Sie hasteten nur irgendwie durchs Leben. Von der Politik erwartete er keine Inspirationen mehr. Nicht als Versammlung der Weisen hatte er sie in Erinnerung, sondern als einen Club der oberflächlich Aufgeregten. Jede Seite des politischen Spektrums mit festen Glaubenssätzen, und keiner habe je dem anderen zugehört. Jedem sei dabei bewußt gewesen, daß seine Lösungen und Rezepte auch nur zur Hälfte, höchstens zu sechzig Prozent die Wahrheit seien. Nie sei der Gegner von der Labour-Partei, nie sei die von ihm geführte Fraktion der Konservativen bereit gewesen, sich auf eine Debatte über die eigenen Fehler, über die anderen vierzig Prozent einzulassen. Unrecht hätten immer nur die anderen. Und Margaret Thatcher – irgendwie bewunderte er sie ja – sei ein besonders krasses Exemplar des Fanatismus und der Unbelehrbarkeit.

Er habe die Einsamkeit gesucht, aber als einziger Mensch auf jenen vier Inseln sei es manchmal doch etwas extrem. Besonders wenn im Herbst auf dem Nordatlantik die Stürme tobten. Sie könnten Bäume abrasieren und so hohe Wellen aufbauen, daß sie die Fische gegen den Felsen schleuderten.

Zwei Jahre hat er es ausgehalten. Das ist mehr, als die meisten von uns in ihre Träume investieren. Dann zog es schließlich auch ihn zurück in die fehlerbehaftete Welt. Seine Frau hatte inzwischen die Firma weitergeführt, und sie nahm ihn wieder auf wie einen Pudel, der nach langem Stromern eben doch noch wußte, wo er hingehört.

Mich erreichte die Nachricht in Amerika. Und mein Abschied aus London war vorerst auch das Ende dieser versponnenen Serie. Ein besonders grimmiges Kompliment hat ihr einst mein Kollege Uwe Kröger gemacht. Heute ist er unser Studioleiter in Singapur, damals war er als ZDF-Korrespondent in London mein unmittelbarer, in Freundschaft verbundener Konkurrent. »Es ist zum Verzweifeln«, klagte mir Uwe im Pub sein Leid. »Ich kann über Margaret Thatcher berichten, über Streiks oder alles, was in diesem Lande wichtig ist. Und selbst wenn ich mit meiner Mutter telefoniere, redet sie von ›Big Ben‹!«

Es war also an der Zeit, endlich weiterzuziehen und den Briten – im Bild der Deutschen – die Rückkehr ins Seriöse zu erleichtern. Ob Sendungen wie »Rund um Big Ben« auch heute im Fernsehen noch eine Chance hätten, ist schwer zu sagen. Man hat es noch einmal versucht – mit halbem Herzen im Nachmittagsprogramm. Die Zeit ist eben noch hektischer geworden als damals Mitte der achtziger Jahre. Und wir sind ein ungeduldiges Publikum. Ein Medium jagt das andere, ein Reiz, ein Höhepunkt muß schnell auf den anderen folgen. Und ob wir noch die Zeit aufbringen, einem Einsiedler auf seinem Felsen zuzuhören – wer möchte denn als Programmdirektor noch solch ein Risiko eingehen?

Der »Playboy« hatte sich bei mir gemeldet: Ich möge doch seinen Lesern kurz nach der Rückkehr in meine »alte/neue Heimat USA« einen Brief aus Washington schreiben. Das Thema sei ganz mir überlassen. Was einem so auffällt nach vierzehn Jahren Abwesenheit ... Hat sich viel verändert? Was ist schöner geworden? Hat es Enttäuschungen gegeben? Welche Freunde und welche Gesichter hat der Journalist nach so langer Zeit wiedererkannt? Und da der Brief nun einmal an eine besondere Adresse gehen sollte, suchte ich nach der passenden Stimmung und Atmosphäre, setzte mich nur hundert Meter von unserem Studio entfernt in »Clyde's« Bar, trank – na, sagen wir mal – zwei Glas Bier und begann zu schreiben.

»Zwischen den Schnapsflaschen hinter dem langen Tresen hängt immer noch die amerikanische Fahne. Ein Plakat im Stil der Jahrhundertwende appelliert an den kultivierten Gast, Damen nicht in den Hintern zu kneifen. Irgendwo an der Wand das Foto von Clydes Eltern und von Clydes Finanzberater. Sie sehen alle sehr echt und sehr eindrucksvoll aus – wenn man bedenkt, daß es Clyde gar nicht gibt, daß dies nichts weiter als ein hübscher Phantasiename ist. Im Grunde hat sich wenig verändert in Washingtons schönstem und stimmungsvollem Stadtteil Georgetown. Verständige Trinker links und rechts auf dem Hocker tauschen ihre Lebensgeschichten aus, in der Höhe des zweiten Regals läuft unermüdlich das Fernsehgerät. Man kann dem NDR nicht genug dafür danken, daß er sein Studio für die Fernseh- und Hörfunkberichterstattung der ARD ausgerechnet hierher legte ...«

Ruth war noch da – unsere Verwaltungschefin. Und Rosaura, die den Laden sauberhielt. Sie hatten alle vier oder fünf Jahre neue Chefs und neue Talente aus Deutschland kommen und wieder abziehen sehen. Mal kamen die frischen Gesichter aus Köln, mal aus Hamburg. Denn laut Struktur- und Weltenteilungsplan der ARD gehören die USA immer im Wechsel mal dem NDR und mal dem WDR. Natürlich: Doug McCash und Ray Brislin, freie Kameraleute, arbeiteten immer noch für die TV-Germanen. Jens Heik, mit inzwischen weißem Bart und sentimentaler Beziehung zu Hans-Albers-Liedern, war einst als Kameramann in die USA gekommen, hatte keine Lust, nach Hamburg zurückzukehren, und wurde selbständiger Unternehmer. Von meinen alten amerikanischen Freunden lief mir nach vierzehn Jahren nur Jeff noch einmal über den Weg. Er war damals im »St. John's Tennis Club« unser Trainer gewesen, und nun war er Senior Vice President eines Finanzberatungsunternehmens.

Washington ist selbst für Amerikaner ein Platz, an dem die Zugvögel nicht lange bleiben. Abgeordnete, Regierungsmitglieder, Diplomaten und Journalisten wechseln einander in verwirrender Weise ab, einen »echten« Washingtoner trifft man selten. Schon seit George Washingtons Zeiten war die Hauptstadt ein künstliches Gebilde und ein neutraler Raum. Kein Bundesstaat sollte den psychologischen Vorteil haben, die Hauptstadt der USA zu beherbergen. Deshalb zog man auf dem Reißbrett ein Quadrat in die Sümpfe am Potomac; Maryland und Virginia gaben ein wenig von ihrem Land ab, und dann wurde das Ganze offiziell »District of Columbia« getauft. Selbst heute gibt es dort kaum Industrie. Der Distrikt lebt von Zuschüssen aus der Bundeskasse. Die sicherste Quelle eigener Einnahmen der Stadtverwaltung sind wahrscheinlich Strafmandate für falsches Parken. Nirgendwo sind die »Traffic Wardens« so wenig diskussionsbereit wie hier.

Der Rest der Geschichte handelte dann nicht von alten Freunden, sondern von einem neuen. Er begegnete mir überall und zu jeder Tages- und Nachtzeit und verfolgte den Neuankömmling bis in die schummrigen Räume von »Clyde's«, »Nathan's« oder »Mr. Smith's«: der Computer. Amy, die Kellnerin hinter dem langen Tresen, die sonst munter Anteil nahm am Gespräch ihrer Gäste, versank, wenn sie grünschimmernde Diagramme oder sonstige magische Zeichen auf dem Bildschirm sah, in meditative Andacht und mußte sich bei jeder Bierbestellung auf das äußerste konzentrieren. Man ahnte voller Ehrfurcht, daß jeder Druck auf eine der Tasten weitreichende betriebswirtschaftliche Konsequenzen haben konnte. In Deutschland war der Computer noch längst nicht so sehr in den Alltag eingedrungen wie hier. Natürlich mußte der Mensch erst für den Dialog mit der schlauen Maschine erzogen werden. Als ich zum Beispiel nach sechs Wochen im Hotel gleich jenseits der Key Bridge meine Zwischenrechnung begleichen wollte, gab mir der Computer auf den ohnehin schon reduzierten Preis noch einmal fünfzig Prozent Rabatt. Der Kassierer wußte, daß da etwas nicht stimmte, und der Gast wußte es auch. Aber keiner von uns hatte Lust, sich mit dem Computer anzulegen.

Machen wir noch einen kurzen Bummel durch das hübsche Georgetown. Die gemütlichen Kneipen, die mit ihrem Apostroph vor dem »s« der durstigen Menschheit signalisieren, daß dies die Tränke, der Saloon oder auch nur der Lieblingsplatz eines Mr. Smith oder eben jenes Clyde gewesen sein könnte, sind nur eine kleine Auswahl auf einer quirligen Meile, dem unteren Teil der M-Street. Wir spazieren vom »Four Seasons« (dem teuersten Hotel der Hauptstadt) am Studio des ZDF (einem ehemaligen Beerdigungsinstitut) vorbei, überqueren ungefähr auf der Höhe der ARD-Filiale die Wisconsin Avenue, ziehen am Kleidergeschäft »Banana Republic« in mehreren Geschossen durch ein Einkaufszentrum und beenden die Tour kurz vor der Landesgrenze an der Key-Bridge. In der Mitte der Brücke, über der Mitte des Potomac-Flusses, hört Washington – der District of Columbia – auf, und es beginnt Virginia. Seinem Charakter nach ist beides amerikanischer Süden: ein bißchen schläfrig in seinem Lebensrhythmus; ein Hauch von Müßiggang und Sünde aus den vom Winde verwehten Zeiten vor dem Bürgerkrieg. Wobei Arlington, die erste Gemeinde jenseits des Flusses, von Washington aus betrachtet wie eine Kopie Manhattans erscheint: ein Konglomerat aus Stahl und Glas; doch gleich dahinter beginnen die Wälder von Langley, in denen die Männer und Frauen des Geheimdienstes CIA ihr Unwesen treiben. Und blickt man von Virginia aus in die Gegenrichtung, dann hat man den Eindruck, dieses Arlington müsse die Hauptstadt und jenes Washington ein Dorf sein.

Der Charme und der Charakter Georgetowns erschließen sich auf eine völlig unamerikanische Art: zu Fuß. Kleine Straßen – von Ulmen und Eichen gesäumt – wachsen in alphabetisch geordneten Quadraten vom Fluß her zu den Hügeln der Washingtoner Kathedrale hinauf. Zwischen zwei- oder dreistöckigen braunroten, weißen und gelben Ziegelbauten sieht man durch schmiedeeiserne Tore in ummauerte Innenhöfe und kleine Gärten. Parks und die Stille der Antiquitätengeschäfte wechseln mit Ramschläden und teuren Geschäften. Die Restaurants bieten Spezialitäten aus aller Welt. Am alten Chesapeake- und Ohio-Kanal haben sich Kunstgalerien angesiedelt. Angler und Liebespaare sitzen am Ufer, gelegentlich zieht ein hölzernes Ausflugsboot vorbei. Die U-Bahn macht um Georgetown einen Bogen, die Bewohner wollten sie einfach nicht. Zum Weißen Haus sollte man dann schon ein Taxi nehmen, die Fahrt dauert höchstens zehn Minuten. Vom Fluß aus sieht man das Watergate-Gebäude, das Kennedy-Zentrum und die marmorweißen nationalen Monumente. Trubel und Stille wechseln harmonisch ab.

Der Baustil der kleinen Häuser ist noch englisch-kolonial. Natürlich wurde auch hier in den letzten Jahrzehnten gebaut. Aber mit Auflagen und Rücksichten, die nach der Begriffswelt der Börsen und der Wirtschaft eher sozialistisch als amerikanisch zu nennen wären. Wahrscheinlich hat Georgetown den Baggern und Raupen der »Developer« gerade deshalb soviel Widerstand entgegengesetzt, weil hier die »Entwickler« und Geldanleger selbst ein Refugium suchten. Die Propheten des Preiswerten und Praktischen toben sich woanders aus und haben sich in ihrer eigenen Nachbarschaft etwas bewahrt, das als Merkmal des alten, dekadenten Europa galt: Geschmack.

Kehren wir ein bei »Mr. Smith's«. Dieser Saloon ist oder war jedenfalls in den Tagen meiner Rückkehr der Treffpunkt der TV-Germanen beider öffentlich-rechtlichen Kanäle, die mit Beepern und Handys um eine lange Theke standen. Im Prinzip ein Bild der Ruhe. Doch wenn die Handys klingelten, dann rannte die Meute auseinander: ins Weiße Haus, ins Pentagon oder ins Flugzeug nach irgendwohin zwischen Atlantischem und Pazifischem Ozean. Kameraleute, Cutterinnen und Korrespondenten von ARD und ZDF trafen sich hier auf halber Strecke, um sich über Politik, Football und den Sinn des Lebens auszutauschen. Nur über eines nicht: woran sie für den »Weltspiegel«, die »Tagesthemen« oder das »heute journal« gerade arbeiteten. Wenn es irgendwann einmal ausgefallene und anders nicht zu erklärende Doubletten in den Programmen von ARD und ZDF gab, dann wurde nach der möglichen undichten Stelle immer zuerst im Freundeskreis von Mr. Smith gefahndet.

Dies ist der Ort und der Augenblick, noch ein paar Worte über meinen Partner und Kollegen Peter Staisch zu sagen. Denn »Mr. Smith's« war sein zweites Zuhause. Er war drei Jahre lang Chefredakteur des NDR-Fernsehens gewesen. Und was immer in den Jahrzehnten davor in den Seelen der Zuschauer durch linken Journalismus angerichtet worden sein mochte, Peter war der Rächer der Konservativen und schlug zurück. Die Titel, die er sich in der ARD erworben hatte, reichten vom »Raketen-Staisch« bis zum »Panzer-Kommandanten« und dem »Mann mit dem entschlossenen Gesicht«. Das alles sollte wohl zum Ausdruck bringen, daß er in der Planung und Durchsetzung von Programmen nicht zimperlich war und es mit Zweifeln an seinen politischen Ansichten nicht übertrieb. Im übrigen war er ein lebenslustiger Schwabe. Wir kannten uns aus frühen »Weltspiegel«-Jahren und den entsprechenden Konferenzen und geselligen Nachbesprechungen. Er hielt stets länger durch als ich.

Als ich nach London ging, hatte der NDR mit Friedrich-Wilhelm Räuker gerade einen bekennenden Konservativen als Intendanten bekommen. Und irgendeine Künstleragentur muß ihm Peter Staisch ans Herz gelegt haben – als durchsetzungsfähigen Bändiger linker Gedanken. Wir sind uns dennoch nie in die Quere gekommen. Zwischen London und Hamburg lag viel Wasser, und außerdem gab es ja noch Margaret Thatcher, die für meine geistige Weiterbildung sorgte. Das Problem entstand, als Peter nach drei Jahren keine Lust mehr hatte, Chefredakteur zu sein. Sein journalistischer Traum war Washington. Er hatte seinem Intendanten damit schon immer in den Ohren gelegen, und eines Tages entwickelten sich die Dinge in einer komplizierten Reihenfolge in die von ihm gewünschte Richtung. Räuker fand in der »Tagesthemen«-Moderatorin Ulrike Wolf eine Kandidatin für die Nachbesetzung der Chefredaktion, und die Personalie geriet in die Presse. Klar war, daß Peter Staisch nach Washington gehen würde. Aber mit wem? Und in welcher Funktion?

Das weltanschauliche Gleichgewicht verlangte nach einem Linken; und wahrscheinlich nach einem, der so links war wie Peter rechts. Und so störrisch wahrscheinlich auch. Ziemlich schnell machten zwei Namen die Runde: Peter Merseburger und meiner. In den Kantinen der ARD wurde mit zunehmender Heiterkeit über die kommende Besetzung des Studios Washington diskutiert. Ich weiß nicht mehr, wer als erster nein sagte. Jedenfalls lehnten beide ab. Unfreundliche Briefe zwischen einem Hamburger Intendanten und einem Londoner Korrespondenten flatterten über den Kanal. Washington war die Trophäe, ja der Hauptgewinn für jeden Korrespondenten. Ein Journalist fühlte sich geschmeichelt und umworben, wenn ihm solch ein Job angeboten wurde. Für mich aber geschah dies aus dem falschen Grund: Der Ausgleich zu einem anderen wollte ich nicht sein. Zudem verhakte sich jede Lösung an der Studioleiterfrage. Die

Motive waren bei jedem der drei Kandidaten dieselben: Alle waren bereit zu leiten, keiner hatte Lust, geleitet zu werden.

Urplötzlich ging Räuker, der schon mehrere Herzoperationen überstanden hatte, vorzeitig in Pension. Wir trafen uns noch einmal zu einem versöhnlichen Gespräch, und da sein Arzt ihm geraten hatte, sich nicht mehr aufzuregen, schob er mit all dem anderen Ärger auch die Akte Washington seinem Nachfolger Peter Schiwy auf den Tisch. Und so ging das Theater von vorne los.

Ute war es schließlich, die mich zur Vernunft und auch zur Ruhe brachte: »Washington ist doch schön!« Und so sind Peter und ich schließlich gute Partner geworden. In irgendeiner Kneipe haben wir einen Vertrag geschlossen: Beide werden Studioleiter – in der jeweils ersten Jahreshälfte ich, in der zweiten er. Und wir nahmen uns ein altes Sprichwort zur Leitlinie des weltanschaulichen Ausgleichs: Wie du mir, so ich dir! Jeder hätte die Chance gehabt, sich in seiner Zeit als Chef die Rosinen aus dem Kuchen des Journalismus zu holen: die wichtigsten Themen, die schönsten Reisen, jeden Tag den Auftritt in der »Tagesschau«…
Alles in allem sind wir ausgezeichnet miteinander ausgekommen. Der Sender in der Heimat las dem neuen Washingtoner Team alle Wünsche von den Augen ab. Das einzige, was man als Gegenleistung von uns forderte und zur allgemeinen Überraschung auch bekam, war: Vertragt euch!

Gemeinsam hatten wir 1991 sogar einen Krieg zu überstehen. Ich komme darauf noch zurück. Wir schliefen kaum mehr und sendeten rund um die Uhr. Nach drei Jahren ist mir Peter dann verlorengegangen, weil es in der Führung des Funkhauses Hannover weltanschaulich wieder etwas auszugleichen gab. Danach wurde er erster Chefredakteur des privaten Nachrichtensenders n-tv, von dem er sich trennte, weil er eben doch mehr Journalist als Buchhalter war.

Als die Mauer fiel

Wunder sind in unserer nüchternen Welt selten geworden. Dennoch gibt es sie, wie wir zu unser aller Verwunderung lernen konnten. Und im Zentrum des Bebens stand diesmal ausgerechnet Deutschland. Es war die Zeit, als sich wildfremde Menschen in die Arme fielen, vor Freude weinten und auf der Straße tanzten. Das meistgebrauchte Wort in jenen schönen Augenblicken war der fassungslose Ausruf: »Wahnsinn!«

Keiner aus meiner Generation hätte es je für möglich gehalten, das Wiederzusammenwachsen Deutschlands noch zu erleben. Wohl hatte es immer Sonntagsredner gegeben, die diese Forderung donnernd in die Mikrophone schmetterten. Doch wie sie das anstellen wollten, ohne die Welt darüber in Schutt und Asche zu legen, das hatte bis an die Schwelle des Jahres 1989 kein Linker und kein Rechter, kein noch so kühner Geist einleuchtend erklären können. In Berlin zerbrach die Mauer wie unter dem Klang von Joshuas Posaune, und kaum ein Jahr später vollzog das Volk bei festlicher Musik um Mitternacht die Einheit. Es keimte die Hoffnung – und wenn nur für Augenblicke –, daß eines deutschen Dichters Traum, daß Schillers »Ode an die Freude« nach soviel Schuld und Leid doch noch in Erfüllung gehen könnte: »Alle Menschen werden Brüder ...« Viele meinten, Ost und West und Nord und Süd seien endlich zur Vernunft gekommen und willens, ihr Leben und ihre Energien nicht weiter in Streit und Krieg oder zumindest in schlechter Laune zu entladen. Sogar gestandene Historiker und Philosophen gingen in ihrer Verzückung davon aus, dies müsse das Ende der Geschichte sein. Es war der Sieg des Unkomplizierten und Realen über jede noch so ausgefeilte Theorie.

Wie es genau geschah, das können andere besser beschreiben als ich, der ich die Heimat Deutschland acht Jahre zuvor verlassen hatte, um in der Ferne Neues zu erleben, weil ich der Meinung war, alles längst begriffen zu haben, was es in einem geteilten Land überhaupt noch zu begreifen gäbe. Als die Mauer fiel, stürzte auch ein weltanschauliches Gefüge ein, das umherirrende Geister wie mich mehr als ein halbes Jahrhundert geformt und geleitet hatte. Nicht nur die Vernunft oder politischer Pragmatismus, auch unsere Moral hatte es sich im Schatten dieser Mauer behaglich gemacht. Wer wagte denn noch, über dieses gräßliche Bauwerk hinaus zu denken? Ich, das muß ich gestehen, hatte es mir längst abgewöhnt. Von einer deutschen Einheit hätte ich in den Jahren, bevor sie plötzlich vom Himmel fiel, überhaupt nicht zu träumen gewagt, geschweige denn Überlegungen dazu zu drucken oder zu senden. Das wäre ein Kriegsruf gewesen – wie Feuer legen an die festen und friedlichen Strukturen unseres Planeten. In allen großen und selbst in den unbedeutenden Fragen waren wir Wegbegleiter der Weltpolitik in starren geistigen Bahnen gesegelt. Wir trauten uns zu, bei allen Gipfeltreffen und Reden festlich dösend jede winzige Nuance eines originellen Gedankens zu erspüren, und hatten auch unseren eigenen Horizont dem engen Rahmen angepaßt, daß die eine Hälfte der Welt eben den Amerikanern gehöre und die andere den Sowjets. Gut fanden wir das selbstverständlich nie, aber es war einfach nicht zu ändern.

Ich habe den wundersamen Augenblick der Erlösung mit amerikanischen und deutschen Freunden vor einem Washingtoner Fernsehgerät erlebt. Es war an einem jener letzten Tage des »Indianer-Sommers«. Ein Kollege hatte zu einer der zahlreichen Partys eingeladen. In der Hauptstadt, die in etwa auf dem Breitengrad von Athen liegt, kann es selbst Anfang November noch einmal südlich warm sein. Mit dem Wein- oder Cocktailglas in der Hand wanderten wir bei geöffneten Türen mal im Garten und mal im Wohnzimmer der Gastgeber herum. Für Gesprächsstoff war in diesem Herbst 1989 reichlich gesorgt.

Ja, wir wußten aus eigenem Erleben und Begleiten so vieler Gipfelkonferenzen zwischen Moskau und Washington, daß mit Michail Gorbatschow ein neuer Geist in den Kreml eingezogen war und daß dieser neue Typ eines sowjetischen Generalsekretärs ausgerechnet in Ronald Reagan, der immer als Kraftprotz und Kriegstreiber galt, einen Partner auf der Suche nach Versöhnung gefunden hatte. Aus einer sich im Kreise drehenden Raketenzählerei der Abrüstungsexperten war ein Dialog unter zwei älteren Herren geworden, die über die Zukunft ihrer Enkelkinder und deren Bedrohung durch einen Wald nuklearer Waffensysteme sprachen. Aber wohin dieser Weg eines Tages führen könnte, das wagte sich noch niemand in allen Konsequenzen auszumalen. Die Angst vor möglichen Ungleichgewichten zwischen Ost und West hatte ja schon so oft in den vergangenen Jahrzehnten alle naiven Hoffnungen und noblen Visionen wieder zerstört. Und auf der Suche nach Stabilität im Gleichgewicht des Schreckens waren immer neue Angriffs- und Abwehrsysteme aus dem Boden gewachsen.

An jenem Abend sahen wir um 18 Uhr die »Nightly News« auf NBC. Alle Moderatoren der großen amerikanischen Fernseh-Networks hatten sich am Brandenburger Tor vor der Mauer versammelt. Allen war klar: Irgend etwas lag in der Luft, und was auch immer es war, hier würde es sich entladen. Tom Brokaw, der »Anchorman« von NBC, begrüßte seine Zuschauer daheim »live from the Berlin Wall«. Bei uns in Washington war es nicht nur wärmer als in Berlin, es schien auch noch die Sonne, als es in Europa schon Mitternacht war. Ein paar junge Leute standen zwischen den Kameras des amerikanischen Senders und der Mauer herum, grell angestrahlt hob sich das häßliche Bauwerk aus dem Berliner Dunkel ab. Der erste Beitrag wurde angekündigt, und als er nach zwei Minuten zu Ende war, winkten die jungen Leute freundlich über den Atlantik. Der Moderator steuerte sein nächstes Thema an. Wieder anderthalb oder zwei Minuten später sprang der Ablauf der NBC-Nachrichtensendung schon zu amerikanischen Themen über, doch man sah noch, wie junge Leute vor der Mauer herumturnten. Sie klopften und traten dagegen – irgendwie entschlossen, in dieser Nacht noch Weiteres anzustellen. Es blieb aber noch unklar, was. Der nächste Bericht fand bei uns in Washington kaum Interesse. Alle Gäste unserer Freunde hatten sich inzwischen vor dem Fernsehgerät versammelt und zählten die Sekunden bis zu den nächsten Bildern live aus Berlin. Der Moderator erschien, die Zuschauer hinter ihm waren dabei, auf die Mauer zu klettern. Schreie, ungläubiges Staunen, höchste Erregung auf einer 5000 Kilometer entfernten Party. Zumindest die deutschen Gäste waren in dem Bewußtsein und der traurigen Erfahrung aufgewachsen, daß bei solchen Mutproben oder Provokationen die Vopos auf der anderen Seite dramatisch reagieren müßten. Die Mauer war ja stets das heiligste Bauwerk der DDR gewesen.

Als der NBC-Moderator zum letzten Mal erschien, um seinen Zuschauern daheim in den USA so nüchtern und unbewegt, wie es nun einmal die Tugend von Moderatoren ist, einen guten Abend zu wünschen, tanzten und turnten drüben in Berlin fröhliche Menschen auf einem Betonbauwerk herum, das vierzig Jahre lang Symbol einer geteilten Welt gewesen war. Live konnten wir im Fernsehen mitverfolgen, wie im Buch der Geschichte ein neues Kapitel aufgeschlagen wurde. Und ich war nicht dabei. Brennend war der Wunsch, sofort nach Deutschland zurückzukehren. Wir tanzten und jubelten vor dem Fernsehgerät. Es war eine der schönsten Feiern meines Lebens.

Als ich Wochen später mit dem Kollegen Brokaw über seine atemberaubende Sendung sprach, räumte er mit Zerknirschung ein, er habe in jener Nacht gar nicht mitbekommen, was hinter ihm auf der Mauer geschah. Die Lichter hätten ihn geblendet, die Aufnahmeleiter seien wegen der vielen Menschen nervös gewesen, der Moderator ganz auf seine vorformulierten Texte konzentriert. Erst als die Sendung zu Ende war, dämmerte ihm, einem amerikanischen Fernsehstar, was hinter seinem Rücken live geschehen war.

Die folgenden Tage in der amerikanischen Hauptstadt erlebten wir deutschen Korrespondenten in den USA wie in Trance. Es kam die Nacht vom 9. auf den 10. November, und die Zeitungen verkündeten in dicken Balkenüberschriften: »Das deutsche Volk ist das glücklichste der Welt!« Im Weißen Haus, in den Kneipen Georgetowns, beim Kaufmann, eigentlich überall, wo man wußte oder auch nur vermutete, daß ich Deutscher sei, fielen mir Menschen um den Hals. Freunde riefen an und gratulierten. Es war Begeisterung, es war herzerfrischende Anteilnahme, es war auch ein bißchen Neid dabei. Eine Nation, die immer wieder Anlauf nimmt zu neuem Anfang, sah plötzlich einen Verbündeten im alten Europa als leuchtenden Kometen auf der Bahn zu einem amerikanischen Traum. Ich fühlte mich an die sechziger Jahre erinnert, als Neil Armstrong, ein Amerikaner, als erster Mensch den Mond betrat. Wann immer wir damals in Deutschland einen Amerikaner trafen, haben wir ihm im Namen der Menschheit die Hand geschüttelt.

Als daheim die Stimmung ziemlich schnell umschlug und im Osten wie im Westen aus unterschiedlichen Gründen wieder verdrießlich wurde, hatte ich es schwer, meinen Nachbarn in den USA die deutsche Seele zu erklären. Wer waren wir? Warum wollte es uns nicht gelingen, nach so vielen Perioden der Düsternis auch einmal mit Zuversicht und Selbstvertrauen in die Zukunft zu blicken? Es war ja auch meine eigene zerrissene Seelenlage, die ich nun etwas hilflos analysieren mußte: Irgend etwas von historischem Gewissen, von Tragik, vom Hin- und Hergerissensein zwischen Zerknirschung und plötzlichen Schüben von Größenwahn ... Sensibles, wachsames Mißtrauen gegen sich selbst ... So viele glorreiche Momente in der Katastrophe geendet ... Zu neuen Horizonten einfach nicht geboren ... Amerikaner sind für solche Thesen ein schwieriges Publikum. Sie sind es gewohnt, von ihren Präsidenten und Politikern bei jeder sich bietenden Gelegenheit zu hören, die USA seien – bei allen Mängeln und Unvollkommenheiten – ganz selbstverständlich die stolze, die beste, die größte Nation auf Erden. Würde ein deutscher Bundeskanzler einen solchen Satz von sich geben – o weh! Unsere Nachbarn würden zittern. Und vor allem wir selbst.

Selten wurde mir das Komplizierte in der eigenen Seele so bewußt wie im Gespräch mit einem der Architekten des Wunders. Es war im März 1990 in einem gläsernen Turm in Los Angeles. Ronald Reagan war seit einem Jahr nicht mehr Präsident der USA. Die Mauer war gefallen, immer deutlicher zeichnete sich die Chance oder auch die Gefahr eines wiedervereinten Deutschland ab. Der Schlüssel dazu war die Frage, ob die Sowjetunion es dulden würde, daß solch ein neues und großes Gebilde im Herzen Europas Mitglied der Nato bleibt. Bedenken gab es viele. Der Franzose Mitterrand verfolgte die Ereignisse mit Unbehagen. Er sah in einer solchen Entwicklung ein Spiel mit dem Feuer eines neuen großen Krieges. Die Britin Margaret Thatcher übertraf ihn noch in derart pessimistischen Instinkten. Sie hatte ihre Berater und zusätzlich einige Gelehrte verschiedener Disziplinen zu einer Krisensitzung auf ihren Landsitz Chequers eingeladen. Die Mehrheit war sich einig, daß man den Deutschen nicht trauen dürfe und daß jeder Zuwachs an Menschen, Wirtschaftskraft und politischem Gewicht mit allen Mitteln verhindert werden müsse. Dem Einwand, auch Großbritannien habe sich doch im Klub der Europäischen Union stets zum gemeinsamen Ziel einer deutschen Einheit bekannt, begegnete die »Eiserne Lady« kühl: »Da sind wir ja immer davon ausgegangen, daß daraus doch nichts wird!« Eines der auf diesem Treffen von Chequers gesammelten politischen und wissenschaftlichen Bedenken soll gewesen sein, daß die Deutschen im biologischen Vergleich mit anderen Europäern ein »loose gene«, ein unkontrollierbares Gen, in ihrer Zellstruktur und in ihren Erbanlagen hätten.

Für die Amerikaner war die Marschroute klar. Sie hatten immer gesagt, sie wollten die deutsche Einheit, und nun standen sie dazu. Das war die Linie von George Bush, das war auch die Linie seines Vorgängers Ronald Reagan gewesen. Der alte Herr hatte nach dem Abschied von Washington ein Büro im 34. Stock eines Wolkenkratzers in der »Century City« von Los Angeles bezogen. Das ist ein imponierender, wenn auch etwas steriler Bezirk aus Glas und Stahl in der kalifornischen Metropole. Doch das Problem eines ehemaligen Präsidenten ist es ohnehin, daß er für jedes normale Leben verloren ist. Was er auch unternimmt, er ist von Massenauflauf und Geheimdienst begleitet. Die Sorge vor einem Attentat verläßt seine Beschützer nie. Das galt besonders für einen Politiker wie Ronald Reagan, der trotz seines sonnigen und eigentlich auch versöhnlichen Temperaments stets einen festen Kreis von Bewunderern und unversöhnlichen Feinden hatte.

Sein Freund und ehemaliger Verteidigungsminister Caspar Weinberger beschrieb mir den Kern seines Wesens einmal so: »Man mag ihm bei einem Festbankett die trockenste schwedische Sozialistin als Tischdame zuteilen. Er kann es einfach nicht ertragen, wenn die Stimmung an seiner Seite angespannt oder trübsinnig ist. Und so wird er sie so lange mit Witzen überhäufen, bis auch sie nicht mehr anders kann, als wenigstens aus Höflichkeit zu lächeln.« Schwedische Sozialistinnen waren eben in jenen Tagen für einen Republikaner das Symbol europäischer Verklemmtheit.

Nun also besuchte ein deutsches Fernsehteam den Helden der Konservativen, den ehemaligen amerikanischen Präsidenten, um aus ihm herauszufragen, ob man denn nach zwei großen Kriegen Deutschland wieder trauen dürfe. Seine Antwort war schlicht: »Ja!« Es war nicht das erste Mal, daß er mir im Interview gegenübersaß, ich war vorgewarnt. Der Versuch, ihn durch komplizierte Gedanken aus dem Konzept zu bringen, ist eigentlich immer gescheitert. Ich warf noch einmal die Sorge der Nachbarn in die Debatte, die Bedenken in Frankreich, Rußland, Polen ... Es rührte ihn nicht: »Die Deutschen haben nach ihrem Verhalten in den letzten vierzig Jahren ein gutes Führungszeugnis. Die Sorgen, die man sich aus früheren Zeiten ihretwegen macht, sind heute unbegründet.« Nun führte ich meine schwerste Waffe ins Gefecht:

Margaret Thatcher, mit der ihn ja eine Seelenverwandtschaft verband, hätte Zweifel. Doch Ronald Reagan blieb unerschütterlich: »Da liegt sie schief! Ich habe mir immer vorgestellt, es gäbe ein Mauer quer durch die USA – so etwa entlang des Mississippi. Es wäre doch ganz natürlich, sich zu wünschen: Weg mit ihr!« Also habe er auch geglaubt, daß Michail Gorbatschow auf ihn hören würde, als er, Reagan, bei einem Besuch in Berlin gerufen habe, er möge die Mauer einreißen lassen: »Das Ding war etwas so Unnatürliches, das konnte nicht ewig da stehen bleiben.«

Es war ein Gespräch wie beim Psychotherapeuten. Hier war ich, ein deutscher Journalist, mit schweren Neurosen und Selbstzweifeln. Auf dem anderen Stuhl er, ein ehemaliger amerikanischer Präsident, der versuchte, mein Selbstwertgefühl wieder aufzurichten. Und auch das Problem der Nato-Mitgliedschaft sah er ganz entspannt: »Man muß mit Gorbatschow offen reden und ihm die Vorteile einer solchen Lösung klarmachen. Das vereinigte Deutschland ist nicht mehr isoliert und allein, sondern in einem Bündnis mit anderen europäischen Staaten.« Und so ist es ja schließlich auch gekommen.

In Erinnerung an den »großen Kommunikator«, der ein Filmschauspieler, ein Gewerkschaftsfunktionär und einer der beliebtesten und gleichzeitig gefürchtetsten Politiker war, krame ich ein Foto aus einer alten Truhe. Es zeigt meine Kollegin und Producerin Thea Rosenbaum, einen Korrespondenten mit etwas ungeordnetem Haar und in der Mitte ihn. Alle drei strahlen stolz in die Kamera. Rechts oben die Zeilen: »To Wolf with best wishes – Ronald Reagan«.

Sein weiteres Schicksal hat mich bewegt. Er nannte es »die Reise in den Sonnenuntergang meines Lebens«. Auch das ist einer dieser Sätze oder Texte, die an seine Zeit in Hollywood erinnern. Er gab selbst der Alzheimer-Erkrankung eines Präsidenten etwas Poetisches, fast Heldenhaftes – jenem erst langsamen und später völligen Vergessen, wer man ist und wer man war. Menschen grüßten ihn freundlich, aber er wußte nicht mehr, warum. Seine Frau

Nancy hat ihn gepflegt und schließlich vor jeder weiteren Neugier beschützt.

Einer der letzten Besucher, der Ronald Reagan in seinem kalifornischen Ruhesitz sah, beschreibt das Erlebnis so: ein Swimmingpool – im Herbst gefüllt mit Blättern, die die umstehenden Bäume abgeworfen haben. Zur Beschäftigung, als Therapie sozusagen, harkt einer der einst Mächtigsten dieser Welt das Laub aus dem trockengelegten Becken. Immer wenn er fast fertig ist, greift einer seiner Leibwächter ruhig und stumm in den Haufen am Rande des Pools und wirft die Blätter wieder hinein. Ronald Reagan nimmt nicht wahr, was hinter seinem Rücken geschieht, und beginnt noch einmal von vorn. Und wieder streut der andere die Blätter zurück. Je länger man nachdenkt über eine solche Szene, desto symbolischer erscheint sie uns für so vieles, was wir Menschen tun.

Was ist amerikanisch? Was bleibt für immer deutsch? Wie mischen sich diese Temperamente nach längerem Eintauchen in den anderen Kulturbereich? Gibt es im Zeitalter des Computers und des Internet überhaupt noch diese nationalen Besonderheiten? So vieles, was mir noch vor Jahren in den USA als allzu praktisch, zu hastig, modern und oberflächlich erschien – als allzu amerikanisch eben –, ist heute auch in Europa Alltag. Das Fernsehen allemal. Die Zahl der Kanäle beginnt sich anzugleichen. Die Hektik der Handlung, der schnellere Szenenwechsel, die Lautstärke nehmen zu. Noch vor zehn Jahren habe ich es als typisch amerikanisch empfunden, daß alle Programme nur noch aus Höhepunkten bestanden. Was unterhalb der Schwelle des Größten, Dramatischsten, Urkomischsten oder Brutalsten lag, erreichte die abgestumpften Nerven des Publikums nicht mehr. Und wenn nach solch einem Feuerwerk von »Highlights«, nach Mord, Entführung, drohendem Weltuntergang, Schießerei und Explosionen der Held und die Heldin am Ende doch noch zueinander fanden, um Hand in Hand den ersten Augenblick der Stille zu genießen, schon brüllte eine Stimme auf den Zuschauer ein: »Der Mörder mit der Motorsäge, nur hier auf diesem Kanal. Bleiben Sie dran!« Heute tönt mir diese Stimme auch aus deutschen Fernsehgeräten entgegen. Amerika ist uns in so vielem eben nur ein paar Schritte voraus gewesen. Und der Abstand verkleinert sich. Amerika ist einfach so vieles, doch von allem immer auch das Gegenteil. Lieblos und kommerziell und dann wieder höchst kultiviert und hilfsbereit, häßlich und grell und ein paar Meilen weiter majestätisch schön. Wer wirklich die Einsamkeit und ein ganz persönliches Leben sucht, der kann dies nirgendwo besser finden als in diesem riesigen Land. Doch nichts in dieser Weite und Wildnis ist ohne Risiko.

Es gibt Zugvögel, die fliegen ein und genießen das amerikanische Leben, und dann wandern sie wieder ab in ihre Heimat. Manche – wie Ute und ich – kommen irgendwann noch einmal zurück. Andere läßt Amerika nicht mehr los.

Hella Vietzke beispielsweise. Sie war Cutterin im ARD-Studio in Washington, stammte aus Köln, doch ihr Schicksal ist eine typisch amerikanische Geschichte. Vor Hella hatten mich die Kollegen gewarnt. Sie könne sehr nett, aber auch etwas seltsam sein. So sei sie zum Beispiel von einer unkontrollierbaren, nicht zu bremsenden Sammelwut besessen. Und in der Tat, sie sammelte einfach alles. Wo immer auf unseren Reisen ein Kramladen war, räumte sie ihn halb leer. Sie hatte ein Haus mit einem großen Schuppen in Virginia gemietet, und beide Gebäude waren vollgestopft mit spontanen Eroberungen: Geschirr (heil oder schon angeschlagen), Möbel (stilvoll oder häßlich), Tonfiguren, getrocknete Blumen, landwirtschaftliches Gerät … Hella hatte ein Motorrad mit allerlei Zubehör, trug Fotos, Bücher, Presseunterlagen und ganze Stapel von Zeitungen aus allen Winkeln eines riesigen Landes zusammen. Manchmal waren im Studio unsere Papierkörbe leer – längst bevor Rosaura zur Arbeit erschien. Hellas Sammlung ließ keinerlei Schwerpunkte und keinerlei System erkennen, in ihren Schuppen ließ sie keinen hinein. Ihr Heim muß eine wüste und geniale Collage, eine Art persönliches Museum ihres Lebens und der Welt gewesen sein.

Eines Tages – auf einem Flug nach Kolumbien – hatten wir sieben Stunden Aufenthalt auf dem Kennedy-Flugplatz in New York, weil die Maschine nach Carthagena irgendwo unterwegs notgelandet war und erst repariert werden mußte. Wir spielten Skat, langweilten uns, Thea telefonierte, und plötzlich rollte Hella einen hölzernen Indianer heran, der mindestens einen Zentner wog. Sie hatte ihn zu einem stolzen Preis dem Besitzer des Andenkenladens abgehandelt, und nun sollte dieser Indianer von New York zu einem nord- und südamerikanischen Gipfel-treffen nach Kolumbien mitfliegen und von dort ein paar Tage später wieder zurück nach Washington, um in den Schuppen in Virginia gebracht zu werden. In mir regte sich der Vorgesetzte: Ich machte ihr klar, daß die ARD das Übergepäck für die sinnlose Hin- und Herfliegerei dieses schweren Holzklotzes nicht bezahlen werde. Schließlich versprach der Mann vom Andenken-Shop, dessen Blickfang dieser Indianer gewesen war, das gute Stück auf direktem, erheblich kürzerem Weg nach Washington zu ver-frachten.

Hella war eine Cutterin, die ihr Handwerk beherrschte. Wahr-scheinlich war sie sogar eine Künstlerin, wie sie unser hektisches Medium heute nicht mehr hervorbringen kann. Nur ihr schroffes Temperament war nicht nach jedermanns Geschmack. Wenn sie sich etwas in den Kopf gesetzt hatte, konnte sie stundenlang her-umexperimentieren, bis auch gewagte Bildübergänge harmonisch aneinander paßten. Am liebsten arbeitete sie nachts. Dazu rauch-te sie viel und ernährte sich einseitig und karg von Brot und Ha-ferflocken. Der Korrespondent kam morgens in sein Büro, und auf dem Schreibtisch lag die Kassette mit dem fertig geschnittenen Bericht.

Der WDR hatte diese langjährige, festangestellte Mitarbeite-rin nach Washington entsandt, und als ihre Zeit dort abgelaufen war, wollte sie nicht wieder zurück nach Köln. In den USA gefiel es ihr, und sie erklärte ihrem Studioleiter, sie wolle Lastwagen-fahrerin werden. Hella schwärmte von den schweren, chromblitz-zenden Zugmaschinen und von einem Leben nachts auf den Highways. Ich habe zunächst versucht, sie über die Gefahren der amerikanischen Freiheit und die Vorzüge des deutschen Sozial-systems aufzuklären. Wenn sie eines Tages sechzig sei – oder etwas älter, oder ein paar Jahre jünger –, dann könne sie doch immer noch gutversorgt in den USA ein neues Leben beginnen. Das hörte sie sich artig an, doch sie hatte sich entschieden. Also mach-te ich mich daran, der Verwaltung in der Heimat einen unbezahlten Bildungsurlaub oder etwas Ähnliches für eine überarbeitete Kollegin schmackhaft zu machen – irgendeine Pause in einem langjährigen und erfolgreichen Arbeitsverhältnis. Vielleicht werde sich der Traum vom Lastwagenfahren ja wieder legen, dachte ich, und eine verlorene Tochter findet zurück ins Wohlbehütete und Geordnete. Erste Kompromisse deuteten sich an, denn Kölner sind ja nicht ohne Verständnis für das Ausgefallene und Exzentrische – selbst wenn ihnen nicht ganz einleuchtet, warum ein Mensch woanders leben möchte als in Köln. Bis Hella ihnen ein paar grobe Briefe schrieb – so nach dem Motto: Was ich immer schon mal sagen wollte … Da war der Faden gerissen.

Hella zog in ein kleineres, billigeres Häuschen – eher eine Hütte – in einem Ort mit indianischem Namen auf der anderen Seite des Flusses, in Maryland. Eine Arbeitserlaubnis für die Vereinigten Staaten hatte sie nicht. Wovon sie leben wollte, sagte sie mir nicht. Ruth Heflin, die zwischen den Kontinenten das Finanzielle und das Administrative regelte, äußerte die Vermutung, Hella besitze eine Eigentumswohnung in Köln, die nun nach und nach verkauft oder belastet werde. Denn auch die Sammelleidenschaft ließ sich nicht bremsen. Was Hella in ihrer Hütte nicht unterbringen konnte, verteilte sie auf örtliche Lagerhäuser und die Scheunen der umliegenden Farmen. Sie hat sich schließlich noch ein Pferd zugelegt, ohne allerdings viel zu reiten. Wenn sie jemand besuchen wollte, hat sie immer seltener geöffnet. Heidi Mandel, eine Kollegin vom Hörfunk, war wohl die letzte, die Hella sah. Irgendwann, als alle, mit denen sie einst gekommen war, längst wieder in Deutschland waren, fand man sie tot in ihrem freien und wilden Revier.

In meinem Büro steht eine meterhohe Pappfigur mit Lanze. Die rastlose Sammlerin hatte – was sicher nicht einfach war – gleich zwei dieser malerischen »Beefeater« und Wächter des Londoner Tower auf einer Handelsmesse in Washington vom Stand der Briten fortgeholt. Ich habe es stets als besondere Auszeichnung angesehen, daß sie mir einen davon schenkte. Er steht da nun auf dem Lerchenberg in Mainz zwischen zwei Computern und bewacht meine Erinnerungen an eine eigenwillige Kollegin. Sie war eine Deutsche mit amerikanischer Seele, und sie lebte ihr Leben, wie Frank Sinatra es in einem seiner schönsten Lieder besang: »I did it my way …«

»Smarte Waffen« im Wüstensturm

Dieter Maguhn fotografierte. Das brachte sein Beruf so mit sich, er war unser erster Kameramann. Wo immer wir uns herumtrieben, wir konnten uns darauf verlassen, irgendwann würde Dieter packenweise Fotos heranschleppen und zur gemeinsamen Erinnerung an die jeweils Mitgereisten verteilen. Und auch das lag an seinem Beruf, daß dies in unregelmäßigen, oft sehr langen Abständen geschah. Nach irgendwelchen Drehreisen ging es ja meist gleich wieder ins Flugzeug, und erst wenn die Welt mal eine Weile ruhig war, versammelte sich die Belegschaft des Washingtoner Studios, um noch einmal zurückzuschauen und zu bestaunen, wo man überall gewesen war. Reisen nach Alaska oder Arizona waren einfach zu identifizieren. Da saß der Korrespondent im Kreise von richtigen Cowboys auf einem gutmütigen Pferd und versuchte, eine lässige Figur zu machen. Oder das Team war von Eskimo-Kindern umringt, dann wurden sich alle schnell einig, wo das wohl gewesen sein könnte. Meist aber war die Analyse schwierig, denn es ist Ausdruck des journalistischen Reisens, daß sich die Motive mehr und mehr gleichen. Da sah man beispielsweise Hotelzimmer – vollgestopft mit Kabeln und technischem Gerät –, dazu Toningenieur, Korrespondent und Cutterin bei einer Sprachaufnahme. Sofort rief jemand ganz entzückt: »Erinnert ihr euch? Das war Peking!« Nachdenkliche Zustimmung hier und dort, dann erster Widerspruch – zum Beispiel von Marion Zausch-Frehn, als Cutterin im Zentrum dieses Fotos: »In Peking waren die Lampen in den Zimmern doch grün, das weiß ich genau. Die hier sind aber rot. Das muß Tokio gewesen sein!« Zustimmung aus der Runde, soweit es die Lampenschirme in Peking betraf, leichte Zweifel an Tokio; am Ende einigte man sich auf Moskau, London oder Malta oder einen anderen Ort des politischen, inzwischen schon historischen Geschehens.

Hotelzimmer, Konferenzsäle oder Pressezentren in aller Welt dokumentierten eine seltsame Jagd um die Welt. Das war nicht mehr das Abenteuer der Ferne wie mit dem Fahrrad durch Schleswig-Holstein oder das Reisen per Anhalter in der Schul- und Studentenzeit. Wie unter einer Glasglocke schwebte ein enger Kreis von Akteuren über Zeit und Raum. Politiker und Journalisten klettern ins Flugzeug, die Türen schließen sich, ein Drink, ein Film, ein Gespräch mit den Leuten vom Stab des Präsidenten, ein unruhiger Schlaf, die Klappe öffnet sich: Korea! Dort raus ins Freie, Kinder mit kleinen Fähnchen werden herangeführt, Händeschütteln, Ehrengarde, Politikerreden, Schneiden, Texten, wieder ins Flugzeug und Klappe zu. Irgend jemand würde die Kassette an eine Abspielstation bringen und dafür sorgen, daß der Bericht via Satellit zur »Tagesschau« nach Hamburg gelangte. Um die Kollegen anzurufen und mit ihnen abzusprechen, was da auf sie zukommen könnte, hatte wieder einmal die Zeit nicht gereicht. Als für einen amerikanischen Präsidenten in Südkorea der rote Teppich ausgerollt wurde, war es in Hamburg noch tiefe Nacht.

Zum geisterhaften Miterleben der besonderen Art wurde der Krieg am Arabischen Golf. Alle Welt starrte auf ein herannahendes gruseliges Ereignis. Wochen- und monatelang waren wir Journalisten live auf den Fernsehschirmen, um etwas zu erklären, das wir selbst nur aus der Ferne bestaunten: die einen aus dem benachbarten Saudi-Arabien, die anderen aus Kairo oder Tel Aviv, wir – Peter Staisch und ich – 10 000 Kilometer entfernt aus Washington. Die Saudis hatten uns das Visum mit der Begründung verweigert, Deutschland sei nicht Partner dieser Aktion. Der plötzlich aufbrechende Konflikt an den Quellen des Öls war der traurige Beweis, daß die Welt nach dem Ende des Kalten Krieges eben doch kein Paradies geworden war. Statt sich wie Brüder zu umarmen, kramten nun immer kleinere Gruppen in ihrer Geschichte und ihrer Religion und förderten uralten Haß zutage.

Ethnische Gruppen, die im Gefolge ihrer jeweiligen Führungsmacht über Jahrzehnte friedlich oder auch gemeinsam leidend zusammenlebten, stürzten übereinander her. Um es anders auszudrücken: Es war wieder möglich geworden, regionale Kriege zu führen, ohne daß die Welt daran zerbrechen mußte.

Gegen Saddam Hussein in die Schlacht zu ziehen, damit hatte man in den USA genausowenig gerechnet wie weiland die Briten mit einem Krieg wegen irgendwelcher Inseln am Südpol. Ja, der Herrscher in Bagdad war wohl in der Einschätzung durch Amerikas Außenpolitiker ein Diktator, ein Monster und eine mittelalterliche Erscheinung. Aber er war doch ihr eigenes Monster gewesen. Die USA hatten ihn gepäppelt und in seinen irrationalen Aktionen ermuntert. Aus Gründen, die im modernen Westen ohnehin niemand begreifen konnte, hatte dieser säbelschwingende Despot sein Heer im Krieg mit dem benachbarten Iran zerfleischt. Ein Moslem war gegen einen islamischen Gottesstaat angetreten, der die Großmacht USA einst in 444 Tagen Geiselkrise gedemütigt hatte. Drei aufeinanderfolgende Regierungen in Washington sahen in diesem Saddam den Feind ihres Feindes und somit einen Verbündeten, dem sie bevorzugte Handelskonditionen einräumten. Auch Waffen lieferten sie ihm. Bis zu dem frühen Morgen, an dem seine Panzer das benachbarte Ölscheichtum Kuwait überrollten. Das war am 1. August 1990.

Wir wollen nicht all die Stationen des Aufmarschs und des Wüstensturms noch einmal abschreiten. Dies ist ja kein militärisches Tagebuch. Und doch ist auch in den Annalen meiner Zunft der Golfkrieg zur »Mutter aller Schlachten« geworden. Natürlich war es nicht menschliches Erbarmen, das Washington dazu bewog, eine Allianz zur Befreiung Kuwaits zusammenzustellen. Es ging ums Öl. Die Furcht war nicht aus der Luft gegriffen, daß Saudi-Arabien und schließlich jeder Ölscheich oder Emir am Arabischen Golf sich über kurz oder lang dem Willen des Stärksten und Brutalsten in der Region werde unterordnen müssen. Politiker in aller Welt mochten nun nicht mehr auf das Gute in einem

Diktator setzen und diesem neuen Kalifen von Bagdad das Annektieren eines kleinen, aber ölreichen Nachbarn ungestraft durchgehen lassen. So bildete sich unter der Führung des damaligen amerikanischen Präsidenten George Bush (sen.) eine weitgefächerte Befreiungsarmee. Schnell war die königliche Familie in Saudi-Arabien von der Gefahr für die eigene Herrschaft überzeugt; Großbritannien, Frankreich und schließlich sogar Ägypten und andere islamische Staaten traten dem Bündnis gegen den Eroberer bei. Zögernd fügte sich auch die Sowjetunion. Nach immer neuem Verhandeln und stetigem Truppenaufmarsch am Golf wurde Saddam Hussein schließlich ein Ultimatum gesetzt. Auf meinem Kalender gab es für Dienstag, 15. Januar 1991, den makabren, geradezu unwirklichen Eintrag: »Alle Termine absagen, eventuell Krieg!«

Wohin die Entwicklung trieb, war an einer konzertierten Planung abzulesen. Auch die Gründe dafür ließen sich erahnen. Die Erinnerungen an die Ohnmacht während der Geiselkrise mit dem Iran und vor allem der schmachvolle Rückzug aus Vietnam lasteten schwer auf der Seele der Nation. Weit verbreitet war allerdings das Unbehagen, sich noch einmal in einen Konflikt mit weit entfernten Fanatikern einzulassen, wenn die Großmacht nicht unmittelbar bedroht und somit fest entschlossen sei, einen Krieg auch zu gewinnen. Aber es kamen faule Tricks und Raffinesse ins Spiel, die nicht ohne Wirkung blieben: Reiche Kuwaiter hatten eine Public-Relations-Agentur engagiert, um in den USA für die Rückeroberung ihrer Heimat Stimmung zu machen.

In unbehaglicher Erinnerung ist mir ein Hearing vor dem amerikanischen Kongreß über das Wüten der irakischen Besatzungstruppen. Eine junge Frau legte unter Tränen von unvorstellbaren Grausamkeiten der irakischen Besatzer Zeugnis ab. Als junge Krankenschwester habe sie nach dem Einmarsch in einer Entbindungsstation Dienst getan. Soldaten hätten die Station gestürmt, die Stecker aus den Brutkästen herausgezogen, die zu früh geborenen Babys gegen die Wand geschlagen oder achtlos in den Müll geworfen und die Brutkästen dann auf Lkws verladen und in den Irak abtransportiert. Alle Zeitungen, alle Fernsehsender – auch wir Beobachter aus Deutschland – haben über diesen gruseligen Vorfall berichtet. Diese Geschichte weckte stärkere Emotionen als jede aus Kriegen bereits bekannte Brutalität. Später sollte sich herausstellen, daß die so theatralisch erschütterte junge Frau die Nichte des kuwaitischen Botschafters war. In den Tagen des irakischen Einmarsches hatte sie sich in den USA und nicht in ihrer Heimat aufgehalten. Als die amerikanische Öffentlichkeit erfuhr, daß die Vorstellung inszeniert und die schaurige Geschichte erfunden war, war der Krieg längst vorbei und gewonnen. Nur im Schwarzbuch des Journalismus steht seither eine Fahrlässigkeit mehr.

Der Krieg begann mit einem Tag »Verspätung«, am 16. Januar. Kurz vor dem Sturm war die politische Bühne in Washington bleigrau und matt. Alle pathetischen Argumente waren ausgetauscht, alle Warnungen an den Herrscher im Irak mehrmals erfolglos verschickt. Der Präsident zeigte sich im Kabinettsraum unseren Kameras. Wir erfuhren, daß das Problem, das die Runde an jenem Tag beschäftige, die Schulpolitik sei. Jede Frage nach Saddam oder einem bevorstehenden Krieg wurde mit dem Hinweis abgetan, dies stehe nicht auf der Tagesordnung, nun gehe es um eine längst überfällige Modernisierung des amerikanischen Bildungssystems.

Als ich vom Weißen Haus wiederkam, hatte Klaus Bednarz von der Sendung »Monitor« angerufen. Meine Kollegen bemühten sich um eine Bildleitung nach Köln, aber alle Satellitenleitungen nach Europa waren längst von Briten, Franzosen und Italienern belegt. Deutschland – nach dem erst kurz zurückliegenden Fest der Einheit – war weitaus stärker bewegt von der Möglichkeit eines bevorstehenden Waffengangs als die mit Truppenkontingenten aktiv beteiligten Nationen. Krieg sollte und durfte es einfach nicht mehr geben. Und so fand sich weder in Hamburg noch in Köln eine rauhe Seele, die es auf sich genommen hätte – Termin hin oder her –, eine Bildleitung für das Unstatthafte zu buchen. Wir haben dann ein Telefongespräch geführt.

Klaus Bednarz wollte eigentlich nur eines von mir wissen: »Gibt es morgen Krieg? Ja oder nein?« Nun ist es nicht klug von einem Journalisten, eine solche Frage kalt und schnörkellos zu beantworten. Und so habe ich mich nach Politikerart gewunden ausgedrückt: »Saddam bleibt nicht mehr viel Zeit. Wenn er nicht sehr schnell seine Truppen aus Kuwait zurückzieht, wird die Gefahr immer größer ...« Aber Klaus blieb hart: »Ihre ganz persönliche Einschätzung als langjähriger Korrespondent: Krieg – ja oder nein?« Und da habe ich dann ja gesagt. Später erfuhr ich, daß nach meinem Ja im Studio Leichensäcke ausgerollt worden seien, um dem deutschen Publikum eindringlich zu demonstrieren, wie die amerikanische Armee ihre Gefallenen vom fernen Golf heimtransportieren würde.

Unwirklich war es ja für uns alle. Peter Staisch und ich hatten einen festen Plan aufgestellt: Jeder sollte – immer im Wechsel – eine Nacht schlafen und eine Nacht Wache halten. Im Hotel »Georgetown Inn«, gegenüber vom Studio, hatten wir auf Wochen im voraus sechs Zimmer reserviert, damit die diensthabende Schicht nicht erst nach Hause fahren mußte, um sich mal kurz auszuruhen. Ruth Heflin hatte für Frühstück, Mittag- und Abendessen einen Party-Service engagiert, damit die Essenszeiten kurz und variabel gehalten werden könnten. Peter hatte die erste Wache übernommen und stand mit seinem Team bei »Mr. Smith's« bereit. Ute hatte für den späten Nachmittag eine Masseuse zu uns in die Wohnung bestellt. Ihr Mann machte ihr einen etwas verspannten Eindruck, war aber nicht mehr zu bewegen, vor dem Krieg noch irgendwohin zu gehen. Ich lag auf dem Bauch und wurde gerade von Kopf bis Fuß mit Massage-Öl bearbeitet, da rief es aus dem Wohnzimmer: »Es geht los!«

Das amerikanische Fernsehen hatte das Programm unterbrochen und sendete »live from Bagdad«. Dort war es tiefe Nacht.

Ein Feuerwerk sprühte über den Fernsehschirm, doch die Kommentatoren in den USA hielten sich mit Erklärungen zurück. Gelegentlich meldete sich eine Stimme, die sagte, dies könne der Beginn der Luftangriffe sein. Im wesentlichen werde aber vom Boden in die Luft geschossen, es könne also auch Nervosität der irakischen Abwehr sein.

CNN hatte mit Peter Arnett einen eigenen Reporter vor Ort. Er meinte, dies sei der Luftangriff der Allianz. So rief ich in Hamburg an, wo gerade die »Tagesthemen« vom Sender gegangen waren. Es meldete sich Sabine Christiansen. Sie stürzte zurück ins Studio, und das laufende Programm wurde unterbrochen, um nach Washington zu schalten.

Welche Gnade, daß es nur eine Ton-, aber keine Bildleitung gab! Ich stand am Küchentelefon, neben dem riesigen Kühlschrank, weil ich von dort freien Blick auf den Fernsehschirm hatte. Ins Wohnzimmer traute ich mich nicht, weil mir das Öl noch vom Leib tropfte. In der einen Hand hielt ich den Telefonhörer, mit der anderen versuchte ich, ein Badetuch über meinem Bauch zu justieren. So begann im deutschen Fernsehen dieser Krieg …

Bei »Mr. Smith's« in Georgetown hatte sich inzwischen die Pendeltür geöffnet, und ein seltener Gast trat ein. Rosaura hatte nach amerikanischer Art beim Säubern des Studios in allen Räumen die Fernsehapparate laufen lassen und war ebenfalls zu dem Schluß gekommen: »Mr. Staisch, I think the war has just started!« Es war zwar Winter, aber der Weg nicht lang. So reichte Peter als Kälteschutz ein lose um Schulter und Hals drapierter Schal. In diesem Outfit stürzte er aus dem Saloon direkt vor die Kamera. In Deutschland hat dieser saloppe Blickfang sofort einen starken Eindruck hinterlassen. Der Schal wurde für lange Zeit Peters journalistisches Markenzeichen.

In den nächsten Wochen kamen wir, wie gesagt, wenig zum Schlafen. Zwischen der amerikanischen Hauptstadt und dem Arabischen Golf wurden die Live-Kameras zusammengeschaltet.

Wir sahen den Himmel über dem nächtlichen Bagdad, dazu die Pressekonferenzen aus dem Pentagon oder dem Weißen Haus. Stolze Generale führten der Welt ihre Videos vor: Aus den angreifenden Flugzeugen waren Kameras auf ihre Ziele gerichtet, selbst in den Sprengkopf der Rakete war noch eine Kamera montiert, die ihre Bilder zurück zum Flugzeug funkte. »Schauen Sie auf die vordere Tür«, erklärte uns der vorführende General die technischen Feinheiten: »Wenn die Bombe gleich explodiert, fliegen die Splitter nach außen!« Die tödliche Ladung sei nicht einfach gegen das Gebäude geschleudert, die »smarte Waffe« sei mit der Konstruktion und den Konturen ihres Ziels programmiert gewesen und habe sich zunächst ihren Weg durch den Lüftungsschacht gesucht. Erst dann sei die Bombe explodiert, um die Wände von innen heraus zu zerdrücken und in der irakischen Kommandozentrale den größtmöglichen Schaden anzurichten.

Stolz sprach man im Pentagon vom »klinisch sauberen Krieg« – eine Floskel, die ohnehin nur aus der Perspektive des Fernsehsessels gemeint sein konnte. Für jene, auf die die Bomben niederregneten, blieb der Krieg so schrecklich und so schmutzig wie eh und je. Spätere Einsätze computergesteuerter Waffen sollten überdies erweisen, daß auch diese Technologie ihre Schwachstelle hat: den Menschen. Als die Nato im Kosovo-Krieg Belgrad und andere jugoslawische Ziele bombardierte, traf sie sozusagen aus Versehen einen fahrenden Personenzug und legte die chinesische Botschaft in Trümmer. Die Erklärung war geradezu abenteuerlich: Der amerikanische Geheimdienst CIA habe von Belgrad leider nur einen sehr alten Stadtplan gehabt.

Was die geballte Technologie im Irak anrichtete, erfuhr die Öffentlichkeit nie so genau. Von unvermeidlichen »Kollateralschäden« war nur ganz am Rande die Rede. Es war eine Situation, in der man nicht umhin konnte, über das Wesen des Zynismus nachzudenken.

Nie zuvor war soviel digitale Technik in einem Krieg zum Einsatz gekommen. Eine Großmacht hatte sich über Jahrzehnte auf einen Waffengang mit einer anderen Großmacht vorbereitet, und nun wurden all die milliardenteuren Waffensysteme, die Überschall- und Tarnkappenbomber aus den Arsenalen gerollt. All diese aufgestaute Feuerkraft regnete auf ein halb modernes, halb noch mittelalterliches Land herunter. Es konnte einem schon beim Anschauen der Videos schwindlig werden.

Als schließlich der Angriff am Boden erfolgte, waren die irakischen Truppen ausgelaugt und demoralisiert. Bis dahin war die größte Gefahr für die Amerikaner und ihre Verbündeten, das gestand der Oberkommandierende Norman Schwarzkopf ein, vom Fernsehen und von den eigenen Journalisten ausgegangen. Auch sie waren ja mit modernster Technik ausgerüstet. Der Diktator von Bagdad in seinen Bunkern sah CNN. Und so hatte man – vor allem, um uns Journalisten zu täuschen – allerlei ablenkende Manöver abgehalten. Der Feind bereitete sich auf eine Stellungsschlacht wie im Ersten Weltkrieg vor – oder wie in den blutigen Grabenkämpfen mit seinem Nachbarn Iran. Um ihn in seinem Irrtum zu bestärken, wurde Saddam und damit auch der gesamten Welt allerlei Theaterdonner vorgeführt. Der Diktator sollte glauben, der Angriff zur Befreiung Kuwaits könne nur von Süden – von Saudi-Arabien – oder von See her erfolgen. Während sich acht Divisionen mit Tausenden von Tonnen Treibstoff, Verpflegung und Munition von Westen in die Wüste vorschoben, führten in den Fernsehstudios der Welt allerlei pensionierte Generale und andere Militärexperten an Sandkästen vor, wie dieser letzte verlustreiche Schlag geführt werden müsse. Und alle lagen sie mit ihren Analysen schief.

Hinterher haben sich die Strategen des Pentagon, des amerikanischen Verteidigungsministeriums, mit einer Delegation der Zeitungsverleger zum Friedensgespräch getroffen. Ja, man fühle sich schuldig, nicht nur Saddam, sondern auch die eigenen Journalisten und die Öffentlichkeit getäuscht zu haben. Und so tauschte man für die Zukunft allerlei rührende Absichten aus. Was natürlich für weitere Kriege nicht viel bedeutet. Im Grunde wäre ein General auch töricht, wenn er seine Angriffspläne in Pressekonferenzen vorstellen würde. Und so bleibt ein Mißtrauen gegen alles und jeden wahrscheinlich das einzige Hilfs- und Warnsystem, auf das sich Journalisten in einem Krieg verlassen können.

Es war der erste Krieg der sogenannten Computerspiele. Die Rechner hatten inzwischen Fähigkeiten erworben, die der Mensch mit seinen Sinnen und Instinkten kaum mehr nachvollziehen konnte. Die Welt war fasziniert und lernte ein neues Gruseln. Auch für den Beruf und das Selbstverständnis von uns Journalisten bedeutete dieser Golfkrieg eine Wende und einen Meilenstein.

Reise an die Grenze im Westen

Es gibt bestimmte Reisen und dienstliche Anlässe, die muß man suchen. Man muß sie herbeizwingen. Man muß erfinderisch, darf nicht zimperlich sein. Hawaii ist für mich immer solch ein Traumziel gewesen. Inseln faszinieren mich ohnehin, diese aber ganz besonders. Mitten im Pazifischen Ozean, zwischen Amerika und Asien, irgendwo nahe der Linie, an der die Sonne den Tag beendet und einen neuen beginnt. Also, von Amerika aus betrachtet, der alleräußerste Punkt, an dem die Sehnsucht nach Westen abrupt in den Osten umschlägt – Symbol für den Anfang und das Ende der Welt. Das Klima, das Meer und die Strände werden in jedem Reiseprospekt als paradiesisch beschrieben. Frühere Besucher – von Adalbert von Chamisso bis Mark Twain – loben das freundliche Temperament der Menschen. Und was die besondere Herausforderung war: Hawaii gehörte ganz eindeutig zu meinem Dienstbereich. Es war nur eben sehr weit von Washington entfernt, und die Expedition mit einem Kamerateam recht teuer. Nüchtern betrachtet, liegen die Inseln weiter von der Ostküste der USA entfernt als beispielsweise von Tokio am anderen Ende des Ozeans, wo es ja auch einen ARD-Korrespondenten gab. Der Flug nach Los Angeles oder San Francisco dauert etwa fünf Stunden, und von dort geht es dann noch einmal viereinhalb Stunden übers Meer.

Doch im Grunde entsprang meine Genierlichkeit, einfach mal hinzufliegen, einem Grundproblem des Journalismus. Hätte es auf Hawaii soziale Unruhen, ein schweres Erdbeben oder sonst irgendeine Katastrophe gegeben, hätte ich ja keinen Augenblick gezögert, sofort dorthin aufzubrechen. Aber daß diese Inseln einfach nur schön sein sollen und die Menschen dort freundlich, das sind für einen Journalisten nun einmal keine professionelle Kriterien. Jedenfalls nicht für einen aus einer aktuellen und politischen Redaktion. Die Formel paßt nicht für alle Situationen, aber für die meisten eben schon: Vor allem das Bedrohliche, Traurige, Negative ist Nachricht. Man hat es ja gelegentlich auch mit »Guten Nachrichten« versucht, aber die Experimente sind gescheitert. Wäre es anders, dann hätten spätestens die kommerziellen Sender alle Kriege, Skandale, Geiselnahmen, Banküberfälle oder Scheidungen von Prominenten strikt aus ihren Programmen verbannt und würden uns nur noch freundliche, glückliche, hilfsbereite Menschen zeigen. Also, zugegeben: Es hatte mir immer am Mut gefehlt, den Kollegen irgendeiner Sendung in der Heimat eine Reportage aus Hawaii anzubieten.

Im Spätherbst 1991 trafen zwei günstige Faktoren zusammen. Der eine war eine »Brennpunkt«-Sendung des Westdeutschen Rundfunks. An das Thema kann ich mich nicht mehr erinnern, wohl aber blieb mir in der Seele haften, daß ein Bericht von mir nicht gesendet worden war. Die offizielle und wohl auch glaubhafte Erklärung des damaligen Auslandschefs Nikolaus Brender und seines Chefredakteurs Fritz Pleitgen war, daß die unvermeidliche Politiker-Diskussion im Studio wieder einmal zu lang gewesen sei und man mit Rücksicht auf den pünktlichen Beginn der folgenden Sendungen den letzten Beitrag – leider meinen – entfallen lassen mußte. Ich zeigte nicht die Spur von Verständnis. Einen Bericht von mir nicht zu senden, sagte ich ihnen am Telefon, sei journalistisch eine Sünde und dazu noch eine Geschmacklosigkeit. Doch nun brachte ich den Faktor zwei ins Spiel: Am 7. Dezember jenes Jahres werde sich ein historisches Datum und ein Wendepunkt des Zweiten Weltkriegs zum fünfzigsten Mal jähren: der überraschende Angriff der Japaner auf die amerikanische Flotte in Pearl Harbor. Sofort sahen beide ein, daß der WDR aus diesem Anlaß beim Washingtoner Korrespondenten einen Beitrag für den »Weltspiegel« bestellen müsse. Und Pearl Harbor liegt nun einmal auf Hawaii.

Wir flogen über San Francisco und drehten dort einen Zwanzig-Minuten-Bericht über die berühmte Cable Car. Das allein war schon eine sehr vergnügliche Woche. Wir trieben uns im Hafen herum und in der berühmten China Town. Die kleine Sha Nin im Gemüseladen stellte uns ihre Eltern vor, die kein Wort Englisch sprachen. Es hatte sich einfach nie als erforderlich erwiesen, weil alle Nachbarn rundherum ja auch nicht Englisch sprachen. San Francisco beherbergt die größte geschlossene chinesische Gemeinde außerhalb Chinas. Wir turnten auf der berühmten Brücke herum, schauten bei den Dreharbeiten einer neuen Staffel der Fernsehserie »Straßen von San Francisco« zu und stiegen schließlich an der Market Street in das Thema unseres Filmes ein: die Kabel-Bahn. Das ist eine hochromantische, aber nach modernem Sicherheitsstandard höchst fragwürdige Konstruktion. Drei starke Seile, von fünf Motoren gezogen, laufen Hügel rauf und Hügel runter zwischen den Schienen der Bahn. Der Fahrer klemmt seinen Wagen mit einem großen Hebel an diesen Seilen fest. An jeder Haltestelle läßt er los und zieht eine Bremse. Und schließlich gibt es an jeder Cable Car noch einen dritten Hebel. Der Fahrer hatte von seinen Vorgesetzten die Anweisung mit auf den Weg bekommen, mit uns über diesen dritten Hebel nicht zu reden. Er war ein Teil der sogenannten Sicherheitsfrage und aus allerlei juristischen Gründen ein Tabu des etwas antiquierten Verkehrssystems. Denn der dritte Hebel ist nur im Notfall zu betätigen. Er schweißt den Wagen an den Schienen fest, wenn der bergab ins Rutschen kommen sollte.

Man hatte uns Roger, den besten »Griffmann« San Franciscos, mitgegeben, dazu noch Al, den Weltmeister im Cable-Car-Klingeln, und plötzlich – rumpel, rumpel, quietsch – passierte genau das, was nicht passieren durfte. An der Ecke Powell und Jackson Street stand ein Auto auf den Schienen, und Roger, der Griffmann, mußte die Notbremse ziehen. Es dauerte 45 Minuten, das Fahrzeug wieder flottzumachen. Die Straßenkreuzung war blockiert, zwölf andere Cable Cars hatten sich hinter uns angestaut. Al unterhielt die Fahrgäste mit seinem preisgekrönten Klingeln, der Griffmann redete nun plötzlich doch über den dritten Hebel und die Sicherheitsfrage, die Touristen sangen oder filmten, die halbe Stadt war lahmgelegt, und wir hatten unser Feature auf einer einzigen Fahrt mit der Straßenbahn praktisch schon abgedreht.

Die noble Absicht, auch einmal das Schöne und das Positive zu zeigen, war durch diesen bedauerlichen Zwischenfall erst so richtig spannend und interessant geworden. Danach brauchte sich Michael Pindter, unser Kameramann, nur noch in aller Ruhe auf die Suche nach malerischen Zwischenschnitten zu machen; Herta Borniger, unsere Producerin, begleitete ihn. Ute und ich zogen auf eigene Faust durch eine der schönsten Städte Amerikas – für den Fall, daß den beiden ein Motiv entgehen sollte.

Der Weiterflug nach Hawaii war ruhig und angenehm. Ich hatte meine »Milage« (Meilenguthaben) aus früheren Reisen für Utes Ticket ausgegeben und dafür, daß uns United Airlines für insgesamt fast achtzehn Stunden in die Erste Klasse setzte. Das Flugzeug hob ab, und schon waren wir über dem Wasser. Und für die nächsten vier Stunden blieb das auch so. Ein bißchen seltsam ist das Gefühl schon, nach so langer Reise nicht auf einem neuen Kontinent, sondern auf einem Archipel zu landen – sozusagen auf den Spitzen von Lavabrei, der sich vor Millionen Jahren aus einem Spalt unter dem Meer nach oben geschoben hat. Mark Twain hat diese Inseln mit einer stolzen Flotte verglichen, die mitten im Ozean vor Anker liegt.

Man spürt gleich nach der Landung, wie die eigenen Systeme langsamer und ruhiger werden. Das Gemüt entspannt sich. Das macht die warme, weiche Luft, das macht das Licht, der blaue Himmel. Auch die Menschen um einen herum bewegen sich ruhig. Ja, der Highway, der nach Honolulu führt, ist eine realistische Erinnerung an den Verkehr im Rest der USA. Aber sonst ist weit und breit kein Grund ersichtlich, warum der Mensch in Hektik verfallen sollte. Palmen, weiße Strände nie allzuweit entfernt; im

Landesinnern tropische Gärten, dunkle Regenwälder und saftiges Grün. Selbst auf der kleinsten Insel wechselt die Szenerie. Hier strahlende Sonne, dort regnet es kräftig. Auf der einen Seite der Insel stille Buchten, ein paar Meilen weiter rollt der Ozean majestätische Wellen heran. Man kommt immer wieder an feurigen Küsten vorbei, wo die anstürmenden Wellen an glühender Lava verdampfen. Und wer Glück hat, kann im »Friedlichen Ozean« Wale vorüberziehen sehen.

Der dienstliche Teil war auch hier schnell abgehandelt. Pearl Harbor, wo die amerikanische Pazifik-Flotte vor Anker lag, als die japanischen Kampfflugzeuge plötzlich vom Himmel stürzten, ist heute eine würdige Stätte des Gedenkens. Für viele der zum Sterben entschlossenen Piloten war dies ein Einsatz ohne Rückflug. Das erklärt die Überraschung der Amerikaner vor nunmehr sechzig Jahren, wie sie der Roman und der Film »Verdammt in alle Ewigkeit« so eindrucksvoll wiedergeben. Boote fahren die Touristen zum Schlachtschiff »Arizona« hinaus. Die Besatzung ruht eingeschlossen in der Tiefe. Makaber erscheint dem Besucher, daß noch heute Fäden von Treibstoff aus dem gesunkenen Schiff an die Oberfläche steigen und farbig schillernde Blasen ins Wasser zeichnen. Überraschend ist der Andrang japanischer Touristen zu den Toten des Feindes von einst. Wie überhaupt diese Inseln auf halbem Wege zwischen den Kontinenten einen starken japanischen Einfluß zeigen. So mancher Geschäftsmann aus Tokio oder Osaka ist Mitglied in einem japanischen Golfclub auf einer der fünf größeren Inseln. Der Flug zu einem sportlichen Wochenende dauert etwa sechs Stunden. Und natürlich sechs Stunden zurück.

Als die Arbeit getan war, entschied ich mich für eine Woche Urlaub am Strand von Wailea auf der Insel Maui. Es ist möglicherweise nicht fair, einem vom Wetter so wenig verwöhnten europäischen Publikum einen solchen Strand zu beschreiben. Es ist ein blühender Garten am Meer. Ein Rätsel wird mir immer bleiben, nach welchen Regeln die blauen, gelben und feuerroten

Blüten, etwa von Palmen und Ananas, entscheiden, wann für sie Herbst und wann in ihrem Zyklus Frühjahr ist. Die Temperatur hat sich rund um den Kalender bei 30 Grad eingepegelt. Im Norden und Westen der Insel Maui weht mal ein stärkerer, mal ein nicht ganz so starker Wind; im Osten, am Hang eines Vulkans, regnet es viel. Die fünf unberechenbaren Tage im Jahr lohnen eigentlich die Kosten für die Wettervorhersage nicht.

Das eindrucksvollste an diesen Inseln im Pazifik sind die Sonnenuntergänge. Pünktlich um zehn Minuten vor sechs – so war es im Oktober/November – taucht die Sonne ins Meer: Eine glutrote Kugel, vielleicht etwas größer als anderswo, tropft schnell, geradezu hastig vom Himmel und verschwindet an der scharfen Kante des Horizonts. Dann eine Weile nichts, nur hellstrahlender Himmel, die Wolken immer dunkler und schärfer werdend, bis schließlich, so etwa zwanzig Minuten nach dem Sonnenuntergang, der Himmel erst rosa, dann rot und plötzlich in tiefem Purpur erstrahlt. Die Menschen stehen und sitzen – Abend für Abend – verträumt am Ufer und schauen stumm-ergriffen aufs Meer. Von ihren Gesichtern strahlt der purpurne Himmel wider, und man sieht ihnen an, daß sie mit ihren Gedanken tief in der eigenen Seele versunken sind.

Ein schriller Gegensatz dazu sind die Zaubergärten des Grand-Hyatt-Hotels Wailea. Wer sie zum ersten Mal betritt, hat es schwer, sich zu entscheiden, ob er vor Bewunderung den Atem anhalten oder vor Lachen laut prusten soll. Von künstlichen Felsen stürzen künstliche Wasserfälle in gigantische Swimmingpools. Aus einem dampfbeheizten Krater quillt furchterregend künstlicher Rauch. Statuen von Göttern und Delphinen zieren Gärten und Wasserbecken. Jünglinge im Lendenschurz blasen auf Südsee-Muscheln zum Sonnenuntergang und zünden am Strand Fackeln an. Die Bar im Zentrum des Hotels hat ein marmornes römisches Tempeldach. Vor der Auffahrt rauscht der nächste Wasserfall. Natürlich gibt es auf Hawaii auch Armut. Aber der Sonnenuntergang mit seinem hemmungslos sentimentalen Licht wirft seinen Schleier über solch trübe Gedanken. Strahlendes Licht und tiefe Schatten, majestätische Schönheit neben wilden Scheußlichkeiten – das sind nun einmal die USA!

Alles muß irgendwie seine Bedeutung haben. Dies ist meine letzte große Dienstreise als Amerika-Korrespondent gewesen. Ein Höhepunkt, um die ARD in guter, dankbarer Erinnerung zu behalten. Als wir wieder in Washington gelandet waren und ich die Tür unseres Apartments aufschloß, klingelte das Telefon. Es war das ZDF.

Ein Nordlicht zwischen Weinbergen

Das Restaurant »New Korea« fällt dem erstaunten Passanten sofort in den Blick. Man erwartet es nicht in dieser Abgeschiedenheit. Eine Ampel, vier Häuser, die Weite der Felder, im Hintergrund Wald ... Eine der beiden sich kreuzenden Straßen ist ziemlich belebt. Auf der Speisekarte von Herrn Jeong Yong Hwa sind seine asiatischen Spezialitäten mal als »scharf« und mal als »sehr scharf« angepriesen. Auf einer Mauer in abblätternder Farbe ein konfuzianisches Motiv: einsamer Tempel auf Fels in gebirgiger Flußlandschaft. Das Bild könnte in der Seele des Betrachters die tiefsten Sehnsüchte wecken, wäre da nicht der Krach der vorbeibrausenden Autos. In etwa sechs Kilometer Entfernung sieht man bei klarem Wetter die Türme der Stadt.

Dem »Neuen Korea« gegenüber liegt ein Gehöft. Ein Schild warnt vor freilaufenden Hunden. Gut 200 Jahre ist es her, da hat auf dieser Höhe ein berühmter Kriegsbeobachter gestanden. Es wäre respektlos, ihn als Journalisten zu bezeichnen. Eine Tafel weist darauf hin, daß Johann Wolfgang von Goethe am 29. Mai und am 3. Juni 1793 in diesem Hause Gast des preußischen Gesandten Johann Friedrich von Stein gewesen sei. Hier am Waldrand lagerten damals preußische Truppen, deren Kommandeur sein Weimarer Herzog war. Von dieser höchsten Stelle eines Kessels verfolgte der Dichter die Belagerung und Beschießung von Mainz. Revolutionär gesinnte Bürger hatten kurz zuvor eine Rheinische Republik ausgerufen: Sie fühlten sich zur Demokratie und zu Frankreich hingezogen. Die Stimmung der Mainzer sollte sich aber noch mehrfach ändern. Die heißumkämpfte Stadt am Rhein erlitt bis zur endgültigen Verbannung Napoleons mehrfach das traurige Schicksal, mal von den einen und dann wieder von

271

den anderen belagert, befreit und zerstört zu werden. Goethe vermerkt unter dem 3. Juni 1793 in seinem Tagebuch: »Große Mittagstafel bei Herrn von Stein auf dem Jägerhause. Herrliches Wetter, unschätzbare Aussicht, ländlicher Genuß. Durch Szenen des Todes und Verderbens getrübt …«

Gleich in der Nachbarschaft – sozusagen in der Schußlinie auf Mainz – befindet sich der nagelneue Stadtteil Lerchenberg. Er ist im Zuge moderner Betriebsansiedlungen aus dem Boden geschossen. Ein vierzehnstöckiges Hochhaus ragt zwischen allerlei flacheren Gebäuden hervor. Von einem Hang und auf den Dächern wachsen Satellitenschüsseln empor. Als ich zum ersten Mal die Welt von jenem vierzehnten Stock aus betrachtete – »unschätzbare Aussicht, ländlicher Genuß« –, weihte mich Intendant Dieter Stolte in die Strategien eines der großen europäischen Medienunternehmen ein: Durch die gewaltigen Schüsseln sei man mit aller Welt verbunden, bereit zu empfangen und zurückzustrahlen: »kultiviertes, aber erfolgreiches Fernsehen, Information und große Unterhaltung, Sport, soweit er bezahlbar bleibt …«

Wir haben dann Jahr für Jahr in einem Neujahrsgespräch Bilanz gezogen und nach vorne geschaut. Und jedesmal hatte sich die Medienwelt verändert: in einem rasanten Wettbewerb, auf einem Markt, der ständig neue Allianzen bildet, in einem Sturm immer modernerer Technologien.

Später sollten mir amerikanische Freunde schreiben: »Seen you on television …« Erstaunte Rückfrage: »Wart ihr in Deutschland? Warum habt ihr euch nicht gemeldet? Wo habt ihr mich denn gesehen?« Nein, nicht in den USA, es müsse in Israel, könne auch in Italien gewesen sein, ganz sicher aber in Südafrika. Mir wurde bald klar, daß dieser Mainzer Lerchenberg in mancherlei Hinsicht die Alpen und den Himalaya überragt.

Im permanenten Wechsel von Neubeginn und Abschied könnte der Sprung von Hamburg nach Mainz für mich der kühnste und radikalste gewesen sein. Wohl treibt man sich als Korrespondent in aller Welt herum, doch bleibt man – mit einem Bein oder an einer langen Leine – dem Heimathafen verbunden. Nun aber wechselte ich die Familie oder die Identität. Natürlich traf ich auch vertraute Gesichter: Eberhard Piltz, Claus Richter, Theo Koll, Klaus-Peter Siegloch, um nur einige zu nennen, waren ebenfalls der ARD entlaufen und begrüßten mich nun fröhlich im neuen Klub. Selbst Klaus Bresser, der Chefredakteur, der mich ins andere Lager lockte, war einst vom Westdeutschen Rundfunk gekommen. Sein Nachfolger Nikolaus Brender auch. Andere haben die Linie in umgekehrter Richtung gekreuzt, einige wechselten sogar mehrmals im Laufe ihrer Karriere. Hanns-Joachim Friedrichs schlug die Kurve über die »heute«-Redaktion, das »Sportstudio« und das ZDF-Studio in New York nach Hamburg zu den »Tagesthemen«. Carl Weiss war ein klassisches ZDF-Gesicht und wurde Koordinator, eine Art Chefredakteur, der ARD. Peter Voß, der in der Aktualität zusammen mit Alexander Niemetz mein weltanschauliches Gegengewicht war, wechselte zum damaligen Südwestfunk.

Die ersten Kollegen der Zeitungen und des Hörfunks hatten schon in Washington angerufen und voller Skepsis gefragt, ob ein Surfer denn nicht das Meer, ob ein Nordlicht nicht den Norden vermissen werde im binnenländischen Mainz. Die Antwort war ein lautes Nein und ein leises Ja. Noch heute werden natürlich meine Gefühle durch das traurige Schicksal von »Holstein Kiel« oder durch Niederlagen des »Hamburger SV« weit stärker strapaziert als durch die Sorgen um die »Frankfurter Eintracht« oder um »Mainz 05«. Und als die Rheingauer Winzer ihren neuen Mitbürger und Nachbarn an einem Herbsttag einluden, aus Anlaß der Präsentation eines neuen Weinjahrgangs eine kurze Rede zu halten, habe ich hochgeehrt zugesagt. Aber dann stand ich als Zugereister aus dem Norden doch vor einem Dilemma und einem Glaubwürdigkeitsproblem. Was sollte ich – und sei es noch so heiter – den Winzern über Weine erzählen, das sie selbst nicht weitaus besser wußten? So wählte ich ein Thema, von dem ich etwas zu verstehen glaubte. Und das war Flensburger Bier. Sie haben es gutmütig aufgenommen.

Wir hatten ein Haus am Waldrand in Hamburg-Rissen. Dahin wollte ich zurück, wenn die Zeit in London zu Ende wäre. Statt dessen zogen wir von London in die USA. Und als es von dort auch nicht wieder heim ins Rissener Häuschen ging, war es Ute, die entschied: »Ganz oder gar nicht!« Und so haben wir in Hamburg alle Seile gekappt und uns vorgenommen, Rheinländer zu werden. Oder auch Hessen. Oder – falls sich das seelisch einrichten lasse – eine Mischung aus beidem. Der Versuch war ernsthaft, sentimentale Rückfälle waren nie ganz auszuschließen, aber die Objekte der Annäherung sind voller Reiz. Daß Mainz die Wiege der Buchdruckerkunst ist, hat mir diese Stadt schon vorher bedeutsam und sympathisch gemacht. Wenn ich mal einen ruhigen Nachmittag habe, schlendere ich gern durch den Dom und schaue im Gutenberg-Museum vorbei. Wer sich für besondere Bücher interessiert, der kann das immer wieder tun. Mal macht er vor dieser und mal vor jener Vitrine halt. Von Gutenbergs Bibeln besitzt man dort zwei. Die Stadt ist alt, und sie ist jung. Das macht die Universität, das spürt man am bunten Leben in den Lokalen.

Wenn amerikanische Freunde uns besuchen, haben wir es leicht, sie davon zu überzeugen, daß wir in der Heimat gut gelandet sind. Gleich zu Beginn des Programms wird den Gästen klargemacht, daß sie etwas Einmaliges erwartet: der Rhein. »Wir haben euretwegen alles an Schlössern, Burgen und mittelalterlichen Ruinen zusammenrangiert, was auf dem Markt zu haben war. Zwischen Mainz und Koblenz auf jeder Seite mindestens hundert. Hollywood und Disneyland könnt ihr von nun an vergessen!« In dem einen oder anderen alten Gemäuer kehren wir dann ein: in Schloß Johannisberg mit dem weiten Blick über die Weinberge hinunter zum Strom, in Eltville mit seinen engen Gassen, in Schloß Crass mit einem Tisch direkt am Wasser. Aus allerlei Höfen dringt Gesang, überall in den Weinbergen veranstaltet im Sommer das Rheingau Musik Festival seine Konzerte, die ganze

Gegend atmet Kultur. An Rüdesheim kommen wir nicht ganz vorbei. Aber im wesentlichen überlassen wir das Städtchen den Japanern, für die es eine Verpflichtung ist, wenigstens einmal im Leben in der berühmten Drosselgasse gewesen zu sein.

An der Loreley versuche ich, Heinrich Heine ins Englische zu übersetzen, was nicht richtig gelingt. Warum der Dichter so traurig war, ist nicht leicht zu vermitteln. Ein einsamer Schiffer – abgelenkt vom Lied einer blonden Frau –, da muß sich ein Drehbuchschreiber in Hollywood schon mehr einfallen lassen an Lastern und Katastrophen. Aber der Klang der Verse ist wie Musik und paßt zu der romantischen Kulisse:

> Die Luft ist so kühl und es dunkelt,
> und ruhig fließt der Rhein;
> der Gipfel des Berges funkelt
> im Abendsonnenschein …

Und der Höhepunkt einer solchen Tour ist jedesmal Kloster Eberbach – einsam zwischen Wald und Wein. Zwar sind die letzten Mönche schon 1803 aus der Abtei ausgezogen. Fürst Friedrich August von Hessen-Nassau hat ihnen nach 700 Jahren einfach den Vertrag gekündigt. Doch das gewaltige Anwesen ist noch heute erhalten oder so restauriert, daß Hunderte von Zisterziensern jederzeit wiederkehren und sich sofort wie im Mittelalter fühlen könnten. Uralte Weinfässer, wuchtige Kelter, der Kreuzgang, der riesige Schlafsaal mit seinen steinernen Bögen, das Innere der Kirche von karger Strenge – all das ist ergreifend in seiner Schlichtheit. Wenn ich meinen amerikanischen Freunden in diesem romanisch-gotischen Halbdunkel zuflüstere, Sean Connery (Bruder William) habe sich hier mit dem Großinquisitor angelegt, der weltberühmte Film »Der Name der Rose« sei in diesem Gemäuer gedreht worden, dann habe ich mein Publikum endgültig verzaubert und mich für zehn Jahre Gastfreundschaft in den USA revanchiert.

»Achtung, wir sind drauf!«

Spätestens jetzt verlassen wir die Erinnerungen und treten in die Gegenwart ein. Im großen Nachrichtenraum stehen mindestens hundert Computer. Die verschiedenen Teams und Schichten der »heute«-Nachrichten sitzen an runden Tischen wie an kleinen Inseln. Immer wenn der Uhrzeiger einer neuen Sendezeit entgegenrückt – 13 Uhr »Mittagsmagazin«, 15 Uhr, 16 Uhr, 17 Uhr … –, übernimmt ein anderes Team das Kommandopult in der rechten oberen Ecke des Saales. Dort sitzt der »Schlußredakteur«, der alle Fäden in der Hand halten muß, und starrt auf seinen Schirm. Oder er schreit herum, diskutiert, telefoniert, ist in Intervallen von nur wenigen Minuten mal euphorisch und dann wieder verzweifelt. Die meisten Berichte laufen erst kurz vor oder während der Sendung ein. Der Ruf »Berlin wird ein Blitz!« heißt beispielsweise, daß der Beitrag nach der Begrüßung aus Mainz direkt aus Berlin in die Sendung eingestartet wird. Oder das Ganze aus Washington, London oder von irgendwoher auf dem Balkan … Manchmal klappt das nicht, weil der Autor wieder mal nicht fertig wurde, und der Moderator erfährt durch seinen »Knopf« im Ohr, daß in fünfzehn Sekunden erst eine andere Geschichte vorgezogen werden müsse. Er hatte sich gerade so schön eingestimmt auf Wirtschaftswachstum und Arbeitsmarkt, und nun wird er nach dem »Guten Abend« erst einmal einen Blick auf Rußland werfen oder auf ein Erdbeben in Indien.

Es gibt zum Thema Chaos im Fernsehen zwei Theorien. Die eine besagt, daß der Zuschauer durchaus Spaß daran haben könnte, an der Hektik und Verwirrung hinter der Kamera beteiligt zu werden. Auch das sei ja ein Stück Realität. Die andere führt die Professionalität für sich ins Feld und pocht darauf, daß eine jede

Sendung so glatt und »sauber« wie möglich verlaufen solle. Bisher hat sich meist die zweite Lehre durchgesetzt.

Der Kollege neben dem Schlußredakteur oder der Schlußredakteurin telefoniert und hält Kontakt zur Technik, zur Regie, zum Studio und zu den Außenstellen. In Rufweite an den nächstgelegenen Inseln sitzen die Redakteure, die die einzelnen Beiträge betreuen. Wie lang? Letztes Bild, letzte Worte … Müssen irgendwelche Namen eingeblendet werden? Der Computer ist der einzige, der alles weiß. Er kennt den Ablauf und jedes logistische Detail, er kennt die Einblendungen und die Texte. Er blinkt die Moderatoren noch im Studio an, wenn er neue Eilmeldungen anzubieten hat, er signalisiert dem Schlußredakteur und der Regie, wenn die Sendung zu lang oder zu kurz zu werden droht. An all den Rechnern im großen Raum und in den auf zwei Etagen verteilten Nachrichten-Redaktionen kann jeder, der den Schlüssel kennt, jedem anderen beim Formulieren seiner Texte zuschauen. Gleich zwei computertrainierte Helfer sitzen neben dem Schlußredakteur. Ein Zuruf, ein Klick mit seiner Maus, und (frei nach Schiller) »neu geordnet ist die Welt«! Irgendwann ruft im Studio der Aufnahmeleiter: »Achtung, wir sind drauf!« Spätestens dann sollte sich entschieden haben, womit die Sendung beginnt.

Was ist überhaupt eine Nachricht? Warum müssen Millionen wehrloser Zuschauer Abend für Abend ein Menü von Streitereien und Krisen über sich ergehen lassen, nur weil es irgendwelche Journalisten für wichtig halten? Auch das ist natürlich ein Problem, das der Computer lösen könnte. Die Idee hat etwas Faszinierendes und Rührendes zugleich. Man brauchte nur durch die Zuschauerforschung oder durch irgendwelche Kommissionen eine Liste sogenannter Kriterien ausarbeiten zu lassen. Diese Wertigkeits- oder Punkteskala für jedes Ereignis und jede Meldung der Nachrichtenagenturen gibt man dann in den Computer ein, und der markiert und sortiert diese Flut zu einer übersichtlichen Tabelle. Eine Redaktion wie die des »heute journals« brauchte dann nur auf den Schirm zu schauen, um die korrekte Rangfolge abzulesen: Aha, heute beschäftigen wir uns mit den fünf oder sechs Themen intensiver, und jene zehn kommen mit jeweils dreißig Sekunden in die Nachrichtenübersicht! Die automatische Bestellung der Berichte bei den Korrespondenten wäre für die schlaue Maschine ebenfalls kein Problem. Selbst den virtuellen Moderator oder die digitale Moderatorin gibt es schon. Sie sind noch ein bißchen steril, doch lockern sie sich von Generation zu Generation. Die Möglichkeiten sind grenzenlos: das Gesicht und die Figur nach dem Foto einer beliebten Schauspielerin, die Stimme zwischen glaubwürdig und erotisch zusammenkomponiert, die Mode von Prada oder Gucci, die Gedanken entweder pur von dpa oder von einer unsichtbaren Kompanie von Gag-Spezialisten aufgeheitert.

Aber auch hinter dem Computer-Produkt agieren ja letztlich doch wieder Menschen, und man verlagert nur das Problem. Das Verblüffende ist, daß das Ergebnis der journalistischen Suche, was heute wohl Nachricht sei, an vielen, wenn nicht gar an den meisten Abenden und Tagen auch ohne jede Koordination schon ziemlich einheitlich ausfällt. Da sitzen morgens, mittags und abends in Mainz die Redakteure des »heute journals« in Konferenzen am großen Tisch, 500 Kilometer weiter nördlich bei den »Tagesthemen« in Hamburg dieselbe Prozedur. Es wird geplant und diskutiert, Ideen werden zusammengetragen und wieder verworfen. Dann wird entschieden, bestellt und möglicherweise wieder umgestoßen, wenn Korrespondenten oder Landesstudios sich plötzlich melden und Interessanteres anzubieten haben. Und dennoch tauchen Abend für Abend mindestens drei von fünf Themen in beiden Sendungen auf, ohne daß dies abgesprochen wäre. Manchmal decken sich auch alle fünf – sogar in derselben Reihenfolge.

Die Nachricht ist eben eine Fackel, die von Stunde zu Stunde und von Medium zu Medium weitergetragen wird. Bei Katastrophen ist der Maßstab leicht zu finden. Die Zahl der Opfer, das Ausmaß des Schadens, die rätselhaften Umstände und die Gefahren für den Alltag sind ziemlich sichere Anhaltspunkte. In der gesellschaftlichen Debatte kann die Auswahl schon schwieriger werden. Politiker, Künstler, Sprecher von Gewerkschaften, Wirtschaftsverbänden, Kirchen und vielen anderen Organisationen rufen sich gegenseitig Vorwürfe oder Forderungen zu. Der Hörfunk meldet es, das Fernsehen steigt auf diese Themen ein, die Zeitungen auf dem Frühstückstisch vertiefen die Debatte. Und dann wird dem einen mehr Raum oder Sendezeit eingeräumt als dem anderen, und schon beginnt der medienpolitische Streit: Wer dürfe sich denn anmaßen, in diesem Strom ein Schleusenwärter zu sein? Die sich beschweren, tun dies im allgemeinen nicht aus ungestilltem Wissensdurst. Sie kennen die Wahrheit genau; sie wissen, was die einzig richtige Lösung wäre, und klagen nur im Namen einer manipulierten und dumm gehaltenen Menschheit, weil einer aus dem anderen Lager zu Worte kam. Wenn sich alle Seiten beschweren oder keiner, muß dies auch nicht das Gütesiegel der Berichterstattung sein. Vielleicht wurde ja wirklich schlecht recherchiert, vielleicht ist der unanstößige Beitrag langweilig gewesen. Vielfalt und leidenschaftlicher Streit sind die Markenzeichen einer offenen Gesellschaft. Das schließt auch die Kritik an uns Journalisten ein.

Natürlich hat sich manches verändert in den letzten Jahrzehnten. Ich will es an einem Beispiel erklären. Bevor ich als junger Korrespondent nach Washington ging, schlug Hartwig von Mouillard, der Chefredakteur der »Tagesschau«, vor, ich solle doch mal eine Woche vorbeikommen in der Werkstatt meiner künftigen Auftraggeber und besten Kunden. Und da ich nun einmal da war, wollte ich auch zupacken und irgendwie nützlich sein. Es gab damals zwei Schlußredakteure bei der »Tagesschau«, die Kollegen Münchow und Ritter. Und wer auch immer von den beiden Dienst tat am ersten Tag meiner Hospitanz, er erteilte mir folgenden Auftrag: »Da werden gleich zehn Minuten einer Rede aus Stuttgart überspielt, Deutscher Städtetag, die feierliche Eröffnung. Schneiden Sie die wichtigste Passage – genau eine Minute –

heraus, und schreiben Sie zwei Sätze zur Einleitung für Karl-Heinz Köpcke.«

Nach zwanzig Minuten war ich wieder da und erklärte niedergeschlagen: »Ich habe die Rede jetzt zweimal gehört. Die wollen irgendwie mehr Geld vom Bund oder von den Ländern aus dem Finanzausgleich. Aber in dieser Rede finde ich keine zwei zusammenhängenden Sätze, die ein normaler Mensch kapieren könnte. Ich jedenfalls verstehe nichts!« Darauf Münchow oder Ritter völlig ungerührt: »Das macht nichts. Nehmen Sie einfach eine Minute raus und leiten Sie die Sache mit den üblichen Informationen ein!« Um 20 Uhr habe ich dann die »Tagesschau« gesehen und mein Werk bewundert. Zunächst gab es Streit in Bonn, dann folgte ziemlich bald der Städtetag. Dazu Karl-Heinz Köpcke mit den Worten: »In Stuttgart trat heute die Vertretung der großen deutschen Städte, der Deutsche Städtetag, zu seiner Jahrestagung zusammen. Zur Eröffnung sagte der Vorsitzende …« Dann kam die berühmte Minute. Und danach ging es weiter mit einer Brandkatastrophe oder einem Stau auf der Autobahn. Ich war beeindruckt. Mein Werk hatte im Ablauf der hochangesehenen Sendung nicht im geringsten gestört. Und alles klang so überaus politisch. Verstanden hatte ich natürlich immer noch nichts. Aber deshalb gab es unter Millionen, die es gesehen hatten, keinerlei Beschwerde.

Dieses Beispiel könnte das boshafte Urteil eines frustrierten Konkurrenten bestätigen, die »Tagesschau« könne auch in Latein gesendet werden und werde dennoch eingeschaltet. Meine Erfahrung ist etwas differenzierter: Man konnte in längst vergangenen Jahrzehnten schon mal eine Minute in Latein oder Funktionärsdeutsch dazwischenschieben. Die ganze Sendung über funktionierte das nicht.

Heute haben sich die Zeiten ohnehin etwas gewandelt. Und ein gewisses Verdienst ist auch dem Wettbewerb mit den Privaten zuzuschreiben. Verstehen sollte man schon, warum eine Meldung wichtig ist und was Politiker dazu sagen. Verschlüsselte Botschaften, die sich Experten untereinander zuschieben, müssen von Journalisten übersetzt und entschlüsselt werden. Der Vorsprung von ARD und ZDF auf dem Gebiet der Information ist weiterhin ungebrochen. Speziell an Tagen, an denen Außergewöhnliches passiert, schnellen die Zuschauerzahlen der Öffentlich-Rechtlichen in die Höhe. Wir hören es im Autoradio, die Menschen sprechen darüber, es laufen alarmierende, verblüffende, aufregende, aber noch nicht ganz überschaubare Nachrichten ein. Es bedarf schon eines recht harmlosen Gemüts, auf der Suche nach mehr Information und dem neuesten Stand etwa RTL 2 einzuschalten. In anderen Redaktionen mag man das anders sehen, für meine Kollegen und mich ist in solchen dramatischen Situationen das »heute journal« die »Mutter aller Schlachten«. Die Akteure der Wirtschaft, des geistigen Lebens und der Politik werden von überall her live in die Sendung eingeblendet, um ihre Sache vor unseren Zuschauern direkt zu vertreten: Astronauten aus dem Weltraum, während ihre Station gerade Europa überfliegt, Bill Gates, Michail Gorbatschow, Jassir Arafat, der Dalai Lama … Irgendwer hat es irgendwann auf die hübsche Formel gebracht: »Wenn alle anderen melden: ›Minister wirft Handtuch!‹, dann erklärt Ihnen das ›heute journal‹, wohin.«

Wir im »journal« sind stolz, ein sogenannter Durchlauferhitzer zu sein. Meine Kolleginnen und Kollegen diskutieren nicht nur und verwalten die Nachricht, sie sammeln ihre Erfahrungen als Reporter. Wer bei seinem Chefredakteur oder Intendanten auffallen will, hat hier die beste Chance. Unter den vier Millionen Zuschauern sind auch sie regelmäßig dabei. So sind allein schon zu meiner Zeit vier von uns direkt aus der Redaktion als Auslandskorrespondenten in die Welt gezogen: Gerd Anhalt ging nach Peking und dann nach Tokio, Dietmar Schulz nach Tel Aviv, Frank Buchwald nach Rio, Olaf Claus nach Südafrika. Also, wenn Sie meine Meinung hören wollen: Das »heute journal« ist nicht nur die wichtigste Sendung im ZDF, es ist die wichtigste im Fernsehen überhaupt!

Gelegentlich werde ich gefragt, ob ich denn nicht auch wieder Lust hätte, in die Ferne zu ziehen. Natürlich habe ich das. Denn nach elf Jahren im Studio und in Konferenzen wird es Zeit, dass nun ein Jüngerer oder eine Jüngere die Welt als Gesamtkunstwerk erklärt. Meine Kollegin Marietta Slomka ist ja schon von dieser frischeren Generation. So schön es auch war, über eine so lange Strecke das »heute journal« zu leiten – die Seelenlage eines Innendienstlers habe ich mir und anderen immer so beschrieben: Er sei wie ein Eskimo, dem der ehrenvolle Ruf ins Fischerei-Ministerium zuteil geworden sei. Dort sitze er nun und entwerfe Richtlinien für korrektes Angeln. Sein ganzes Dorf sei natürlich stolz auf ihn. Nur hin und wieder träume er davon, einmal selbst wieder am großen Wasser zu sitzen und einfach die Angel auszuwerfen.

Wie soll man im Chaos der Gefühle heute die Welt erklären? Was ist richtig? Was ist falsch? Was gut, was böse? Wofür müssen wir Verständnis haben, wann ist die Grenze überschritten? Wann muß die Gemeinschaft der Zivilisierten handeln, um drohendes Unheil abzuwenden, und wann sollte sie lieber vorsichtig sein, weil die Risiken einer blutigen Operation größer sind als die Heilungschancen? Das sind die Fragen, die uns tagtäglich quälen, wenn wir in die Zeitung oder auf den Fernsehschirm schauen. Mal sind wir forsch, mal sind wir zaghaft gestimmt.

Es gibt Daten und Ereignisse, die man nie vergißt. Den Tag, an dem im Juli 1954 Deutschland Fußball-Weltmeister wurde und wir zum ersten Mal nach dem Krieg wieder stolz auf uns sein durften; den Tag, an dem durch Berlin eine Mauer gezogen wurde; und den Tag, an dem sie aufbrach, den Tag, an dem in Dallas John F. Kennedy starb. Und den 11. September 2001 ...

Ich saß in meinem Büro, und der Fernseher lief. Mein Kollege Heiner Butz stürmte herein und sagte: »Schalten Sie mal auf CNN, da ist ein Flugzeug ins World Trade Center geflogen!« Wir starrten auf den Schirm, da standen im hellen Sonnenschein die beiden Türme. Es war kurz vor 15 Uhr in Mainz und kurz vor 9 Uhr früh New Yorker Zeit. Dann wurde eine Szene wiederholt. Man sah einen kleinen Strich, der sich in den rechten der 420 Meter hohen Zwillingsriesen hineinzitterte, eine kleine Rauchwolke puffte auf. Der Kommentar dazu war spärlich. Wir waren uns einig, daß so etwas einfach mal passieren mußte – bei drei großen Flughäfen so nahe am New Yorker Wolkenkratzer-Gebirge. Wahrscheinlich habe der Pilot eines kleinen Privatflugzeugs einen Schwächeanfall erlitten und sei beim Landeanflug oder in der Warteschleife mit seiner Maschine ins Welthandelszentrum gerast.

Wir alle erleben ja einen großen Teil unserer Welt durch das Fernsehen. Intensiver, direkter, näher am Ereignis als bei allem oder doch dem meisten, das in unserer unmittelbaren Nachbarschaft geschieht. In jedem Stadion, bei jedem Karnevalsumzug, bei jeder offiziellen Feier hat man daheim auf dem Sofa den besten Logenplatz. Es soll reiche Leute geben, die sich auf den Rängen gewaltiger Fußballarenen private Suiten einrichten lassen. Und dann sitzen sie dort hoch über dem Spielgeschehen und schauen auf die Bilder, die ihnen die Hallenkameras übertragen und die mit großer Wahrscheinlichkeit auch jeder andere vor seinem heimischen Apparat in gleicher Qualität betrachten kann. Nichts geht eben über das Gefühl, live dabeizusein ...

Alle Situationen sind uns vertraut: Kriege und Katastrophen in weit entfernten Regionen, Gipfeltreffen und königliche Hochzeiten, Höhepunkte im internationalen Sportkalender. So vieles haben wir auf dem elektronischen Wege schon miterlebt, daß wir jeden Ablauf, jedes Protokoll und jedes Drehbuch eigentlich schon kennen. Explodiert ein Bombe, konstatiert der Reporter automatisch »blankes Entsetzen«; heiratet ein Prinz, dann muß es Liebe wie im Märchen sein ... Und nun dieser gigantische Irrsinn, der bisher noch in keinem Drehbuch stand.

Auch für den härtesten Profi waren die Ereignisse vom 11. September eine neue Dimension. Terrorakte sind schon seit Jahrzehnten Teil unseres Nachrichtenalltags. Und Flugzeugentführungen auch. Aber entweder waren die Täter bislang selbst nicht in unmittelbarer Gefahr und zündeten die Bombe aus sicherer Entfernung oder sie drohten nur mit der Katastrophe – zeigten sich zwar bereit zu sterben, aber eigentlich wollten sie es nicht. Sie wollten irgend etwas erpressen. Aber daß sich eine größere Gruppe von Fanatikern ohne Drohung, ohne Pathos und ohne einen Brief oder eine Botschaft an die Nachwelt in den Tod stürzen könnte, um möglichst viele mitzureißen, die ihnen persönlich nie etwas getan hatten, das war eine bislang unbekannte Stufe des Grauens.

Das Bild ist heute die Botschaft. Es ist machtvoller und schneller als das Wort. Das Sehen fällt dem Menschen leichter als das Begreifen. Das gilt besonders für eine Bühne wie New York. An vielen wichtigen Plätzen und Gebäuden haben lokale Sender automatische Kameras installiert; blitzschnell kann die Regie von allen Knotenpunkten der Metropole auf Sendung gehen. Kameras überwachen automatisch das Wetter und den Feierabendverkehr. Bei einem 24-Stunden-Nachrichtensender bemerken die Kollegen, daß sich auf einem der lokalen Schirme Ungewöhnliches bewegt. Blitzschnell wird das Bildsignal der Station übernommen, prompt machen auch die anderen amerikanischen Networks ihre New Yorker Partner mobil, Eurovision und Asia-Vision »gehen mit«, und in Sekunden ist die ganze Welt zugeschaltet, ohne daß schon klar sein muß, was genau die Dimension des Ereignisses ist. Die laufenden Sendungen werden durch die Fanfare der »Breaking News« unterbrochen, und wenn sich herausstellen sollte, daß das Ganze nur falscher Alarm, ein Scherz oder eine lokale Störung war, dann geht ein jeder brav zurück in sein laufendes Programm. Die Angst, irgend etwas zu verpassen, ist im Nachrichtengewerbe erheblich größer als die Sorge, voreilig oder gar hysterisch zu sein.

Am 11. September und in den Wochen danach habe ich immer wieder überlegt, wer von unseren amerikanischen oder deutschen Freunden und Bekannten wohl von der Katastrophe persönlich betroffen sein könnte. Ich hörte von Norbert, der als Kapitän der Lufthansa vom Frühstücksraum seines Hotels an der Wasserfront von Newark die Türme brennen und einstürzen sah. Eine Woche saßen er und seine Crew in Newark fest und sahen über den Hudson-Fluß hinweg Manhattan rauchen. Die Fährboote schafften immer neue Massen verwirrter Menschen ans sichere Ufer, die ihre Büros und ihre Autos verlassen hatten und vor der Frage standen, wie sie aus dieser Gegend jenseits des Flusses, in der sie sich nicht auskannten, auf dem schnellsten Wege nach Hause kommen könnten. Alle Telefone und Handys waren tot; das steigert im Zeitalter der Kommunikation die Verwirrung und die Panik des modernen Menschen.

Bestürzend sind die düsteren Gedanken und Spekulationen eines Berufspiloten im Bezug auf das Wetter in jenen Tagen. Bei späterer, ruhiger Betrachtung des Geschehens wurde klar, daß eine so groß angelegte Terroraktion – mit einem Dutzend Attentätern verteilt auf vier, vielleicht sogar fünf Linienflüge – nicht je nach Wetterlage kurzfristig anzusetzen und wieder abzublasen ist. Aber das Wetter an der amerikanischen Ostküste fügte sich geradezu erschreckend perfekt in die Pläne der Terroristen. Noch am späten Nachmittag des 10. September, als Norbert mit der Lufthansa-Maschine über New York einschwebte, lagen dichte Gewitterwolken über der Stadt. Aus dem Cockpit war am Boden nichts zu erkennen, erst kurz vor dem Aufsetzen wurde die Landebahn sichtbar. Die an kleinen Sportflugzeugen oberflächlich trainierten Fanatiker wären unter solchen Wetterbedingungen mit ihren entführten Maschinen blind im Nebel herumgeirrt und hätten ohne die nötige professionelle Routine im Instrumentenflug nicht einmal New York, geschweige denn einzelne Türme ausmachen können, um etwas Spektakuläres zu rammen und zum Einsturz zu bringen. Am nächsten Morgen – tragischerweise – war das Wetter urplötzlich umgeschlagen. Die Ostküste der USA erlebte einen der schönsten Tage des Spätsommers 2001: stahlblauer Himmel, klare weite Sicht. New York lag im hellen Sonnenschein wie auf einem Präsentierteller.

An Wolfgang habe ich – ehrlich gesagt – gar nicht mehr gedacht. Als er und seine Frau Jutta uns später am Rhein besuchten, erzählten sie uns, wie er »live dabei« und doch in totaler Verwirrung diesen Tag erlebte. Um das zu verstehen, müssen wir uns klarmachen, dass New York eine besondere Landschaft ist. In den Schluchten der Wolkenkratzer, in denen ein jedes Gebirge die Sicht auf das nächste versperrt, ist es eine ganz alltägliche Erfah-

rung, zunächst aus den überall und ständig laufenden Fernsehgeräten zu erfahren, was zwei Straßenkreuzungen weiter in der
Nachbarschaft passiert. So begann für Wolfgang jener 11. September. Wie an fast jedem morgen stieg er kurz vor 9 Uhr auf dem
Weg ins Büro in »Lower Manhattan« aus dem U-Bahn-Schacht.
Seine Firma hat ihre Räume im 20. Stock eines nur 24 Etagen
hohen Gebäudes – etwa 120 Meter vom Zentrum der Katastrophe
entfernt. Verglichen mit den 110 Etagen der beiden Türme des
Welthandelszentrums ist sein Arbeitsplatz also ein kleines, ge-
mütliches Häuschen.

Ute war mit seiner Frau Jutta zur Schule gegangen. Als wir ihn
kennenlernten und zum ersten Mal in New York besuchten, war
Wolfgang noch Spediteur. Heute betreibt er »Logistics«. Das ist
der neue Trend und das Zauberwort der Branche: Wird irgendwo
in den Weiten der USA ein Flughafen oder eine neue Autofabrik
gebaut, ist es die Kunst der Logistik-Experten, Bauabschnitt um
Bauabschnitt dafür zu sorgen, daß der Nachschub der Materialien
rollt. Alles muß »just in time«, genau im Zeitplan, liegen. Irgend
etwas zu früh zu liefern ist genausoschlimm wie zu spät.

Im Coffeeshop an der Ecke, wo sich Wolfgang morgens immer
ein Croissant zum zweiten Frühstück holt, starrten die Leute an
jenem 11. September gebannt auf den Fernsehschirm. Aufgeregte Theorien und Meinungen wurden ausgetauscht. Was die
Kundschaft dort sah, wäre hundert Meter weiter unmittelbar zu
besichtigen gewesen. Aber man kam in diesem New Yorker Eck-
laden schnell zu jener Diagnose, wie sie meine Kollegen und ich
5 000 Kilometer jenseits des Ozeans in Deutschland zu diesem
Zeitpunkt ebenfalls stellten: kleines Flugzeug, aus irgendeinem
Grund vom Kurs abgekommen und in einen der beiden Türme
gerast – ungewöhnlicher Zwischenfall, jetzt erst einmal ins Büro,
ein Auge darauf halten, wie sich die Sache weiterentwickelt …
Den Kunden in jenem Coffeeshop, die ihre Büros und Arbeits-
plätze im Nordturm des Welthandelszentrums hatten, gab der
ebenfalls noch arg verwirrte Fernsehkommentator mit auf den

Weg, das Gebäude erst einmal nicht zu betreten, um den Feuer-wehrleuten den Zugang zu erleichtern. Die Menschen, die im Südturm arbeiteten, nahmen – noch keineswegs in Panik – ihre Sandwiches und ihre Plastikbecher mit Kaffee, um wie an jedem Tag in die Fahrstühle des von dem Zwischenfall ja nicht betroffe-nen Wolkenkratzers zu steigen.

In seinem Büro angekommen – auf der den Türmen abge-wandten Seite – hörte Wolfgang plötzlich ein ungewöhnliches Röhren und Heulen. Ihm war klar: Das war ein Düsenjet! Aber so ohrenbetäubend laut hatte er in der Millionenstadt noch nie zuvor ein Flugzeug wahrgenommen. Denn beim Start oder im Landeanflug auf New York – so sollte Wolfgang später ler-nen – fliegen die Maschinen langsam. Diese aber, ein Groß-raum-Flugzeug der United Airlines aus Boston, das sich dem Süd-turm näherte, soll mit einer Geschwindigkeit von annähernd 1 000 Kilometern in der Stunde herangebraust sein, wie es im normalen Flugbetrieb nur als Reisegeschwindigkeit in großer Höhe üblich ist. Und dann der Knall! Die große Maschine war durch den zweiten, den sich langsam mit Menschen füllenden Südturm des World Trade Centers regelrecht hindurchgeschos-sen. Aber das sah Wolfgang nicht. Es war jetzt 9.03 Uhr New Yorker Zeit.

Seine Frau Jutta rief an: Er solle sofort den Fernseher ein-schalten. Erst jetzt – nur 120 Meter vom Nullpunkt der Katastro-phe entfernt – begriff er das volle Ausmaß dessen, was geschehen war. George Bush Junior, der Präsident der USA, hielt sich um diese Stunde in Sarasota in Florida auf. Etwa 15 Minuten später wurde ihm gemeldet, was sich an diesem Morgen in New York zugetragen hatte. Um 9.40 Uhr wurde zum ersten Mal in der Ge-schichte Amerikas auf allen Flughäfen der Verkehr gestoppt. Flugzeuge, die sich in der Luft befanden, wurden angewiesen, sofort zu landen. Drei Minuten später bohrte sich neben dem Stadtflughafen der Hauptstadt Washington ein drittes von vier entführten Flugzeugen ins Pentagon, das amerikanische Verteidigungsministerium. Das Weiße Haus wurde evakuiert, bewaffnete Nationalgarde marschierte auf, Agenten des Secret Service stürmten in das Büro des Vizepräsidenten Cheney, griffen ihn ohne jegliche Erklärung und schleppten ihn in einen stahlgesicherten Keller. Später am Abend, als in Deutschland das »heute journal« begann, fiel mir nichts Besseres ein, als die Sendung mit den Worten einzuleiten: »Jemand hat Amerika den Krieg erklärt, aber wir wissen noch nicht wer ...«

Nur um diese Geschichte zu Ende zu bringen: In Wolfgangs Büro im unteren Stadtteil von Manhattan fiel kurz darauf der Strom aus. Vor die Fenster hatte sich eine riesige dunkle Wolke geschoben, draußen war nichts mehr zu sehen. Zweihunderttausend Tonnen Stahl und noch einmal mindestens das gleiche Gewicht an Beton waren mit einer Geschwindigkeit, die auf dem Autotacho 200 Kilometern pro Stunde entspricht, 420 Meter in die Tiefe gestürzt: um 10.05 Uhr zunächst der Südturm und 25 Minuten später auch sein nördlicher Zwilling, den es zwar als ersten getroffen hatte – aber mit deutlich geringerer Wucht. Das letzte, das Wolfgang noch im Fernsehen vernahm, war die Warnung an alle New Yorker im Umkreis der Katastrophe, die Gebäude vorerst nicht zu verlassen und auf jeden Fall die Klimaanlagen auszuschalten. Denn die Aircondition werde mit großer Wahrscheinlichkeit den Staub der zusammengefallenen Türme einsaugen und so den eingeschlossenen Menschen das Atmen unmöglich machen.

Fünf Stunden lang saßen Wolfgang, seine Mitarbeiter und die übrigen Beschäftigten jenes Bürogebäudes ratlos im Dunkeln. Dann banden sie sich Tücher um Mund und Nase, kletterten die Treppen herunter und tasteten sich auf der Straße durch den Staub. Jemand rief ihnen zu, sie sollten nicht nach Westen gehen, dort sei kein Durchkommen vor lauter Feuerwehren und Ambulanzen. So zogen sie zunächst nach Osten und dann in nördliche Richtung, sahen langsam die Sonne wieder, erreichten den Central Park und atmeten durch. Vier Monate später erst durften sie zurück in ihre Büros. Die standen etwa 30 Zentimeter unter Wasser. Die Rohre waren geplatzt, der Stuck war von der Decke gefallen. Heute, so schloß Wolfgang seine Erinnerungen an den 11. September, sei das Leben im unteren Manhattan wieder einigermaßen normal. Nur, was man dort wieder aufbauen werde, wo früher die Türme standen, darüber werde noch gestritten. Viele Firmen rund um die Wall Street und die klaffende Wunde im Panorama der Stadt hätten in den Wochen und Monaten danach vor den Toren der Metropole provisorisch Quartier genommen. Die Sorge der New Yorker sei: Sie könnten sich daran gewöhnen und nicht mehr wiederkehren.

Weit über New York hinaus hat jener Tag im Herbst 2001 die Welt verändert. Unsere Politik und unsere Angstvisionen haben urplötzlich eine neue Richtung genommen. Amerika ist tatsächlich in einen Krieg gezogen. Und die Verbündeten in Asien und Europa zogen unbegeistert, aber schließlich doch einsichtsvoll mit. Ein erster Feind leuchtete schnell auf den Fernsehschirmen auf. Da gab es im fernen Afghanistan wilde, bärtige Männer, die in den Wochen zuvor alles daran gesetzt hatten, der Welt die Faust zu zeigen. Militärisch aufgerüstet hatten sie die Amerikaner selbst. Wie sie es auch mit dem ewigen Bösewicht und Diktator des Irak, Saddam Hussein, gehalten hatten, als er ihnen noch in gemeinsamer Feindschaft gegen die Ayatollahs im Iran ein nützlicher Verbündeter war.

Fast drei Jahrzehnte ist es her ... Viele der Jüngeren unter uns können sich an den »kalten Krieg«, an die Teilung der Welt in Ost und West schon kaum mehr erinnern. Im Grunde waren die Karten von Afrika, Europa und Asien längst säuberlich in blau und rot gemalt. Dazwischen ein paar weiße Flecke: mehr oder weniger neutrale Länder wie die Schweiz und Schweden, Finnland, Österreich oder Jugoslawien. Auch das bergige, unwegsame Afghanistan gehörte zu den weißen, neutralen Flecken. Alle Eroberer früherer Jahrhunderte hatten böse Erfahrungen mit den wilden Kriegern dieser Region gemacht. Und plötzlich waren sowjetische Truppen über die Berge gezogen. Prompt rüsteten die USA unter dem damaligen Präsidenten Carter jedes Gebirgsdorf und jede Gruppe auf, die bereit waren, den Besatzern Widerstand zu leisten. In der westlichen Welt wurden plötzlich fromme Männer entdeckt, die mit abenteuerlichen Gewehren auf Panzer und sowjetische Kampfhubschrauber schossen. In den USA wie in Europa wurden sie zum Symbol des Freiheitswillens unterdrückter Völker. Amerika spendete nicht nur irgendwelche Waffen, die Bergstämme erhielten modernstes Kriegsgerät wie jene »Stinger«-Rakete, die ein Mann auf der Schulter tragen kann. Man kann sie, ohne zu zielen, gegen den Himmel richten und die Zündung drücken – die Rakete sucht sich allein das nächste Flugzeug als Ziel.

Der Krieg ging zu Ende, die Großmacht Sowjetunion ist auch an diesem Abenteuer zerbrochen. Sie war einem Hochmut erlegen, der zuvor schon die USA in den Feldzug in Vietnam hineingezogen hatte: daß irgendwelche Krieger oder Revolutionäre in Asien oder Afrika im Kampf gegen die moderne Technologie einer Großmacht keine Chance hätten. Beide hatten die Tapferkeit und den Kampfeswillen der vermeintlich Schwächeren unterschätzt – die Bereitschaft fanatischer Krieger, ihr Leben für eine ideologische oder auch heilige Sache einzusetzen. Als sich die sowjetische Armee geschlagen und frustriert aus diesem Abenteuer zurückgezogen hatte, machten wiederum die Amerikaner ihren nächsten schweren Fehler. Sie versuchten, den bärtigen Männern die vielen noch unverschossenen Raketen wieder abzukaufen, und als diese Aktion mit mäßigem Erfolg beendet war, verloren die Strategen im fernen Washington das Interesse an Afghanistan und überließen das Land seinem Schicksal. Die USA hatten sich eben nie wirklich um diese Bergstämme gesorgt; es war ihnen ja vor allem darum gegangen, dem Großmacht-Rivalen in Moskau das Welterobern zu verleiden.

Mit einem gewissen Unbehagen und sich gruselnd, als würde man einen Fernsehfilm ansehen, verfolgte die Welt in den Jahrzehnten danach, wie jene kampferprobten Stämme und Banden Afghanistans übereinander herfielen und um die Vormacht rangen. Mal siegte dieser, mal siegte jener, ein unendlicher Krieg wurde zu einer Form des Lebens. Die Hauptstadt Kabul war längst zum Trümmerhaufen geschossen, Afghanistan wurde zum Symbol des menschlichen Irrsinns. Und als schließlich die »Schüler des Korans« unter der Führung eines legendären Mullah Omar mit der Unterstützung des Nachbarlandes Pakistan die Oberhand gewannen, sah die Außenwelt in ihnen einen »stabilisierenden Faktor«. So nach dem Motto: Es ist schließlich egal, wer einen Krieg unter Verrückten gewinnt, Hauptsache, es herrscht Ruhe!

Nach dem 11. September haben Amerika und hat die Welt Afghanistan wiederentdeckt. Plötzlich stellten die Geheimdienste fest, dass dort in den Bergen ein Phantom oder auch ein Meisterhirn des Terrorismus das eigentliche Kommando an sich gerissen hatte. Gerüchte über einen gewissen Osama bin Laden hatte es schon vor jenem schrecklichen Tag in New York gegeben. Sie erinnerten stark an eine Figur aus einem James-Bond-Roman: Fanatischer Saudi mit selbstverdienten oder auch ererbten Milliarden stellt ein Heer islamischer Söldner und Terroristen auf, um eine von den Gottlosen beherrschte Welt für den Islam zurückzuerobern ... Nach Anschlägen vor amerikanischen Botschaften in Ostafrika, nach Explosionen in amerikanischen Garnisonen und auf amerikanischen Kriegsschiffen und einem ersten Versuch, die Türme des New Yorker World Trade Centers ins Wanken zu bringen, war der Name bin Laden mal fetter, mal etwas kleiner gedruckt in den Zeitungen aufgetaucht. Aber schließlich flaute das Interesse wieder ab. Andere Krisen zogen die Aufmerksamkeit von uns Journalisten auf sich, und auch das Publikum war auf Dauer nicht mit einem Gespenst zu schrecken, über das es allerlei vage Gerüchte gab, aber mehr doch eigentlich nicht ...

Nach dem 11. September wurde das Verlangen nach einem solchen Bösewicht plötzlich sehr konkret. Amerika war angegriffen worden, ein Symbol der USA in Schutt und Asche gelegt, die beiden Türme in New York hatten immerhin so viele Menschen beherbergt wie eine kleine Stadt. Für 50 000 Menschen war das Welthandelszentrum der tägliche Arbeitsplatz, etwa 80 000 Besucher strömten täglich ein und aus, man kann es noch glücklichen Zufall nennen, daß um die frühe Stunde noch kein großer Betrieb und Andrang herrschte. Nicht ein Staat, sondern ein einzelner Mann wurde zum Weltfeind Nummer eins. Was bislang nur ein Schatten war, gewann nun immer schärfe Konturen. Vor allem auch deshalb, weil die frustrierten Massen in den Armenvierteln moslemischer Länder über Nacht einen Helden gefunden hatten. Von Pakistan bis zum Westufer des Jordanflusses hingen plötzlich Plakate mit seinem Antlitz auf jedem Bazar.

Die Regierung in Afghanistan verfeinerte inzwischen ihren schlechten Ruf als Bande der völlig Verrückten und legte im Innern wie nach außen ein Benehmen an den Tag, das selbst im Drehbuch für den neuesten James-Bond-Film als allzu phantastisch bemängelt worden wäre. Die sogenannten Taliban sprengten Kulturmonumente des Landes, begannen eine Kennzeichnung nicht-moslemischer Bürger, die dem Judenstern aus der Nazi-Zeit nachempfunden war, drohten mit Prügel, Gefängnis oder der Todesstrafe, wenn jemand Musik hörte oder irgend etwas anderes las als den Koran. Es kam zum Krieg, die bärtigen Gotteskrieger wurden verjagt, doch von ihrem Anführer und jenem sagenumwobenen Terrorchef bin Laden keine Spur. Bei einem Fernsehsender am Golf tauchten Videos auf. Eine blasse, bärtige Gestalt im westlichen Tarnanzug mit digitaler Armbanduhr und mit einer an eine Felswand gelehnte Kalaschnikow-Maschinenpistole rief die Moslems in aller Welt zum Heiligen Krieg.

Es war frustrierend für die amerikanische Bevölkerung und demütigend für die Supermacht, daß ihnen jemand einen solchen Schlag wie am 11. September versetzen und dann untertauchen konnte. Es stellte sich die Frage: Wer bietet ihm Unterschlupf?

Wer ist der nächste Feind der modernen, westlichen Welt? Die Politik der Großmacht Amerika begann, um das Thema Terrorismus zu kreisen. Auf eine skeptische, bei allen militärischen Kreuzzügen traditionell eher zurückhaltende europäische Öffentlichkeit ist dieser Eifer nicht ganz so übergesprungen. So manchen von uns erinnerte der Aufruf, nun endlich auch etwas gegen den Diktator im Irak zu unternehmen, an die berühmte Schlußszene des Films »Casablanca«. Ingrid Bergman ist an der Seite des Widerstandskämpfers aus der von Nazis kontrollierten nordafrikanischen Stadt abgeflogen, Humphrey Bogart hat seine Liebe einer größeren Sache geopfert, und um die Nazis an der Nase herumzuführen, gibt ein pfiffiger französischer Inspektor seinen Polizisten den Befehl: »Verhaften Sie die üblichen Verdächtigen!«

Und Verdächtige gibt es nun einmal viele auf der Liste des Weltpolizisten USA. Präsident Bush sprach von der »Achse des Bösen« als dem neuen Feind der Freiheit und der Demokratie: Irak, Iran, Libyen, Somalia, Sudan, Nordkorea, Fidel Castro auf Kuba ... Der 11. September stellt auch uns Europäer vor die unbehagliche Entscheidung: Ist das alles nur Hysterie? Kann man denn mit diesen Diktatoren oder von Demokratie völlig unberührten Herrschern nicht doch irgendwie vernünftig reden? Entspricht es nicht einem rechtsstaatlichen Grundsatz, abzuwarten, bis jemand nachweisbar ein Verbrechen begangen hat, bevor man ihn zur Rechenschaft zieht? Aber dann kommen die Zweifel von der anderen Seite: Ist dies möglicherweise nicht doch etwas zu treuherzig und zu harmlos gedacht, wenn ein notorischer Säbelrassler mit rationalen Argumenten nicht zu erreichen ist? Die Rolle des Volkshelden und Führers wird nicht in jedem dieser Länder an wirtschaftlichen oder sozialen Programmen gemessen. Oft ist es vor allem der Rausch von Macht und Ruhm und militärischer Stärke, der in den Hütten der Armut wie im Präsidentenpalast die Köpfe erhitzt. Das Streben nach Waffen wie Amerika und Rußland sie besitzen, die so schrecklich sind, daß die ganze Welt davor in die Knie geht ... Wut und das Verlangen, es denen im alles beherrschenden Westen mal richtig zu zeigen ...

Was ist nach dem 11. September noch so, wie es war? Was ist noch klar einteilbar in richtig oder falsch? Unsere Instinkte und Gefühle schwanken hin und her. So mancher, der den Motiven der Attentäter auch nur eine Spur von Verständnis entgegenbringt, hat es schwer, für irgendwelche Erklärungsversuche und Argumente noch ein geduldiges Publikum zu finden. So schreckte uns Deutsche die Nachricht auf, daß jener Massenmörder Mohamed Atta, der mit seinen Kumpanen eines der Flugzeuge entführte und es mitsamt den Passagieren in den zuerst getroffenen, den nördlichen Turm des World Trade Centers flog, lange Zeit in Deutschland lebte und studierte. Sein Professor an der Technischen Hochschule in Hamburg-Harburg war fassungslos, als plötzlich die Reporter vor der Türe standen und ihn nach einem ehemaligen Studenten fragten. Er hatte ihn vor allem als freundlich, hilfsbereit, begabt und klar denkend in Erinnerung. Der Student Mohamed Atta habe im Fach Stadtplanung eine geradezu vorbildliche Diplomarbeit über die Altstadt von Aleppo in Syrien geschrieben: ruhiges orientalisches Leben, freundliche Menschen, kleine Läden, Lastenträger, Wasserverkäufer, Märchenerzähler ... Und diese ja möglicherweise idealisierten Beziehungen in einer Oase des Islam seien vom Vormarsch der globalisierten, ja amerikanisierten Lebensweise bedroht. Supermärkte nähmen kleinen Leuten das Brot, Schnellstraßen zerschnitten ihren jahrhundertealten Lebensraum ...

Vielleicht stimmt es, vielleicht stimmt es auch nicht. Wer nimmt dem Professor seine Verwirrung? Für solche artigen Gedanken durften doch vor dem 11. September die Studenten an den meisten – wenn nicht an allen – westlichen Universitäten aufmunterndes Lob und gute Zensuren erwarten. Wer konnte denn schon ahnen, daß sie sich bei einem der Musterschüler in solcher Wut und in einem solchen Blutbad entladen? Woran erkennt man denn im 21. Jahrhundert den potentiellen Terroristen? In Nordirland wie im Nahen Osten nicht unbedingt an steter Versunkenheit ins Gebet oder am keuschen Lebenswandel ... Jugendliche Selbstmordattentäter können in den Monaten vor ihrem tödlichen Einsatz durchaus in Jeans zum Steinewerfen gehen. Sehr wahrscheinlich gehört Coca-Cola zu ihren bevorzugten Getränken. Und unberührt von ihrem Haß auf die westliche Zivilisation könnten Hamburger und Pizza auf ihrem Speiseplan ganz oben stehen.

Und wer wollte denn ausschließen, daß auch ihr Denken nicht nur vom Koran, sondern auch von Hollywood und seinen Märchen geprägt sein könnte.

Ein Osama bin Laden ist keine durch und durch islamische Erscheinung. Man darf davon ausgehen, daß er auf eine sehr weltliche Art eitel ist. Wer die Spuren ihres Vorlebens in London, Hamburg und in anderen westlichen Metropolen verfolgt, der wird in den tieferen Seelenschichten der Selbstmordpiloten und ihrer Mitverschwörer gewiß auch John Wayne oder Sylvester Stallone oder Arnold Schwarzenegger entdecken. Und wir – auf der anderen Seite – sind auch nicht ganz frei von orientalischen Träumen. Der Zusammenprall der Zivilisationen findet nicht nur in den Moscheen oder auf den Schlachtfeldern, sondern auch in unseren Köpfen statt ...

So mancher Konflikt auf dieser Erde hat seine tieferen Wurzeln in unser aller Ratlosigkeit, jungen Menschen eine sinnvolle Aufgabe in diesem Leben anzubieten. Sie schauen sich um – ohne Hoffnung, aber mit heißem Herzen – und wollen ihren Anteil an dieser Welt. Doch keiner hat ein Interesse an ihnen. Bis sie irgendwann in das Magnetfeld der Haßerfüllten geraten, die ihnen die prickelnde Rolle als Kämpfer und Helden anbieten. Politische Begründungen werden von uns Journalisten nachgeliefert: nationale Unterdrückung, verletzte Ehre, Ausbeutung, ein Zusammenprall der Religionen und Zivilisationen. Wahrscheinlich ist es schon deshalb gut, wenn von Zeit zu Zeit neue

Sinndeuter und Führer durch das Weltgeschehen auf den Fernsehschirmen aufstrahlen. Die Älteren, Erfahrenen, Abgeklärten haben irgendwann ihre Weisheiten und Sprüchlein alle schon gesagt.

Erste Zweifel, alle Konflikte unserer Tage wirklich zu begreifen und anderen erklären zu können, hat schon in den achtziger Jahren ein betagter irischer Kollege in meine Reporterseele gepflanzt. Ich war damals Korrespondent der ARD für Großbritannien und Irland. Wir saßen in einem Pub in der Shankyll-Road in Belfast und tranken mit wackeren Iren dunkles Bier. Nicht weit entfernt war jene Mauer, die die britische Obrigkeit an den besonderen Brennpunkten der Stadt errichtet hatte. In der Mitte eine meist geöffnete Eisentür, durch die man vom katholischen in den protestantischen, vom fanatisch irischen in den fanatisch britischen Sektor überwechseln konnte. Wir – das Team des Deutschen Fernsehens – haben das bei jedem unserer Besuche getan und wurden auf beiden Seiten immer freundlich aufgenommen. Nur unter Iren war dieser Revierwechsel, riskant. Ein jeder in diesem Stadtteil von Belfast kannte einen jeden von »drüben« und haßte ihn von ganzem Herzen.

Paddy wurde uns vorgestellt – ein Veteran vergangener Schlachten. Er hatte zu Ostern 1916 auf den Barrikaden vor dem Postamt in Dublin gegen die Briten gekämpft, und ein jeder in dieser geselligen Runde klopfte ihm noch 65 Jahre danach anerkennend auf die Schultern. Das verführte den wackeren Veteranen dazu, seine Erinnerungen noch einmal gründlich aufzuwärmen und mit einer jüngeren Generation zu teilen. Hier hatte er aber die Stimmung falsch eingeschätzt. Spätestens nach zwei Minuten hatte er sein Publikum gelangweilt und verloren. Man stellte ein frisches Guinness vor ihn auf den Tresen, klopfte ihm nochmals und diesmal kräftiger auf die Schultern und machte ihm klar: »O.k., Paddy, jetzt reicht's!« So genau wollte es einfach keiner mehr wissen. Und Bill O'Driscoll, ein irischer Kollege, dessen Kontakte zur IRA uns auf unseren Expeditionen immer

eine große Hilfe waren, tippte nachdenklich mit den Finger-
spitzen ein Muster in den festen Schaum seines dunkelbraunen
Bieres und faßte unter Kollegen die Weisheit eines Journalistenlebens zusammen: »Wolf, wenn du je einen Menschen triffst,
der dir den Nordirland-Konflikt ganz genau erklären kann, dann
steh einfach auf und lauf weg!« Wahrscheinlich ist dies nicht das
perfekte Beispiel, die Welt nach dem 11. September zu erklären.
Es zeigt allenfalls, daß wir schon vorher nicht alles verstanden
haben. Und weglaufen können wir einmal, vielleicht auch zweimal oder dreimal. Aber irgendwann stehen wir vor der Frage:
wohin?

Vom Surfen

Es war auf einem Treffen des Commonwealth auf den Bahamas. Etwa fünfzig Staats- und Regierungschefs, deren Länder einst zum Britischen Empire gehört hatten, versammelten sich in der Hauptstadt Nassau, um über den Zustand der Welt zu reden. Ich war als Londoner Korrespondent mitgeflogen. Ort und Zeitpunkt der Konferenz waren ideal gewählt. In Europa war es kalt, düster und ungemütlich, auf den Bahamas schien die Sonne. Zum Auftakt traten Demokraten und Diktatoren, Könige und Sozialisten aus einem ehemaligen Weltreich zum Familienfoto mit Königin Elisabeth II. an. Rajiv Gandhi war aus Indien gekommen, Bob Hawke aus Australien, Robert Mugabe aus dem afrikanischen Simbabwe, Kenneth Kaunda aus Sambia und eben noch vierzig andere mehr.

Die Konferenz stand unter der Leitung von Margaret Thatcher; Hauptthema war die Suche nach einer gemeinsamen Politik gegenüber dem damaligen Apartheid-Regime in Südafrika.

Am dritten Tag der Veranstaltung hatte die britische Premierministerin einen ungewöhnlichen Einfall. Sie überzeugte die übrigen Staats- und Regierungschefs, daß die Beratungen nur deshalb so schleppend vorankämen, weil jede Idee und jeder sich anbahnende Kompromiß sofort von uns Journalisten veröffentlicht und anschließend auch gleich zerpflückt werde. Die Bahamas seien aber glücklicherweise mit Inseln gesegnet, und so lud sie die hohen Gäste ein, per Hubschrauber oder Schiff vom offiziellen Konferenzort auf Paradise Island auf eine der vielen anderen Inseln umzuziehen. Da saßen wir Journalisten nun in einer wunderschönen Kulisse, doch unsere Politiker waren fort. Unter der Palme stand die Satellitenschüssel, und ich meldete den alarmierenden Umstand den Zuschauern der »Tagesschau«. Wir hatten keine Gesprächspartner mehr, und zu beobachten oder zu kommentieren gab es auch nichts.

Was nun? Mindestens die nächsten beiden Tage sollten wir allein bleiben. Da lief mir der Bademeister unseres Hotels und Pressezentrums über den Weg, und ich fragte ihn, ob hier nicht irgendwer ein Surfboard besitze, das ich mir ausleihen könnte. Es stellte sich heraus, daß ich spontan an die richtige Adresse geraten war. Später sollte mein Kollege Grudinski von der »Frankfurter Allgemeinen« mir gestehen, die einzig konkrete Erinnerung, die er noch an jene Commonwealth-Konferenz auf den Bahamas habe, sei türkisblaues Wasser, ein weiß-blaues Segel und meine rote Surfhose. Wir waren politisch nicht immer einer Meinung, aber hier deckte sich unsere Analyse.

Mein Eindruck war sogar noch etwas intensiver. Etwa eine Meile vor der Küste, kurz vor dem Riff, war eine kleine Insel – ein natürliches Ziel für einen einsamen Surfer. Mehr Wassersportler waren nicht im Revier, allenfalls ein paar Tretbootfahrer, die sich nun einmal nicht weit vom Ufer entfernten. Nur die beiden einzigen Patrouillenboote des Staates tuckerten gemächlich hin und her. Trotz des traurigen Umstands, daß die Politiker uns verlassen hatten, galt nämlich die Lagune noch immer als Sicherheitssektor. Ich surfte zur Insel, legte das Brett an den Strand, setzte mich unter die Palmen und döste in der Mittagshitze ein. Als ich wieder aufwachte, standen vier Bewaffnete vor mir und richteten ihre Maschinenpistolen auf meinen Bauch. Sie wollten meinen Sicherheitsausweis sehen, den ich natürlich nicht bei mir hatte. Aber, so schlug ich vor, wir könnten ja gemeinsam zum Hotel zurücksegeln, da werde sich das Problem dann regeln. Wir debattierten ein wenig hin und her, erst laut, dann immer friedlicher und leiser, weil die Hitze schließlich auch die Uniformierten müde machte. Wir saßen nun alle fünf im Schatten unter den Palmen. Meine Wächter spielten nachdenklich an ihren Maschinenpistolen herum, und ich erzählte, wie lausig das Wetter in

Europa sei. Wir waren uns rasch einig, daß es auf dieser Erde kein schöneres Fleckchen gebe als die Bahamas.

Als die Politiker schließlich wieder zurückkehrten, waren sie sich immer noch nicht einig geworden. Das Problem, so erklärten 49 Stimmen gegen eine, seien freilich nicht wir Journalisten gewesen, sondern Margaret Thatcher.

Noch ein paar Worte über den Sport. Der Surf ist die Brandung, und Surfen ist ein Wellenreiten, ein Dahingleiten auf dem herunterstürzenden Wasserberg. Es begann in Hawaii und Kalifornien und wird leicht zur Sucht, wenn man es wirklich ernsthaft betreibt. Ein richtiger Surfer ist ausgelastet mit dem Warten auf die Welle seines Lebens. Für Schule oder Arbeit bleibt da nur wenig Zeit.

Die Sportler an unseren meist etwas ruhigeren Küsten borgten sich nur das Brett und den Namen. Dann montierten sie auf dieses Brett ein Segel. Die Neuerung war der bewegliche Mast. Das Rigg, an dem das Segel und auch der Surfer hängen, läßt sich nach allen Seiten kippen. Mit seiner Balance und seinem Körpergewicht wird der Mensch zum Teil des eleganten Gleiters. Nur Fliegen, sagen die Jünger dieser Sportart, sei noch schöner. Und wenn ich in dieser Disziplin etwas gelernt habe – nach oftmals frustrierendem Zerren am Segel –, so ist es die Kunst, jeder Hektik zu widerstehen. Die meisten Fehler, beim Surfen wie im Journalismus, entstehen durch Überreaktion. Der Wind läßt nach, und du willst ihn zwingen; der Wind packt zu, und du stemmst dich zu stark dagegen. Mal stürzt du nach vorne ins Segel, mal kippst du nach hinten ins Wasser.

Seit kurzem übt sich die Menschheit noch in einer dritten und völlig anderen Art des Surfens: im Abtauchen oder Sich-Tummeln im Internet. Zumindest hat es mit dem Sport etwas Rauschhaftes gemeinsam – eine Neigung zum Inbrünstigen und Extremen. Doch in einem Punkt unterscheidet sich das Internet vom eleganten Gleiten auf dem Wasser: Am Bildschirm geht es sprunghaft zu; man hüpft und klickt zwischen Themenbereichen und Adressen. Schwer zu sagen, mit wem man gerade verbunden ist. Es blinkt und lockt das Seriöse wie das Unseriöse. Pikante Wahrheiten, geheime Dokumente fanden bereits über das Internet ihren Weg an die Öffentlichkeit. Aber auch viel Unsinn, Kriminelles und Lüge. Für einen Journalisten wäre es ein gewagtes Spiel, auf die Frage nach seinen Beweisen die Antwort zu geben: Das stand doch im Internet!

Dennoch liegt uns das Vielfältige, Sprunghafte im Blut. So viele Themen, so viele Krisen in einer Sendung … Und ewig dreht sich das Karussell. Heute Gewalt im Nahen Osten, und in Nordirland sitzen sie zusammen und verhandeln über Frieden. Und morgen kann es wieder umgekehrt sein. Es klickert und blinkt auf dem Nachrichten-Computer, und wir erklären – nach bestem Wissen und Gewissen und neuestem Stand –, was heute Hoffnung ist und morgen schon wieder Illusion sein kann. Der Anspruch, den wir an uns stellen, läßt sich in einem Wort zusammenfassen: Information. Sagen, was ist, und möge jeder seine Schlüsse daraus ziehen!

Um dieses Ideal von der reinigenden, überparteilichen Wahrheit ranken sich ein Wunschbild und eine Philosophie: daß die öffentliche Aufmerksamkeit für wichtige Themen – für Unrecht, Grausamkeit, Lüge und Korruption – ein erster Anstoß sei, das Schlechte zum Guten zu wenden; daß also das Schaffen von Bewußtsein für einen Mißstand und das Ausleuchten der Hintergründe langsam, aber unweigerlich Einsichten wecken möge und alle Krisen und Miseren einer vernünftigen Lösung näher bringen. Ich bin nun schon vierzig Jahre in diesem schönsten und interessantesten aller Berufe. Doch immer noch fehlt mir der Mut zu behaupten, die Welt sei durch meine Berichte und Moderationen besser geworden; auch wenn sie in die Tausende gehen. Aber jemand anderes könnte es schaffen. Die Chance ist da. Den Versuch ist es wert. Ich kenne keine bessere Medizin.

Schau ich zurück auf mein Journalistenleben, dann ist es eine Art Surfen gewesen. Und immer hat es Spaß gemacht. Auch das

Glück war meist auf meiner Seite: Im richtigen Augenblick ein günstiger Wind. Ein neuer Tag, eine neue Sendung. Die positiven Nachrichten auf dem Programm werden wohl auch morgen wieder schüchterner und zurückhaltender sein als die üblichen Krisen und Skandale. Wer weiß die Lösung? Was ist der Sinn? Schatten huschen über den Schirm und wollen gedeutet werden. Und eines Tages wird es wohl sein wie damals in der Schule. Ich stelle mir vor: Die Glocke läutet, ich sehe das griechische Profil, das gütige, leicht enttäuschte Gesicht eines verehrten Lehrers, der nach überaus lebhaftem Unterricht dennoch zu dem Ergebnis kommt, daß wir zum wirklich Wichtigen leider immer noch nicht vorgedrungen sind.

Fotonachweis

Andrew Carnegie, Köln: Nr. 33
Bundesarchiv Koblenz: Nr. 5 Bundesarchivsignatur 146/79/84/4
und Nr. 6 Bundesarchivsignatur 183/R 77440
Holger Faber, Frechen: Nr. 40
Karl-Heinz Krüger, Hamburg: Nr. 31
Günter Kunz, Hamburg: Nr. 20
Dieter Maguhn, Köln: Nr. 25, 26, 27, 28, 29, 30, 35, 36, 37, 38
Friedrich Magnussen, Kiel: Nr. 7, 8, 9 mit freundlicher Genehmigung des Kieler Stadtmuseums
Martin Ordollf, Mainz: Nr. 39
Privat: Nr. 1, 2, 3, 4, 10, 11, 12, 13, 14, 15, 16, 17, 18, 19, 21, 22, 23, 24, 32, 34
ZDF-Pressestelle, Mainz: Nr. 41

Trotz intensiver Bemühungen des Verlages konnten leider nicht alle Rechtegeber ermittelt werden. Bitte wenden Sie sich gegebenenfalls an uns.